生命の宗教 キリスト教

竹田純郎
Takeda Sumio

「神」をめぐる哲学史的考察

LITHON

［目　　次］

序　章
生命の宗教、キリスト教
——乏しき時代における宗教の可能性—— 9

（一）宗教は生命の事実である
（二）生命の宗教にとっての懸案は造化の神である
（三）生命の宗教は非 – 論理的である
（四）生命の宗教が求めるのは、救いである
（五）生命の宗教は精神史的に考察される
（六）乏しき時代のなかで、生命の宗教の可能性を探る

第一章
暗い時代の人レッシング、
無一物なる生 19

第一節　レッシングの語り口　20

（一）ハンナ・アーレントのレッシング考
（二）レッシングの『人類の教育』の語り口

第二節　『人類の教育』における歴史神学　24

（一）旧約聖書の時代
（二）新約聖書の時代
（三）新しい福音の時代

第三節　レッシングの万有在神論　28

結　新たな課題　30

第二章
シュライアーマッハー、
プロテスタント神学のカント 33

第一節　ヨーロッパ精神史における
　　　　シュライアーマッハーの立ち位置　35

（一）古代哲学の最高峰、プラトン
（二）神性の探究Ⅰ、アウグスティヌス
（三）神性の探究Ⅱ、スピノザ

目　次

第二節　シュライアーマッハーの神Ⅰ
　　　　──『弁証法』の展開のなかで　41
　　（一）生の自己省察──存在と思考との対応
　　（二）超越論的根拠
　　（三）思弁的な知
　　（四）経験知
　　（五）感情あるいは直接的自己意識、絶対的依存感情
第三節　シュライアーマッハーの神Ⅱ
　　　　──『信仰論』へ至る展開のなかで　48
　　（一）宗教の在り処は「心情」にある
　　（二）キリスト論──イエスの宗教
　　（三）実定宗教としてのキリスト教──市民社会のジレンマを抱えて
結　キリスト教への人間学的アプローチ　60

第三章
謎めいた老人ディルタイ、
さ迷えるキリスト者　63

第一節　宗教的世界観の構制
　　　　──生の謎の宗教的体験ならびに経験　65
　　（一）生の宗教的体験ならびに経験から宗教的世界観へ
　　（二）宗教的世界観から生の謎へ
第二節　シュライアーマッハー受容　69
　　（一）新しい宗教性
　　（二）汎神論的神秘主義
　　（三）キリスト論
　　（四）スピリチュアリティという途
第三節　ハーバード大学の面々、
　　　　エマーソンとジェームズ　75
　　（一）エマーソン
　　（二）ジェームズ
結　謎めいた老人、ディルタイのキリスト教　84

第四章
漂泊者ニーチェ、イエスの道化師　87

第一節　神の死　90
（一）「神の死」の寓話
（二）神の死、すなわち神の殺害
（三）神、すなわち量りしれぬ無限
（四）神をめぐる別の考察

第二節　キリストの類型 I
　　　　──パウロのキリスト　97

第三節　キリストの類型 II
　　　　──ドストエフスキーのキリスト　100

第四節　キリストの類型 III
　　　　──ニーチェのキリスト　102

第五節　ディオニュソス　105
（一）ディオニュソスの類型──諸情動の象徴像
（二）ディオニュソスの類型──永遠回帰の象徴像

第六節　キリストとディオニュソス　109

結　イエスの道化師、ニーチェ　111

第五章
近代市民ウェーバー、
アジア的キリスト者　115

第一節　神は遠く、預言者のいない時代
　　　　──近代の精神的状況　117
（一）タウラー、ルターそしてカルヴァン
（二）意図されなかった結果
（三）救いへの憧れ

第二節　神義論　120
（一）救いへの衝動、合理化
（二）救いへの問い、神義論という課題
（三）神義論の類型──神の道具か、それとも神の容器か

第三節　愛の無差別主義　128

目　　次

　　（一）キリストと大審問官との対峙
　　（二）愛の無差別主義の倫理性
第四節　「愛の無差別主義」がもたらす
　　　　社会的・政治的倫理　132
結　ウェーバー、アジア的キリスト者　134

第六章
辺境の人Ａ・カミュ、匿名のキリスト者　139

第一節　不条理のキリスト教　140
　　（一）不条理という言葉
　　（二）不条理の起源──世界への関わり
　　（三）不条理な死、悪
　　（四）不条理に対する処し方、多様性の容認
　　（五）不条理なキリスト教、反抗の途
第二節　反抗の倫理　152
　　（一）パヌルー、ペストと闘う聖職者
　　（二）タルー、聖者になろうとした男
　　（三）母、キリスト
　　（四）反抗の倫理
第三節　悪の文学的形象化
　　　　──『悪霊』を中心に　159
　　（一）『悪霊』の翻案
　　（二）スタヴローギンの精神性
　　（三）スタヴローギン世代の末路
結　カミュ、匿名のキリスト者──不信仰の信仰　164

第七章
無即愛の弁証者田辺元、成りつつあるキリスト者　167

第一節　神、無即愛　169
　　（一）絶対無すなわち愛の神
　　（二）超越即内在、その背理的論理構制

7

（三）愛の交互関係における神
（四）「愛の万有在神論」の神

第二節　キリストすなわち菩薩　178

（一）キリストの福音
（二）パウロのキリスト復活信仰
（三）歴史的現在の偶然性

第三節　国家、個人、実存協同　187

（一）国家
（二）個人
（三）愛の実存協同、菩薩道

結　田辺元、成りつつあるキリスト者　195

終　章
乏しき時代における生命の宗教、
キリスト教の可能性　199

第一節　キリスト教の万有在神論　200

（一）万物同根、無為自然
（二）「場所的論理」に基づく万有在神論
（三）隠れた神

第二節　世界の総駆り立て体制　207

（一）資本の自己増殖
（二）技術開発の自己運動
（三）総駆り立て体制の危険

第三節　共生の倫理　212

（一）正義を掲げて抗議する
（二）死生を共にする
（三）看取り看取られ、弔い弔われる共生の倫理

人名索引　217

あとがき　221

序　章
生命の宗教、キリスト教
―― 乏しき時代における宗教の可能性 ――

（一）宗教は生命の事実である

　『カラマーゾフの兄弟』に登場するロシアの修道僧、ゾシマ長老は、こう語っている。「すべては大海のようなものである。それを悟ったとき、人は全一的な愛に苦しみながらも、言いしれぬ喜びのなかで小鳥たちに祈りだすだろう。小鳥たちが自分の罪を許してくれるように祈るようになるだろう」（ドストエフスキー『カラマーゾフの兄弟』亀山郁夫訳、第2巻、454頁。以下『カラマーゾフ』と略記）。

　人間も含めて、生きとし生けるもののすべてが、生命を授ける神に感謝し、共に生かされて生きている喜びを享受しながらも、しかし人間はこれらのものを犯している罪を負っているがゆえに、罪の赦しを乞わねばならないというわけである。ゾシマ長老の講話は私たちを、生命をめぐる思索へと、それと同時に祈りへと誘っている。

　祈りが真剣なものであればあるほど、祈りは生命とか実存とかを賭したものになるのではないか。確かに、真剣に祈るとは、人間が知情意のすべてでもっておこなうのであって、たとえ身振りや挙動として現れない秘かなものであっても、一人の人間の生命や実存そのもののいとなみだと言えよう。というのは、真剣に祈らざるをえない事柄は、理性のみで対処できるものではなく、意志でもって解決できるものでもないからである。

　理性と感性、心と身体、または精神と肉体という二項が区別されて用いられがちである。それに対して生命や実存という言葉は、それら二項を括る全体を指している。しかも注意すべきことに、これらの言葉は、古来、霊とか

霊性とかとよばれてきたのである。したがって霊や霊性という言葉は、生命や実存と同義に用いてもよいわけである。だが霊や霊性は、人間の生命に限定されない。現に新約聖書において用いられており、「聖霊」と訳されているギリシア語の「プネウマ（pneuma）」は、風、息、呼吸、命、魂などを意味している。私たちに感じられる風が私たちに何か周囲の事情を報せてくれる媒体であるように、キリスト教においては「聖霊」が神の愛を告げ知らせる媒体であるということは、記憶に留めておかねばならない。それはともかくとして、本書でいう生命という言葉は、実存という概念と同様、古来、霊や霊性とよばれてきた個々の生命体の生命、およびその生の総体を意味するのである。本書はその点で、「霊性は生命である」（鈴木大拙『日本的霊性』岩波文庫、47頁）と語った鈴木大拙から多くの示唆を得ている。

　私たち人間は、自らの生命の儚さを自覚するとき、つまり生命がそもそも与えられて生かされているという事実とともに、この生を超えたものをも自覚する。それのみか私たちは、この生が他なるものとの交渉のなかでさまざまな悪に苛まれていると同時に、さまざまな悪を犯しているという事実とともに、この生を授けてくれた神に対して、罪の赦しを願って祈ることになる。それゆえ祈りとは、私たちの有限な生命が、それを超えたもの、つまり神をどのように規定するにせよ、無限なるものに直面して、敬虔なる祈念を抱くことだと言えよう。それゆえ、私たち有限的な生命は無限なるものを自覚し、敬虔なる心情を抱くということを、西田幾多郎に倣って、宗教は生命つまり生の事実であると言い表そう。西田は、鈴木大拙の『日本的霊性』に共鳴を覚えて『場所的論理と宗教的世界観』を著したとき、「宗教は心霊上の事実である」（『西田幾多郎全集』第11巻、371頁）と宗教を規定し、加えて「神が宗教の根本概念である。神は我々の自己に心霊上の事実として現れる」（上掲書、372頁）と述べている。あるいはまた西田の京大の同僚、キリスト者の波多野精一は『宗教哲学』において、宗教的体験の生起する処、つまり神と出逢う処を、W・ジェームズ（W. James 1842-1910）のいう「実在感覚（sence of reality）」として規定している（『波多野精一全集』第4巻、岩波書店、8頁）。その「実在感覚」とは、本書の第三章で詳述するが、人間の生が神との邂逅の在り処として自覚されるということである。こうして本書

は、私たち有限的な生命は絶対的なもの・無限なものを自覚せざるをえない
し、敬虔なる心情を抱くということ、すなわち宗教は生命そのものの事実で
あるということを起点とすることになる。

（二）生命の宗教にとっての懸案は造化の神である

　人間も含めて生きとし生けるものの生命を、そしてまた死をも授ける神、
東洋の言葉でいえば造化の神は、どのように規定されるか。これが、生命の
宗教にとって懸案である。その神は、私たちの有限なる生を超えているがゆ
えに、絶対であり超越であるけれども、しかし私たちの生において、それを
超えたものとして自覚されることは、否定されえない事実である。とすれ
ば、絶対的なものと相対的なもの、無限なものと有限なもの、超越と内在、
神と世界、あるいは神と私たちの生という両項は、融合することはないけれ
ども、しかし超絶したままではないことになる。議論が紛糾するのは、その
先である。もしも超越と内在とが隔絶しているという見方を採れば、唯一の
神を超越神とみなす超越神論となる。ユダヤ教やイスラム教が、その実例で
ある。その逆に、超越と内在とが融合ないし一体であるという見方を採れ
ば、神を万物とみなす汎神論となるし、万物すなわち神々とみなす多神論と
なる。古代ギリシアの自然宗教が、それである。第三の見方もある。すなわ
ち、超越はあくまで超越であって内在ではないが、内在に関与し、だから私
たちの生命ばかりか、生きとし生けるものにも関与し、そして内在たる私た
ちの生において自覚されるという見方が「万有在神論（Panentheismus）」
となづけられる。これは、西田幾多郎も採った神論である（『西田幾多郎全集』
第11巻、399頁）。しかし東洋に限られないで、キリスト教史の底を流れて
いる見方でもある。ただしそれは、ニーチェ（F. Nietzsche 1844-1900）が
「背後世界論」（『ツァラトゥストラはかく語った』第一部第三章）として論駁した、
いわゆるプラトン的キリスト教的形而上学の神ではない。現にキリスト教
が古代ギリシア哲学の影響を受けて以来、M・ハイデガー（M. Heidegger
1889-1976）が指摘したように、神は最高存在者と解されたために、最高
存在者たる神と有限的存在者たる人間とのあいだに、同じ存在者という性状

が成り立ってしまって、神は人間的なものに貶められてしまうのである。そのような「哲学者の神」に対して、一体だれが感謝や懺悔といった心情を抱くであろうか。

　そうはいっても、生命の癒しと救いが可能であるとすれば、超越の内在への関与は不可避である。その可能性を、西田は「内在的超越としてのキリスト」に見出して、「私は将来の宗教としては、超越的内在より内在的超越の方向であると考える」と述べている（上掲書、462、463頁）。西田の語るキリストは、『カラマーゾフ』のなかの劇詩「大審問官」において、自由のない圧政下の世界に現れる「キリスト」（『カラマーゾフ』第2巻、296頁）である。それはともかくとして、生命の癒しと救いをもたらす源、つまり造化の神が生命の宗教の懸案であるから、私たちは万有在神論の可否を問うことになる。しかしながら、そもそも万有在神論が超越すなわち内在であるとか無限すなわち有限であるという逆説を含んでいるがゆえに、その構制が論理的に透明になる見込みはないであろう。

（三）生命の宗教は非 – 論理的である

　日頃私たちは「授かった命」とか「生かされている命」とかといっている。その受動態の表現は、決して不適切なものではない。人間が、神のように自らの生命を産出しえない以上、人間にとって、自らの生が生み出され、今現に生かされているという事実が自覚されるだけである。しかもまた、上述のように心と体を統合する全体が生命であるから、生ける身体と生命が切り離されえない以上、身体が生かされているといわざるをえない。そのうえ、だれもが歴史のなかに生まれ、或る歴史的な時空間のなかに生かされているのである。だから、私たち有限な生命は歴史的な身体的生（生命）となづけられるし、この有限な生において絶対的なもの・無限なものとの関わりが自覚されるのである。それゆえ田辺元は、人間が媒体となって神は「純粋な受動として現れる」（『懺悔道としての哲学』、筑摩書房刊『田辺元全集』第9巻216頁）という。超越的なものが自覚されるということは、すなわちこの有限な身体的生が無限なものの媒体だということである。そうとすれば、この

身体的生が論理的に解明されないかぎりは、万有在神論の構制は論理的に不明なままだということになる。

　そもそも、私たち個々の身体的生の自覚は対自化される以前の情態に依らざるをえない。たとえば身体的な苦痛は、すぐに生の苦しい情態として自覚されるし、その逆に喜び、哀しみ、切なさ、呻きといった情念は、身振りとして現れる生の情態である。そしてまた、共歓や共苦（同情）が自分と他人が共に分かちもつ情態を意味するように、私の生の情態は他者との共感を呼び起こすがゆえに、他者の生の情態としても自覚される。ただし私たち個々の身体的生が歴史的に制約され、身体的に区別されているがゆえに、個々の生の情態は十全に理解されえないし、ましてや言語的に十全に分節化されるわけがないのである。

　私たちは、私たちの有限な身体的生を媒介として、自他の共感を有し、共感を拡げてゆくことができるが、しかしその身体的生の情態は論理的には不明なままである。こうした意味で、生命の宗教は非 – 論理的（a-logisch）だということになる。現に、キリスト教は背理的論理構制を本質とする。しかし宗教は哲学ではない。当然、哲学の方も自らの思考能力を弁えていなければならない。だから、「不条理ゆえに、信ずる（credo, quia absurdum）」といわれてきたのである。

（四）生命の宗教が求めるのは、救いである

　身体的生命の情態のなかには、驕り、妬み、憎しみ、呪いなど、その生命に備わる負の情念とでもいうべきものがある。だが、それに備わる情念といえば、誤解を招きかねない。というのは、それらの情念は、そもそもアプリオリに生物種の人間に備わった情念であるかのような、誤解をうむからである。しかし一体だれが、野の草花がたがいに妬みあうようすを想像するだろうか。やはり、ヘーゲル（G. W. F. Hegel 1770-1831）のいう人類の歴史、つまり「民族の幸福、国民の知恵、個人の美徳が犠牲に供せられる屠殺台」（『歴史哲学』講義）のなかで、私たちの身体的生に植え込まれているのが、これらの負の情念であろう。とりわけ欲望の自己増殖が他なるものの域を侵犯

するにつれて、これら負の情念が私たちの生にしっかりと根づいたのだとすれば、それは無視しえない悪を犯してしまう可能性の事態だといってよい。

歴史的な身体的生命は、野の草花、空の鳥のように生かされている、いわゆる無為自然の命ではない。否それどころか、歴史的な身体的生命は、使徒パウロや教父アウグスティヌスが「善を欲しながらも悪を犯してしまう」（「ガラテヤ書」5章17節）と嘆いたもの、すなわちカント（I. Kant 1724-1804）が「根源悪」（『宗教哲学』）となづけた、悪を犯してしまう可能性を自らのうちに具えた生である。だから、繰り返し悔い改めていなければならないのである。

ところがそれ以上に不遜な事態もある。イエスに「去れ」（「マタイ福音書」4章16節）と言われた「悪魔（サタン）」は、もともと誹謗する者、告発する者を意味しているから、誹謗と告発の応酬を惹き起こし、暴力の報復を繰り返させて、悪の連鎖のなかに人間を引き込んで離しはしないのである。そして遂には、私たちの身体的生は、生かされてあるという純粋受動的な事実を忘れてしまうばかりか、棄てさえもしてしまうのである。悪魔の罠に陥った事態は、私たちの生の宿痾に外ならない。

繰り返される殺戮と暴行が罪悪であるのは、述べるまでもない。ところが、環境破壊や種の絶滅、あるいは現代科学技術がもたらす未曾有の事故もまた、飽くなき営利欲のゆえに人間が犯す罪、つまり生命を脅かし、生命を犯す罪悪とみなされよう。とすれば、歴史的な身体的生が、こうした罪悪から救われる途はあるのだろうか、今もなお、宗教が救いをもたらすとすれば、人間は救いに与かって、真人間とか新しい人間とかに生まれ変われるはずである。罪の赦しという問題、「死して甦る」という復活の問題は、特殊にキリスト教の信仰教義に限られはしない。要するに悪の問題、復活の問題は、生命の宗教が救いの可能性を探るかぎり、それが応えなければならない課題であるわけである。

（五）生命の宗教は精神史的に考察される

はたして、生命の宗教を弁証することができるかどうか。当然のこと、

その弁証が独善的なもの、恣意的なものにならないためには、鋭い批判を十分に考慮に入れたものでなければならないし、弁証（Apologie）は論争（Polemik）を忌避するものであってはならない。それゆえ万有在神論の構制が論理的に不透明だとして放置してしまわないで、その非 - 論理の深淵を哲学的に測深してみなければならないだろうし、生命の宗教、キリスト教が宗教である以上、その求める救いの可否を探索してみなければならないだろう。私たち有限な身体的生は、宗教の域を超えて、多岐にわたる営みをしているのであるから、本書の展開は、啓蒙期から 20 世紀の両大戦後までのあいだで、キリスト教の内と、その外の学問的また政治経済的な合理化、そしてそれに伴う世俗化という動向にできるかぎり注意を払いつつ、それらの動向に対して批判を怠らなかった哲学的思考を辿った精神史的考察とならざるをえない。今ここで、近代精神史を貫く二つの連動した動向について、予め述べておかねばならない。

（α）キリスト教会を襲った世俗化という動向

　宗教改革から宗教戦争を経て、西欧のキリスト教はローマカトリック教会とプロテスタント教会に分裂し、世俗の国家を支配しえなくなったこと、コペルニクスやガリレオによる科学革命を経て、中世的な宇宙観に替わる、宇宙は無限に開かれているという自然科学的思考が主流となり、キリスト教会の権威を揺るがしたこと、資本主義経済を担う市民階層が台頭し、時代が下るにつれて、彼らの政治的発言権が増大する一方であったことなどが、キリスト教会の世俗化を惹き起こした動向であった。

（β）「神すなわち無限」をめぐる思索の動向

　古来、神は無限なるものとして讃えられてきた。例えば、カンタベリーのアンセルムス（Anselmus 1033-1109）は、神は決して人間の思考の対象にならないもの、思考を超えたものだと言い、無限なる神を讃えている（古田曉訳、カンタベリーのアンセルムス『プロスロギオン』第 15 章、上智大学中世思想研究所編『中世思想原典集成 7』所収）。とすれば、アンセルムスのいう「神すなわち無限」は信仰命題であって、思考が前提とすべきものであることにな

る。より詳しくいえば、上述のように背後世界論者が神を背後世界に座す無限なるものと解しようとも、また神を最高存在者なる無限なるものと解しようとも、「神すなわち無限」という信仰命題は思考の前提になっている。その逆をいえば、「神すなわち無限」をどのように理解するか、という課題が提起されているわけである。カントの「神の存在論的証明」は、その課題の遂行であったとも言えよう。こうして「神すなわち無限」をめぐる思索の動向が、近代精神史を貫いてゆく。

　本書は、今述べた二つの動向を考察する。がしかし、これらの動向が近代精神史を貫く動向でありながらも、時代の推移とともにその様相を異にするがゆえに、本書は、それらの動向と取り組んだ思想家の列伝体を採らざるをえない。以下、本書の筋立てを述べておこう。
　西ヨーロッパの啓蒙時代は、コペルニクスやガリレオなどによるいわゆる科学革命を経て、宇宙の無限の拡がりのなかで中心の喪失が実感されたがゆえに、信仰と知識とのあいだの亀裂を鮮明に表した時代である。それゆえ後年カントが「信仰の場を容れるためには、知識を揚棄しなければならない」（『純粋理性批判』第二版序文）と宣言したのである。それゆえこの時代において、第一に、自然科学からの旧い神学体系に対する挑発は、新たな宇宙観と神観を構築せよ、という課題となったし、その課題に呼応した一つの試みがスピノザ（B. d. Spinoza 1632-1677）の合理主義的な体系であったことは間違いない。第二に、そうした合理主義的な思潮のなかで、ライマールス（H. S. Reimarus 1694-1768）は聖書および教会史の歴史的・批判的研究をおこない、史的イエスという研究課題をキリスト教界に課したのだが、その大胆な主張に対してレッシング（G. E. Lessing 1729-1781）は穏健な反論を試みたにもかかわらず、守旧派の正統神学者からスピノザ主義者という烙印を貼られてしまった。レッシングの万有在神論が顧みられることはなかったのは、当然であった。宇宙観および神観の模索、および聖書の歴史的批判的研究の始まった啓蒙時代に、改めて、万有在神論という神観が提唱されたということは、注目されてよかろう。
　フランス市民革命とその混乱の後で、ナポレオンのドイツ侵攻を契機とし

16

　　　　　　　　　　　　　　　　　　序章　生命の宗教、キリスト教

てプロシアを中心とする近代国家の建設の気運が生じてきたが、その建設を
担ったのが革新的な貴族層と、ドイツ・ロマン派と称される教養市民層で
あった。彼ら教養市民は、民族的なアイデンティティを中世ドイツの伝承に
探りはしても、しかし啓蒙主義の洗礼を受けた彼らであったから、キリスト
教会の旧態依然たる権威主義に対して、冷めた眼で見ていたのである。時代
のこうした精神的思潮に駆り立てられた神学者のシュライアーマッハー（F.
E. D. Schleiermacher 1768-1834）は、「宗教を軽蔑する教養人への講話」
という副題を付した『宗教論』を著し、教会批判を考慮したうえでの、キリ
スト教の弁証を試みたのである。その弁証は、レッシングの衣鉢を継ぐもの
として評価されよう。と同時に、シュライアーマッハーがプロテスタント教
会の改革を提言したことも、評価されるべきである。

　プロシア帝国は、宰相ビスマルクの指導の下で、国内外に権力政治体制を
敷いてゆくが、その戦略は産業資本主義の膨張と連動したものである。この
ような思潮は、欧米列強全体を覆った疑似生物学的な思想、すなわち社会淘
汰を介して世界全体が進歩するという歴史観である。それがいわゆる社会
ダーウィニズムである。キリスト教界はその影響を蒙って、いわゆる世俗
化の波に翻弄されてしまったのである。だが、当時の思想家が手を拱ねい
ていたわけではない。ディルタイ（W. Dilthey 1833-1911）が超越神論を
脱構築するとともに、アメリカのエマーソン（R. W. Emerson 1803-1882）
やジェームズと連携して、超越即内在的な生命思想を展開しようとしたし、
ニーチェはプラトン的キリスト教的形而上学の神を指して、その死を宣告し
たけれども、しかしキリスト教に新たな活力をもたらすべき神論を展開しよ
うとしたのである。

　ところが20世紀になると、欲望の増殖と膨張はさらに発展して、生産と
流通の合理的システムが編み出され、終には列強諸国の衝突を惹き起こして
しまった。つまり、列強が近代兵器を駆使して大量殺戮をおこなった第一次
世界大戦である。だから精神の危機と生命の癒しを訴えるペシミズムが、時
代を覆った。そのような風潮のゆえに、西欧からみれば東方ロシアの文豪、
トルストイやドストエフスキーの表した「アジア的キリスト教」に対して、
西欧の知識人の関心が向けられることになったのは、当然のなりゆきであっ

17

た。その一人が、「世界の脱魔術化」および「価値の歴史的相対性」に思索を傾けたウェーバー（M. Weber 1864-1920）であった。

だが20世紀は、なおも欲望の自己増殖を進めてしまったから、再び世界大戦を惹き起こしてしまった。それは、列強諸国がユンガー（E. Jünger 1895-1998）のいう「総動員体制」——ハイデガーのいう「総駆り立て体制（Ge-stell）」——を敷いて戦った、かつての時代に見られたことのない無差別な大量殺戮戦であった。それゆえ、生命の救いのためには、神なき世界の「不条理」から目を背けるどころか、それを直視したうえで、なおも人間の連帯を志向しようとする者が現れても、決して不思議ではない。それはアルジェ生まれのフランス人作家カミュ（A. Camus 1913-1960）であり、ドイツの神学者ボンヘッファー（D. Bonhoeffer 1906-1945）である。そして最後に日本の思想家を挙げるのであれば、敗戦後に甚大な原爆被害と核実験の報道に接して、現代という時代を、人間が科学技術の具と化してしまった「死の時代」とみて、『懺悔道としての哲学』に活路を見出し、『キリスト教の弁証』を著して、生命の宗教すなわちキリスト教を「愛の万有在神論」として弁証しようと努めた者がいた。京都学派の田辺元である。彼らの再評価と批判的継承は、私たちの義務であろう。

（六）乏しき時代のなかで、生命の宗教の可能性を探る

グローバリズムが浸透する現代は、生きとし生けるものの一切を用立てる「総駆り立て体制」を強固な世界構制としてゆくように見受けられる。それゆえ、その世界構制に抗議して、その打ち壊し運動を企てても徒労に終わらざるをえないであろう。では、生命の宗教、キリスト教の可能性を探る途は、どこに見出されるのか。一つの途は、「愛の万有在神論」の世界構制を構築する途に見出されよう。それと連動した別の途は、「共生の倫理」に探ることができよう。すなわち、私たちの身体的生が他なるもの、つまり生きとし生けるものと共に生かされて生きる方途を探ることができよう。それは、一切を用立てる世界構制に抗する「反抗の倫理」の途であろう。この途を探ってみるのが、本書の終章である。

第一章
暗い時代の人レッシング、
無一物なる生

　ヨーロッパの 18 世紀は、イギリスのシャフツベリ伯（A. A. C. 3rd E. Shaftesbury 1671-1713）、フランスのヴォルテール（Voltaire 1694-1778）、モンテスキュー（Montesquieu 1689-1755）など優れた著述家が輩出した時代である。その影響を受けて蒙を啓かれたのがカント、そしてレッシングであった。それゆえこの時代は、啓蒙を旨とする教育の時代であったとも言える。現にカントは、啓蒙を「人間が自らの未成年状態を脱する」ことと規定し、人間自らの理性使用をそのスローガンに掲げている（カント『啓蒙とは何か』岩波文庫、7 頁）。こうして人間理性が自然の猛威を克服し、国家が法秩序を整備し、教会の旧い信仰箇条に対する批判が生じた。時代のこのような根本動向は、抽象的思弁を避けて、人間の内面的成長に注意を払うことを信念としたものであったし、レッシングはその担い手であったと言ってもよい。

　ディルタイは、ドイツ精神史において成年に達した最初の人間がレッシングであり、その信念をさらに発展させたのがゲーテ（J. W. Goethe 1749-1832）、ヘーゲル、シュライアーマッハーであったと述べて、レッシングの『賢人ナータン』第二幕第九場における「一物をも蓄えない本当の乞食こそ、本当の王様なのだ」というセリフでもって、「精神の成年状態」を無一物なる生と解している[1]。ディルタイの精神史的考察を諒とするとしても、無一物なる生は古来のどの宗教文化にもみられる生活理想であるから、なぜ啓蒙時代のレッシングが無一物なる生を生活理想として掲げたのか、どのようにして彼はその生を体現したのか、そもそも彼はどのような宗教観を抱いていたのか等といった一連の問いが生じてくる。この問いに答えるために、急ぎ

19

足でレッシングの生涯を垣間見ておこう。

　レッシングはプロテスタントの牧師家庭に生を受け、当時の大都市ライプチヒで神学を学ぶが、演劇にのめり込んでしまい、戯曲の創作に励む。その後、ヴィッテンベルク大学で医学を修め学位を得たにもかかわらず、ベルリンおよびブレスラウにおいて、文芸批評や悲劇・喜劇の傑作を上梓する。こういうわけでハンブルク国民劇場の顧問に招聘された彼は、ハンブルクのカタリーナ教会主席牧師ゲーツェ（J. M. Goetze 1717-86）やギムナジウムの東洋語教授で合理主義的な理神論者ライマールスと面識を得て、親交を深めた。それのみか、ヴォルフェンビュッテル大公から図書館管理を委嘱されるという知遇も得ている。こうしてレッシングは、貴重な古文書を渉猟する傍ら、1774 年から 78 年にかけて、故ライマールスが教会信仰を文献学的かつ歴史的に批判した遺稿を無記名の『古文書』として刊行する。ところが、それに激怒した旧知のゲーツェとの間に、レッシングは激しい宗教論争を惹き起こしてしまい、『反ゲーツェ』（1777-78 年）を公表したが、ブラウンシュヴァイク当局から論争中止の命令を受け、無検閲出版の特権を剥奪されてしまう。そこで彼は一計をめぐらして、劇詩『賢人ナータン』（1779 年）でもって宗教論争を諷刺した。それに続いて、『人類の教育』(1780 年) でもって彼の歴史神学とでもいうべき宗教観を仄めかしたのである。

　レッシング亡き後の 1788 年に、激化するばかりの啓蒙主義運動を抑制するために、プロシアの大臣ヴェルナー（J. Chr. v. Wöllner 1732-1800）は宗教訓令を発することになった。なお 1794 年にカントに、宗教に関する沈黙を強制する禁令を発したのも、このヴェルナーであった。自由な言論活動にとって、暗い時代であった。

第一節　レッシングの語り口

　レッシングの語り口についてハンナ・アーレント（H. Arendt 1906-1975）が、注目に値する考察を表している。それを参照することをもって、レッシングの宗教論を展開する発端にしよう。

（一）ハンナ・アーレントのレッシング考

　ナチス・ドイツの迫害を逃れてアメリカに亡命したユダヤ系ドイツ人の哲学者、H・アーレントは、『全体主義の起原』および『人間の条件』の刊行により、1959年9月、ドイツのハンブルク市のレッシング賞を受賞する。彼女の受賞講演は、『暗い時代の人間性について』となづけられたレッシング論であった[2]。

　アーレントによれば、暗い時代とは一つの信仰箇条あるいは一つの世界観が強いられて、活動や思索の自由の芽が摘まれてしまう時代である。このような暗い時代のなかでレッシングは、世間から逃避もしないし、ましてや世界革命を夢想もしないで生きようとしたし、現にそのように生きたというわけである。だからアーレントは、「世界に対する彼の態度は、ポジティブでもネガティブでもなく、ラディカルに批判的であり、公共圏（öffentlichkeit）に対しては、全面的に革命的でした。しかし彼は世界に対して義務を負っていると感じ続け、決して自らの地盤を離れることなく、一つのユートピアへの熱狂に通じる法外な要求を掲げることはありませんでした」（『暗い時代』9）と語っている。

　時代におけるレッシングの対世間的な生き方が、「笑いながらアイロニカルに、つまり世界に完全に没入しない」（『暗い時代』11）という冷めたパトスを秘めたものとなるというのも、当然のことである。それにまた、戯曲家としての彼の語り口は、舞台空間のなかでの人物たちの会話の進行を念頭においたものであるから、会話の進行状況に依存しており、「最終的解決としての〈結果〉」つまり永遠不滅の真理を窮めようとしないで、「伝統の手摺なしに自由に運動する思考として、他者との論争」（『暗い時代』19-20）を重視したものとなるのも、至極当然のなりゆきである。

　ところで論争が誹謗中傷に終わらないかぎり、論争は、人びとがたがいの違いを認めあいながらも、たがいの共通理解を得ようとするものであろう。アーレントは、そのような差異を孕んだ一致への努めが古代のギリシア人の「友情」であったと述べたうえで、レッシングの論争的な語り口のなかでも、『賢人ナータン』が「友情についての古典的演劇」（『暗い時代』50）であると

評価する。その劇のなかの「三つの指環」という例え話は、ユダヤ教徒の豪商ナータンと、キリスト教徒でテンプル騎士団の修道士との、そしてイスラム教徒の君主サラディンとの友情の契りをもたらすという寓話である[3]。アーレントの講演の趣旨を理解するために、その寓話のあらましを捉えておかねばならない。

　ユダヤ商人ナータンは、イスラム教徒の君主サラディンが彼の財産をせしめようと謀って、「ユダヤ教、キリスト教、イスラム教のなかで、真の宗教はどれか」と下問したのに応えて、「三つの指環」の例え話をする。それは、東方の或る国で起こった王位継承権にまつわる話である。その国では、神と人びとに好かれる指環が王権を継承する徴であったが、ある代の王は三人の息子がいて、同じように可愛がっていたので、どの息子に指環を授けるか困った揚句、真の指環と全く同じものを二つ作らせて、王は自らの臨終に先立って、どれが本物か告げないで三つの指環を息子たちに与えた。そのため、三人の息子それぞれが、自分こそ本物を授かったのだと、訴える始末となってしまった。そこで裁判官は、本物を持っているなら、その者は神と人びとに愛されるはずであるのに、そうでないから、三人のどれもが贋物をもらったのだと説明したうえで、「真の指環はすでに紛失したのだ、お前たちのもっている指環はどれも贋物だ」という判決を下す。こうして、その判決に納得した息子たちのあいだに和解が成立するのである。

　「三つの指環」の寓話から明らかなように、ナータン＝レッシングの智慧とは、本物を探って血みどろの戦いとなるよりも、たとえ贋物を信としてでも連帯を選ぶということであった。しかしそうした寛容さの論拠は、自らの宗教的信条を損なってでも他者との妥協を優先するというのではなくて、自らと他者それぞれの宗教的信条に対する知的誠実さを尊ぶということであった。それゆえアーレントは、「各自が自分に真理と思われるものを語ろう。そして真理それ自体は、神に委ねよう！」[4]というレッシングの言葉でもって、講演の締め括りとしたのである（『暗い時代』61）。

22

（二）レッシングの『人類の教育』の語り口

　レッシングの時代は、一方で聖書の歴史批判を頑強に拒む正統主義と、聖書を合理的に説明しつくそうとする理神論とが相対立した時代であった。レッシングは、理神論者のライマールスの遺稿を公刊したために、正統主義者のゲーツェと宗教論争を展開するはめに陥ったが、しかしライマールスの見解に同意したわけではない。A・シュヴァイツァー（Schweitzer 1875-1965）によれば、後者は、旧約聖書は宗教を啓示するものでないこと、人間イエスはメシアではないこと、原始キリスト教の終末論は偽造であること等を論じたのである[5]。だがレッシングはそれに反論している。このように正統主義ならびに理神論的な合理主義の両方を論駁する意図でもって上梓されたのが、100 のパラグラフからなる小冊子の『人類の教育』（1780 年）であった。ところで、H・アーレントが指摘したレッシングの論争的で仮言的な語り口を、この小冊子においてもレッシングは用いているのである。その語り口に、まず注目してみよう。

　彼は『人類の教育』の冒頭に、エピグラムとして、アウグスティヌスの『ソリロキア（独白）』第二巻第十章に記された「これらすべては一方で虚偽であるがゆえに、また同じ理由で一方では真実なのだ」[6]という言葉を掲げる。その『ソリロキア（独白）』は、「わたし」つまりアウグスティヌスと「理性」との対話形式の装いをもって、霊魂の不死性について展開しているのであるから、レッシングがエピグラムに掲げた言葉は、霊魂の不死性の論証の真偽に関わっていることは、容易に推察される。そこで、その真偽の論証の仕方が問われる。アウグスティヌスである「わたし」は、「わたしたちは、一方では真実であり他方では虚偽であるような、いわば両面をもった自己矛盾する根拠によらない真なるものを探究しなければなりません」と述べると、「理性」は「きみが求めているものが神的なものだ」[7]と答える。このやり取りによれば、アウグスティヌスは、霊魂の不死の論拠として、理性の二律背反を超えた「神的なもの」を探究したと言えよう。

　ではレッシングは、アウグスティヌスの言葉をエピグラムに掲げたから、その論証術を踏襲したのであろうか。否、そうとは言えない。「神的なもの」

を信じつつも、知的な論拠としてそれを鵜呑みにしないし、それを否定する知的な主張をまさに反証するという批判的な、それゆえ逆説に富んだ語り口を、レッシングが採ったのだとも言えよう。

　さらにまた『人類の教育』は、編集者の「序」を添えている。つまりレッシングはその編集者であり、筆者が別の人物であり、そしてその筆者が「一つの暗示」を示すという工夫を凝らしたわけである。安酸敏眞によれば、その「暗示」というのは、どの実定宗教においても、人間悟性がそれに沿って発展してゆくべき行程が認められるということを指している[8]。すべての実定宗教とはいっても、レッシングがユダヤ＝キリスト教史を念頭に置いているのは、疑いえない。そうだとすると、彼が『人類の教育』で論争的、仮言的に表そうとしたのは、キリスト教の歴史神学であったということになろう。

第二節　『人類の教育』における歴史神学

　ユダヤ民族が、キリスト教に先駆けて、唯一神、霊魂不滅、来世の賞罰という三つの観念を、ユダヤ教＝キリスト教というその実定宗教固有の表徴として受け容れてきた歴史は、人間の理性が啓発されてきた歴史だ、とレッシングは解する。だとすれば、『人類の教育』という書名が、人間の理性が自らの蒙を啓いてゆくプロセスを表示するものであり、それゆえレッシングふうの歴史神学を含意するものであることは、容易に察せられよう。その歴史神学によれば、旧約聖書の時代、新約聖書の時代、永遠の福音の時代という三つの時代に区分される。それらの歴史を概観してみよう。

（一）旧約聖書の時代

　人間の理性は当初、未熟であったから、不可解なものを神格化して、偶像崇拝と多神教を奉じたので、そこで神はイスラエル民族に父祖の神として自らを啓示して、「唯一者（das Einzige）」の概念に慣れさせたが（§13）、それは「唯一者の真の超越論的概念」ではなかった（§14、強調筆者）。当然のこと、霊魂不滅と来世を内包するものでもなかった（§17）。そこでさら

24

第一章　暗い時代の人レッシング、無一物なる生

に神はその民族のうちのユダヤ人を選び、「人類の将来の教育者」として
教育した（§18）が、神の正しい概念がユダヤ人には授かっていなかった
し、霊魂不滅も来世の報いの教理も欠けていた（§27-30）。しかしバビロン
捕囚の間に、先進的なペルシア人の熟達した理性に触れたユダヤ人は、自
分たちの父祖の神ヤハウェのなかに、民族神ではなく、真実の神を認識し
た（§39）、ただし霊魂の不死性の教理は、旧約聖書では暗示されているにす
ぎない（§43）。そして終に、キリストが「より優れた教育者としてやってき
た」（§53）のである。

（二）　新約聖書の時代

　ユダヤ人が「一つの真実の生」つまり来世を待ち望むまでに成長したと
き、キリストは「霊魂の不死を教える最初の信頼すべき実践的な教師」（§53）
として到来し、霊魂の不死に照らして行為を律することを、ユダヤの人び
とに教えた。こうして新約聖書は、「人類のための第二の、より優れた初級
教科書」として役立ってきたし、今もそうである（§64-69）。そしてさらに、
人間の理性が啓発されるならば、キリスト教の教理つまり「啓示された真
理」が、「単なる理性の真理」へと発展してゆくことは可能であるし、必定
である（§70-72）。なぜなら、「啓示された真理が、人類の役に立つべきであ
るならば」、人間の理性は、たとえそれを体得できないにしても、しかしな
がら「単なる理性の真理」として咀嚼、体得できるものにするべきであるか
らである（§76、77）。その体得されるべき教理が「三位一体論（die Lehre
von der Dreyeinigkeit）」（§73）であるし、「贖罪論」（§75）なのである。

　以上がレッシングの論じる新約聖書の時代であるが、そこでは「キリスト
が最初の信頼すべき実践的な教師だ」と述べられていて、ライマールスのい
う人間イエスと区別されていないようにみえる。しかしその疑念を解くの
が、「三位一体論」と「贖罪論」である。それゆえその教理の考察が、レッ
シングの論じる新約聖書の時代のクライマックスとなっていることは疑いな
い。パラグラフ §73 および §75 が肝要である。

　三位一体の教理は、「神は有限な事物が一であるという意味では一であり
得ず、また神の単一性もある種の数多性を排除しないような超越論的な単一

25

性でなければならない、ということを認識する道へと導いてゆくものだとしたら、どうであろうか」（§73）、と仮言的に表される。すなわち神の唯一性は、存在者の数えられうる一や多ではなく、それらを包みつつ超えた「超越論的な単一性（eine transcendentale Einheit）」だというわけである。別の言い方をすれば、神の存在性格と有限な事物のそれとの間には、厳密な区別があるというのである。そしてさらに、実像と鏡像との関係との類比において、神と御子イエス・キリストとの関係が仮言的に表される。すなわち、「鏡に映った私の像が、私自身がもっている一切をもっているならば、私の自我の真の二重化であろうか」、そして類似の二重化を神のうちに認識できると信じれば、その唯一の神が永遠から「御子」を産出したのだ（§73）、と。このパラグラフ§73 は「三位一体論」という題名を付けられているにもかかわらず、「聖霊」については触れられていないが、神と御子から生じた、両者の「調和（die Harmonie）」ある関係が「聖霊」である、とレッシングは『理性のキリスト教』という題の断章に書き残している[9]。とすれば、彼は「三位一体論」を非神話化して、息や生命を意味するギリシア語の「聖霊」を愛の交互的関係をもたらすものとして解したのだとも言える。

　また「贖罪の教理」についても、レッシングは啓蒙の申し子らしい合理的な理解を示して、「神は御子に鑑みて、人間のあらゆる違反を赦そうとされたとすれば、どうであろうか？」（§75）と仮言的に表している。その表現は、すなわちイエス・キリストの、そして聖霊の執り成しにより、神は人間の罪を赦すこと、それがキリスト教の真髄であると言わんとしたのではないだろうか。

（三）　新しい福音の時代

　「新しい契約の書である初級教科書においてさえ約束されていた新しい永遠の福音の時代」（§86）が到来する。例えば、「マルコ福音書」（13章32節）は、「御子」が再臨して、世界を審判し新天新地を創造するという、生きとし生けるものすべての真の救済が確かに到来すると記しているし、「ヨハネ福音書」（16章6節）は、キリストの去った後に、聖霊が人間の弁護者として来ると記している。レッシングが「ヨハネ福音書」を高く評価していたにして

第一章　暗い時代の人レッシング、無一物なる生

も、しかし彼がこの文脈において福音書のいずれを採ったのか、それの判定
はできない。ただし彼は、13世紀に聖霊の神学を説いたフィオーレのヨア
キム（Ioachim 1135-1202）は性急すぎたが、間違っていたわけではない
とも記している（§89、90）。それを手掛かりに推測をめぐらせば、生きとし
生けるものすべてが賜わる「聖霊」すなわち生命を、レッシングが念頭に置
いて、「新しい永遠の福音」について仮言的に語っているとも解することが
できよう。その発言には、二つの論点が含まれている。以下、それらについ
て説明しよう。

　今述べたレッシングの生命モデルは、同じ種の生命体は個々に違いがある
のが生命の絶えざる産出であるが、その産出は種の祖型を反復していると
いうこと、その産出を無限の創造的反復とみなされることと解してよかろ
う。とすれば、第一の論点としてレッシングは、直線的に経過してゆく時間
および歴史の観念に対して、「最短の線がつねに直線だというわけではない」
（§91）と述べるとき、上記のような生命モデルを歴史神学的に転移したと
も解することができよう（§92、93）。第二の論点は、そのような創造的反復
が「滑稽な仮説」（§95）であるにしても、「なぜ一人一人の人間がこの世界
に一回以上存在したことがあってはいけないのだろう？」（§94）という仮言
的な問い方で表されているが、個別の生存が是認されうるかどうか、という
問いに関わっている。というのは、創造的反復あるいは永遠回帰いずれにせ
よ、個々の生命活動が螺旋的な循環を描いているかぎり、その循環の内部に
おいては、永劫の刑罰とか至福の褒賞とかは想像しえないはずである（§96、
97）し、延いては、生きとし生けるものの存在のどれもが「無駄骨（die
Mühe）」ではないはずであるからである（§98、99）。だとすれば、暗い時代
の人レッシングは、新しい福音の時代においては、悪が悪であるにもかかわ
らず赦されるのではなく、悪が悪であるゆえに赦されるという、私たち有限
な身体的生命ばかりか、生きとし生けるものの生命の聖化をも待望していた
ことになりはしないであろうか。それは、あくまで私たち有限な身体的生命
の願望であって、論証ではないけれども、こうして超越と内在との、あるい
は神と自然との対立の和解が神の赦しを物語るのであれば、『人類の教育』
として草されたレッシングふうの歴史神学はその赦しの物語であったと言っ

27

てよいことになろう。

第三節　レッシングの万有在神論

　本書の「序」で述べたように、カンタベリーのアンセルムスは「神すなわち無限」という信仰命題を掲げた。より詳しくいえば、彼は神を、思考を超えた無限なもの、思考の対象にならない無限なものとして讃えた[10]。それが信仰命題である以上、論証も反証もされない。否そればかりか、それが思考の前提である以上、「神すなわち無限」をどう理解するかという問題を近代哲学に課すことになった。レッシングはそれを引き受けて、正統神学とも汎神論とも異なる万有在神論を表すのである。その神論とは、無限と有限、絶対と相対、超越と内在、神と自然とが隔絶していないし、同一でもないような、不一不二の関係であるとみなすものである。レッシングの万有在神論を検討しなければならない。

　F・H・ヤコービ（Jacobi 1743-1819）が1785年に刊行した『スピノザの学説について、メンデルスゾーン氏に宛てた書簡』（以下、『スピノザ書簡』と略記）は、ヤコービとレッシングの親友メンデルスゾーンとの間で交わされた、いわゆるスピノザ論争の記録である。スピノザ論争とは、ヤコービがレッシングにスピノザ主義者のレッテルを貼り付けようとしたのに対して、メンデルスゾーンがその嫌疑を拭おうとして、彼らの間で論争になったものである。ヤコービがそのレッテルを貼ったのは、そもそもレッシングの逆説に満ちた弁証法的な言動に惑わされたためだったとも言えるのである。1780年7月5日にヤコービがレッシングを訪問したとき、スピノザ研究に打ち込んでいたゲーテの詩「プロメテウス」をレッシングに見せたところ、レッシングはその詩に親しみを感じたという。そして、「正統的な神概念は自分には存在しないし、〈一にして全〉それ以外のものは知らない」[11]、というふうにヤコービに応接したというわけである。では果たして、レッシングはスピノザふうの汎神論を採っていたと裁定できるのかどうか。

　繰り返すまでもなく、演劇人のレッシングは対話状況に依存した演劇的効果を狙っている。上述のように、彼は正統主義者のゲーツェと論争を繰り広

28

第一章　暗い時代の人レッシング、無一物なる生

げたわけであるから、超越的な人格神という「正統的な神概念」を採っているはずがない。しかしだからといって、ヤコービとの会話状況からしてレッシングが直ぐさまスピノザ主義者とみなされるとすれば、それもまた速断すぎるとも言えよう。たしかに、レッシングのいう〈一にして全〉が、一が全であり、逆に全が一であることだとすれば、それは汎神論以外のなにものでもない。しかしながら『人類の教育』§73が示しているように、神の単一性は、存在者の一と多から区別される「超越論的な単一性」であり、その超越論的制約が神と存在者との関係を規定しているかぎり、一なる神が存在者を制約するが、その逆ではない以上、神は存在者を包みつつ超えているわけである。つまるところレッシングの抱く神概念は、世界を超越した人格神の概念ではないけれども、しかし汎神論とも言えないのである。むしろ、前節で述べたような三位一体論を容認しうる、内在的かつ超越的な万有在神論（Panentheismus）だということになろう。すなわち神と自然とは不一不二という関係にあって、隔絶してはいないけれども、しかし神なくして自然はないし、生きとし生けるものの命は生じないのである。それゆえレッシングがどのような神観を抱いていたかは不明であるにせよ、井上洋治の言い方をすれば、その神は「造化の働き」を具えていると言えよう[12]。さらに「造化の働き」そのものが人間には見えないがゆえに、レッシングのいう万有在神論における神は、その見えざる働きがどのように解されるにせよ、ともかくは「隠れたる神（Deus absconditus）」の系譜を継いでいると言えよう。ディルタイによれば、そのような意味での万有在神論は、M・エックハルト（Eckhart 1260頃-1328）の影響を受けたJ・タウラー（Tauler 1300頃-1361）、M・ルター（Luther 1483-1546）、U・H・ツヴィングリ（Zwingli 1484-1531）、そしてS・フランク（Franck 1499-1542）に至るドイツ・スピリツュアリスムスの伝統に連なるものであったのである[13]。

　レッシングの万有在神論に問題がある、と安酸敏眞が指摘するのは、当然である。一般的にいえば、一なる神と多なる存在者との関係、超越的なる神と世界内在的な存在者との関係は明確に論じられているわけではない[14]。レッシングの論述に即していえば、『人類の教育』のパラグラフ§73では、「超越論的単一性」なる神が、自らに似せて「御子」イエス・キリストを創

29

られたという。とすれば、その類比はどのように解されるべきなのか。つまり存在の類比であるのであれば、神が最高存在者とみなされるかぎり、その神と、地上の存在者であるキリストとの間に同一性の論理が潜んでいるのではないだろうか。ハイデガーの言い方をまねるならば、神とキリストとの間に、存在論的区別がなくてよいのであろうか。もしもそうであれば、「超越論的単一性」のもつ超越論的制約は確固としたものではないのではないか、という疑念が拭い去れない。そしてさらに、キリストの執り成しによって、人間の罪を赦す神は、裁きの神ではなく愛の神であるならば、そして愛の交互的関係を表すのが「聖霊」であるとすれば、人格的関係が成り立っているがゆえに、人格神の概念が無礙に却下されてよいのか、という反問も生じるであろう。

結　新たな課題

　レッシングの万有在神論のなかに、生命の宗教、キリスト教の原型があると言ってもよい。そしてまた、その原型のなかに、無一物の生という宗教文化がありえたと言ってもよい。しかしその万有在神論は、私たちにいくつかの課題を与えている。それゆえ、私たち歴史的な身体的生命を授ける造化の働きを、その働きに即して分節化するためには、その課題を引き受けなければならない。

第一章　暗い時代の人レッシング、無一物なる生（註）

註

1）W. Dilthey, *Das Erlebnis und die Dichtung*, Göttingen 1985, S.107.［ディルタイ『体験と創作』（上）、柴田治三郎訳、岩波文庫、175-176 頁を参照］

2）ハンナ・アーレント『暗い時代の人間性について』仲正昌樹訳（情況出版、2002年）からの引用は、本文において『暗い時代』と略記し、その頁数を記した。

3）三つの指環の話は、Gotthold Ephraim Lessing, *Nathan der Weise* の第三幕第七場、*Lessings Werke und Briefe in 12 Bänden*［以下 LWB と略記］, Deutscher Klassiker Verlag 1985, Bd.9, S.555 以下を参照。［レッシング『賢人ナータン』篠田英雄訳、岩波文庫、109 頁以下］

4）LWB, Bd.12, S.144.

5）『シュヴァイツァー著作集』第 17 巻として収録されているシュヴァイツァーの『イエス伝研究史』（上）のライマールス論を参照。同巻、59 頁以下参照。

6）アウグスティヌス「ソリロキア（独白）」『アウグスティヌス著作集』第一巻、清水正照訳、教文館、1979 年、414 頁。

7）アウグスティヌス「ソリロキア（独白）」、上掲書、415 頁。

8）G. E. Lessing, *Die Erziehung des Menschengeschlechts*, in: LWB, Bd.10, S.74.［以下、本文でそのパラグラフ番号のみ表記する］。レッシング『人類の教育』の全訳は、安酸敏眞『レッシングとドイツ啓蒙』創文社、1998 年の附録、325-352 頁を参照。なお、安酸氏の上掲書の第六章が『人類の教育』を深く考察している。多くの示唆を頂戴した。

9）1751/52 年に記された断章『理性のキリスト教』*Das Christentum der Vernunft*, in: LWB, Bd.2, S.404 においては、以下のように論じられている。神の表象、意志、創造は一つであるので、「神」は自分を思考し創造したのが、自らと同一なる「子なる神」であり、神と子とのあいだに調和がなければならないが、その調和が「父と子からきた聖霊」である（a.a.O. §10）。この調和も「神」である（a.a.O. §11）。こうして父と子と聖霊、すなわち調和の「三つはすべて一つである」（a.a.O. §12）。ただし、この断章ではレッシング自身に成りきっていないとみなすのは、ディルタイである（W. Dilthey, a.a.O. S.64-65［邦訳 105 頁］）。

10）カンタベリーのアンセルムスは、「主よ、あなたはそれより偉大なものは考えられえないものであるばかりではなく、考えられうるよりも偉大なあるものです」と記している。カンタベリーのアンセルムス（古田暁訳）『プロスロギオン』第 15 章、上智大学中世思想研究所編『中世思想原典集成 7』所収、205 頁。

11）F. H. Jacobi, *Über die Lehre des Spinoza in Briefen an den Herrn Moses Mendelssohn*, in: *Neu drucke seltner philosophischer Werke*, Hrsg. von Kantgesell-

31

schaft, Bd.VI, Halle 1923 (reprint), S.77.

12) 日本のカトリック神学者の井上洋治が、日本文化の伝統を尊重しつつ、「神と自然とは決して離れて存在しているものでなく、神の働きなくして自然は存在せず、神と自然は不一不二という関係の汎在神論（Panentheism）」を採り、神を「造化の働き」と解している。井上洋治『南無の心を生きる』筑摩書房、2003 年、190 頁。

13) W. Dilthey, a.a.O. S.116, 122.［邦訳 192 頁、202 頁］を参照。だがディルタイは、万有神論の系譜を論じた個所で、「宗教的に開かれた人格神論ないし万有在神論」と記して神論の区別をしていない。Dilthey, *Auffassung und Analyse des Menschen im 15. Und 16. Jahrhundert*, in: *Gesammelte Schriften* II, 6. unveränd. Aufl., Göttingen 1991, S.81, 89 を参照。またヘーゲル等のドイツ観念論を汎神論的思想運動として捉えて、汎神論の修正を万有在神論と論じていて、両者の厳密な区別をしていない。Dilthey, *Die Grundlagen für Hegels mystischen Pantheismus*, in: *Gesammelte Schriften* IV, 6. unveränd. Aufl., Göttingen 1990, S.51. ディルタイの神論については、第三章で詳述する。

　　ルターの「隠れたる神」について、プロテスタント神学の内部で相対立する解釈が見受けられる。（α）ルターをタウラー以来のドイツ神秘主義の系譜を継ぐものと認めながらも、ルターの「隠れたる神」は、怒りや苦において働く「啓示の神」であるのに対して、タウラーの神は理性によって知られないという「哲学的観念」だとして区別する神学的解釈がある。例えば、北森嘉蔵『神の痛みの神学』講談社学術文庫、181、182 頁。（β）ルターのいう「隠れたる神」は、「啓示の神」と哲学的な「隠れたる神」とを超えて、いかなる媒介も絶しており、我々人間にはその隠れが隠れとして自覚されるのみだという神学的解釈がある。武藤一雄『宗教哲学の新しい可能性』創文社、1974 年、ことに 149 頁を参照。

14) 安酸敏眞、上掲書、304 頁を参照。

第二章
シュライアーマッハー、
プロテスタント神学のカント

シュライアーマッハーは文芸批評家のシュレーゲル（F. Schlegel 1772-1829）や、哲学者のヘーゲル、シェリング（Schelling 1775-1854）と同時代人であり、フランス市民革命とその後のナポレオンの欧州制覇、プロシア改革といった渦中のなかで、ドイツ・プロテスタント教会牧師兼神学教授として活躍した。

彼は稀代の政治的説教者であった。ナポレオン軍によるハレ大学占拠に直面したときには「学者は犬ではない」という説教で反ナポレオンの姿勢を表したし、プロシア宰相のフォン・シュタインに協力してプロシアの行政改革に尽力した。また、プロイセンの教会制度の改造に尽力したのは、聖職者の彼にとって当然のことであった。具体的には、1809 年に改革派の説教者として、ルター派と改革派の宗派合同教会であるベルリンの三位一体教会に赴任した後、両宗派の合同、教会合議制、定式書の改良などについて数多くの教会政治的論文を執筆している。だが彼は、国家にへつらう者ではなかった。「愛国的学生ザントによるコツェブー暗殺事件（1819 年）に巻き込まれた旧約学者でベルリン大学の同僚W・M・L・デ・ヴェッテ（de Wette 1780-1849）との友情のゆえに、官憲の尋問と家宅捜索を受け、以後、死ぬまで解雇あるいは懲罰的左遷の不安に怯えていた」[1] のである。

ところで、ケプラーやガリレオの科学革命の甚大な影響を、旧来の思想体系は被った。地動説が採られたことで、宇宙の無限という観念が浸透して、無限なものである、キリスト教の人格神は宇宙の外に超越的な座を占めないことになる。こうした事態をみたシュライアーマッハーは、実証科学の「自然主義」と、無力と化した教義体系の堕落形態つまり「超自然主義」との分

裂を認識して、実証科学の経験知とキリスト教的宗教性との調停を生涯の学問的課題としたのである（『リュッケ宛書簡』KGA I/10, 347）。その調停の試みは、伝統的なキリスト教教義学の神論を支えとはしえないから、シュライアーマッハーにとって、キリスト教へのいわば人間学的アプローチを試みる以外に術はなかった。そのアプローチは、私たち人間の敬虔なる宗教的心情を育む働きは、まさにその心情において自覚されるがゆえに、その心情の省察を介して、その心情を育む働きを省察するという着想に基づくものであった。そしてその着想を宗教論、教会論、キリスト論においてほぼ一貫して展開するのである。それゆえディルタイは、シュライアーマッハーが、カントのようにプロテスタント神学のコペルニクス的転回を図ったという意味で「プロテスタント神学のカント」[2] と称している。ところがシュライアーマッハーの人間学的アプローチは簡単に人びとの賛同を得るものであったとは言い難い。それは彼の修業時代に由来する。

　シュライアーマッハーは、改革派の牧師職を家系とする聖職者の家庭に育ったため、ヘルンフート派の敬虔主義の教育をうけた後、ハレ大学神学部に進学したが、むしろ哲学教授の J・A・エーバーハルト（Eberhard 1739–1809）から、プラトン、アリストテレスの読解の手ほどきを受け、またカントの批判的論究のやり方を学んだ。それゆえ、このハレ時代にエーバーハルトの衣鉢を継いで、シュライアーマッハーはカント主義者になったというよりも、カント的な批判主義の精神を身に着けたと言える。

　その後、ベルリンで牧師の道を歩み始めたとき、シュレーゲルたちロマン主義者のグループと交流をもち、ヘーゲルやシェリングをも共鳴させた例のヤコービの『スピノザ書簡』（1785 年）を、シュライアーマッハーも 1793年から翌年にかけて熟読している。当時のプロテスタント教会の正統派神学の立場からすれば、スピノザ主義は人格神論を拒絶する汎神論として無神論だとみなされていたから、彼はスピノザ主義者のレッテルを貼られて、異端視されたし、後にドイツ・プロテスタント教会の重鎮となってからも論争の渦中に置かれることになってしまったのである。

　このようにシュライアーマッハーは、古代ギリシア哲学とりわけプラトン、そしてカント、スピノザを思索の糧として、プロテスタンティズムの革

新に努めてゆく。その試みがキリスト教へのいわば人間学的アプローチであることは、述べるまでもない。繰り返すまでもなく、そのアプローチは、（α）人間の「心情（Gemüt）」において、それを育んでいる無限なもの、つまり神を自覚せざるがえないがゆえに、（β）その「心情」への神の働きを、その「心情」において考察するのである。このアプローチこそ、本書の序で述べたように、生命の宗教、キリスト教の方途に沿うものであった。以下、それを追考してゆこう。

第一節　ヨーロッパ精神史における シュライアーマッハーの立ち位置

　シュライアーマッハーは、古代ギリシアとユダヤ＝キリスト教を源流とするヨーロッパ宗教精神史を鳥瞰し、「キリスト教の過程もまた、一面においては、その一支流の個々の時代として取り扱うことができる」（『神学通論』第二版§79 KGA I/6, 357）とみなす。そして彼はプラトン、アウグスティヌス、スピノザを辿ったうえで、その宗教精神史における自らの時代と自らの位置を測定する。

　彼が師として仰いだプラトンは、弁証法を基礎学としての哲学の手法として導入し、哲学諸学科を論理学、自然学、倫理学に区分し、古代哲学の最高峰とみなされる（1811年「弁証法」講義 KGA II/10/2, 7）。

　シュライアーマッハーは、古代ギリシアの世界観がキリスト教のそれに替わった「歴史的転換期（eine geschichtliche Epoche）」でもって、ヨーロッパ精神史の全過程を古代と近代とに区分する。その「歴史的転換期」は、既存の古代的なものを完成させつつ、新しいキリスト教的なものを発生させるという事態を鮮やかに示している時点である（『神学通論』第二版§75と76 KGA I/6, 355-356）。その転換点にアウグスティヌスが据えられる。この教父が、プロティノス（Plotinus 205-270）の新プラトニズムを自家薬籠中のものとしたうえで、キリスト教化したからである。

　コペルニクスが太陽中心説の基本構想を抱き、『天球回転論』（1543年）を世に問い、続いてガリレオが天体観測によって地動説を唱え、それを『天文

対話』（1632年）において公表し、いわゆる法王庁による異端裁判を受けた。ケプラーは弾圧に怯まず、近代物理学の数学的理論化を図った。実験と数学を用いる近代物理学の基礎が築かれたのである。こうした知的動向が、近世初頭におけるいわゆる科学革命の発端であった。

　法王庁がガリレオを異端審問にかけたのは、キリスト教の思想体系が科学革命の甚大な影響を被るからであった。地動説が採られると、宇宙は中心を失い、無限の宇宙という観念とともに、宇宙が無限に開かれているがゆえに、キリスト教の人格神は宇宙の外に超越的な御座を占めないことになってしまうのである。古代ギリシアの汎神論的な世界観が活きていたならば、多種多様な自然現象と、それを包む全一との間の調和が弁証されたが、近代の世界観は、科学革命の影響を被って、人間存在の揺るぎない秩序を表しえなくなってしまった。こうした事態をみたシュライアーマッハーやヘーゲル、シェリングといった同世代のものにとって、台頭してきた実在科学の経験知と、キリスト教的信仰とを和解させることが、彼らのいわば生涯の課題となった。そしてキリスト教的宗教性を保持してゆくために、「無限なもの」つまり神について、そして「無限なもの」と「有限なもの」との関係について改めて省察しなければならなくなったとき、スピノザの汎神論的世界観が導きの糸となったのである。

（一）古代哲学の最高峰、プラトン

　シュライアーマッハーはプラトンの対話篇を翻訳することになった。翻訳のさい彼は、例えばヒトの萌芽はヒトへと成長するという有機体モデルに基づいた発展史的考察を採ったから、その対話篇を一個の連関した全体と解して、初期のものから晩期のものへと内的発展を形づくるものとして配列した。すなわち初期には、手法としての弁証法を予感させるものとして例えば『パイドロス』、『プロタゴラス』を、中期には、原理的なものを自然学と倫理学という実在的な学問に適用し始めた『テアイテトス』、『ソフィステース』などを、晩期には、思想を学問的に組織化するものとして『国家』、『ティマイオス』などを組み入れた（編者解題『プラトン』KGA I/3, XCVI）。なかでも、シュライアーマッハーが知の体系を構築するうえで糧としたのが『ソフィス

テース』および『ティマイオス』であった。

　シュライアーマッハーが『ソフィステース』を「プラトンの弁証法」を示したものと評価したのは、H・G・ガダマー（Gadamer 1900-2002）のいう「ロゴスの関係構造」つまり存在と知の相関構造が見られるからであった[3]。その相関構造については、以下のように説明できよう。例えば「ミカンがある」と言えば、それと異なる「リンゴがない」ことを含んでいるから、「リンゴがない」というのはリンゴの存在を疑っているのではなく、ミカンとの差異を表す。だから、差異が一切の存在者の組成だと説明される。ところで、ミカンはその本質を具えた存在であるが、それではないリンゴとの関係において識別される。だから存在はそれ自体として見られたときには本質概念であるけれども、他の存在との関係で見られたなら関係概念であると説明される。当然、無数の存在者相互の差異ある関係を識別する徴表が不可欠であるから、一と多、動と静、同と異といった諸対立を包含するもの──相対立する諸イデアを統一するイデア──が「最高存在」すなわち絶対者だというわけである。

　シュライアーマッハーが『ティマイオス』をプラトンの対話篇の最高峰とみなしたのは、宇宙の生成が理性と必然との結合によって生みだされたという宇宙論がその対話篇に見られるからであった（『プラトン』KGA I/3, 359）。理性は、不滅の存在たる形相をその内実とするのに対して、必然はなくては済まないが生成して止まない感覚的質料のことである。この宇宙論がシュライアーマッハーによって人間学的に展開されると、形相を捉える知性的機能が感覚的質料を受容する有機的機能と協働して、世界が現実認識されるということになる。その協働がなければ、形相も質料もたがいに限定しあわないがゆえに、無限定なもの、つまり人間にとって「無」なのである。こうして私たち人間の身体的生は、知性的機能と有機的機能との間に張られたいわば「超越論的な弧（Bogen）」であり、その弧の域を超えると、一方に「最高存在」たる神が、他方にカオス的な「質料」が「無」として自覚されるのである[4]。

(二) 神性の探究Ⅰ、アウグスティヌス

　古代と近代を分ける、「歴史的転換点」が文字通りに転換点であるならば、世界観は変貌し、古代的なものは背景に退き、近代的なものが前景に現れでる。世界観の変貌は、被る病や死などの災厄に関わる運命観の変貌に等しい。

　古代ギリシアの世界観においては、人間はそもそも自然的存在であるから、人間と運命との厳しい対立は措定されなかった。それに対して、近代のキリスト教的世界観においては、人間は意志的存在として自然に対抗し、運命を自らに対する侵害すなわち「悪（罪）」とみなすがゆえに、人間はそれからの解放としての「自由」すなわち「救い」に与かろうとすることになる。またシュライアーマッハーは、アウグスティヌスの功績とは「救い」という課題を初めて体系的に考察して、人間の救いは「敬虔（Frömmigkeit）」なる感情でもって絶対的に帰依する外にないと確信したことにあったとして、生涯に亘ってこの教父に親近感と同時に敬意の念を持ち続けた（『信仰論』第一版 §66 KGA I/7/1, 195-196）。そしてさらにシュライアーマッハーは、同じ「敬虔」なる感情が、「ルターが非思弁的で非哲学的な人びとと共に抱いていたものであった」し、それが「生きたドイツ福音主義的キリスト教の基であった」（『リュッケ宛書簡』KGA I/10, 319）という。これは、シュライアーマッハーがルターの宗教改革を継承するものだと自己理解していたことを示すものである[5]。

　だがシュライアーマッハーによれば、アウグスティヌスに始まる近代のキリスト教的な「神性の探求」は肯定的と否定的との両面性をもつ。そもそも教父哲学が「神性の探究」に専心したことは、キリスト教的な近代における知的探求の肯定的な面として評価される。しかし教父哲学は実在諸科学、ことに「自然学」を形成することはなかった。それに取り組むことになったのは、スコラ哲学がアリストテレスを基礎にした以後のことであって、そこでは、そのアリストテレス的自然学が無効となる科学革命が生じたわけである。

第二章　シュライアーマッハー、プロテスタント神学のカント

（三）神性の探究Ⅱ、スピノザ

　ヤコービの公表した『スピノザ書簡』（1785 年）は、スピノザの根本思想を伝えることによって、それに共鳴した若い世代の思想運動の発端となったし、スピノザ論争のいわば引き金となった。シュライアーマッハーも、彼の処女作『宗教論』（1799 年）に先駆ける 1793 年から翌年にかけて『スピノザ書簡』を熟読して、その抜書きと、その書簡についての自らの見解を記している。注意すべきことに、当時のシュライアーマッハーには、スピノザの著書を手にすることができなかったから、彼がスピノザの根本思想を受容しえたのは『スピノザ書簡』でしかなかった。その『スピノザ書簡』において、スピノザの根本思想が的確にまとめられていたのである。

　　　無限なものにおいては、どのような生成が生じようと、どんな比喩を用いてそれを擬装しても、無限なものにおいてどんな変化が起きようとも、なんらかのものが無から措定されることになると彼〔スピノザ〕は見たのです。そこで彼は、無限なものが有限なものへ移行することを一切退けたわけです。……そして流出的な原因のかわりに、ただ内在的な原因を措定した。内在していて、永遠に自らにおいて変わることのない世界の原因を立てたのです。この原因は、そのすべての結果と一緒に総括されるなら、一にして同一のものということでしょう。この内在的で無限な原因は、そのものとしては、明らかに知性も意志ももっていません。なぜならその原因は、その超越論的な単一性と一貫した絶対的な無限性のゆえに、思考や意欲の対象をもつことができないからです。[6]

　シュライアーマッハーは、有限なものは無限なものの内でどのように生起して、存在を確保することができるのか、という「無限なもの」と「有限なもの」の関係に関する問いを自らに課して、その考察を『スピノザ書簡』に関する三つの覚書に記している。

　第一にシュライアーマッハーは、ヤコービが世界原因を作用因と解したことを疑問視する。すなわち、世界の原因が作用因であり、そして無限なもの

が有限なものの作用因だとすると、有限なものの個別性という結果から、原因である無限なものを一般者として想定し、ひいては無限なものを種の概念に帰属させてしまうことになってしまうから、有限なものが無限なものに内在するというだけでは、無限なものは規定されていないし、世界の内的な原因も究められていないのではないか、とシュライアーマッハーは疑問を投げかける。そうして彼は、無限なものとは「無制約なもの、完全に無規定的な純粋質料（reine Materie）」（『スピノザ主義の体系』KGA I/1, 567）あるいは「絶対的素材（der absolute Stoff）」（上掲書 KGA I/1, 574）のことだと解するのである。その解釈作業のさいに、プラトンの『ティマイオス』がシュライアーマッハーの念頭にあったと想定しても、的外れではあるまい。

　第二に、形態なく知覚しえないもの、カオス、すなわち「完全に無規定的な純粋質料」が世界の内在的な原因であるとするならば、その原因がいかにして個々の形態をもたらすのか、が問われることになる。その内在的な原因は、個々の諸存在者の見えざる根拠であり、自らを産出する働きであるがゆえに、それら諸存在者を産むと解されなければなるまい。それゆえシュライアーマッハーは、諸物をもたらす働きを、「無制約的なもの」が自ら凝集する働きという意味で、「或る群の諸力を一点へと同一的に統一する事態、つまり凝集（Cohäsion）」（『スピノザ主義の体系』KGA I/1, 574）と解する。

　第三に、無制約なものの「凝集」が有限なものの個別性をもたらすがゆえに、無制約的なものは知覚される個物の見えざる根源でありながらも、しかしそれら知覚される個物のなかに存し、それらにのみ関わるとすると、無制約なものの凝集がいかにして個物として現成するのか、という問いが生じる。シュライアーマッハーは、「完全に無規定的な純粋質料」が諸現象として現れるには、両者の「媒体」がなければならないし、その媒介が時間・空間の形式であるから時間・空間は「形式」であるのみか、一切の変易するもの、一切の変化の「根源（Ursprung）」であり、「媒体（Medium）」（『スピノザ主義の体系』KGA I/1, 576）だと解する。それゆえスピノザは、時間・空間の形式を人間主観のうちにではなく、「識られざる無限の素材」（同上）のうちに置いたけれども、彼はカントにきわめて近いことになる。その意味で、カント化されたスピノザを、シュライアーマッハーは諒としたのであ

る。

つまるところ、有限なもの、つまり知覚される個物は、諸力が衝突しつつ凝集する事態の「見かけ (Schein)」、ないし「種々様々なユニット (Aggregat)」(『スピノザ主義の体系』KGA I/1, 576) だということになる。表象されざる形式なきもの、カオス、つまり「完全に無規定的な純粋質料」から現成する個物は、そのカオス的な事態からすれば、その外見という意味で「見かけ」だというのである。

ではシュライアーマッハーは、スピノザの「神」の理念をどのように解したか。無限なものに有限なものが内在するといっても、神の理念は表象化されえないままであるとみなした。すなわち、「神」のうちには、個々の表象や個々の延長はない。こうした仕方で、「無限なもの」に有限なものは内在する、と (『スピノザ主義の体系』KGA I/1, 577)。それに対してヤコービは、「第一の最高の精神」つまり世界外的な精神は「純粋な愛」であり、それに対する「信仰」が宗教であるというように、スピノザの宇宙神学のなかにはないものを『スピノザ書簡』のなかに書き込んでいる、とシュライアーマッハーは批判するのである (『ヤコービの哲学』KGA I/1, 593-594)。

以上のようにシュライアーマッハーは、スピノザの宇宙神学を読解した。彼は、カント化されたスピノザを汎神論だとして却下しはしないが、しかしヤコービのように超越的人格神の概念を掲げもしないで、慎重には慎重を重ねて、レッシング的な万有在神論の途を探っていたと言えよう。要するに、彼の解するスピノザの宇宙神学では、無制約なものは、有限なる存在者を産む根源でありながらも、しかし表象されざる形式なきものであるがゆえに、存在者ではないという意味で無であり、それゆえ有限な存在者と区別されるのである。

第二節　シュライアーマッハーの神 I
—— 『弁証法』の展開のなかで

シュライアーマッハーは、哲学的主著として『弁証法』を構想し、1811年のベルリン大学開設以降、六回に亘って「弁証法」の講義をおこなっ

た。彼の体系構想では、弁証法は、現に実在する二つの「思弁的で経験的な学問」、すなわち人間の行為とその歴史を考察する「倫理学」と、自然の諸事象とその歴史を考察する「自然学」という、それら実在的な学問を基礎づけ、また連関づける哲学としての「基礎学」である。だが基礎学としての弁証法は、これら実在的な学問を前提とし、それらとの関わりを保っていなければならないがゆえに、無前提な絶対哲学ではありえない。にもかかわらず、人間の知的活動が独りよがりなものであってはならないから、誤謬や臆見を批判し、真理認識を導く技法でなければならない。このようにして弁証法は実在的な知を産出するし、その産出を基礎づける「技法論（Kunstlehre）」であることになる（1811年「弁証法」講義 KGA II/10/2, 8）。

　このように弁証法が知の産出を基礎づけることは、人間が自らの知的活動を省察して、その活動を相応しく制約することに他ならない。こうした知の制約が知と信の対立を超えて、信の場を確保することになるというのが、シュライアーマッハーの目論見であった。

（一）生の自己省察——存在と思考との対応

　シュライアーマッハーは、伝統的な対応説を踏襲して「知は存在と対応した思考である」と規定する。「存在」とは、「思考の外にあり」ながら、人間の身体的機能によって「思考に与えられるもの」である。とすれば、思考は身体的機能とは異なる理性の働きとして「理性的機能」とみなされて、身体的機能に基づくかぎりで、「一定の存在が身体組織に対してもつ関係を表す」ことになる。それゆえ知は、「身体的機能」と「理性的機能」との協働——つまり「生」の「二重性（Duplicität）」——によって産出されるものだと解される（1814/15年「弁証法」講義 KGA II/10/1, 101）。

　ところが思考は身体的活動によってしか、自らの「外部」を指向しえない以上、自らの「内部」で外部との対応を検討できないがゆえに、思考と存在との対応には、簡単には解決されえない問題が潜んでいる。その対応によって現に成立する知は、自然学ならびに倫理学の誇る「実在知」であるが、その知は普遍妥当的なものではなく、歴史的で相対的なものであるがゆえに、知をめぐる争いが絶えない。それゆえ弁証法は、知の一致へ向けて、それら

の学を導いてゆくのである。何処へ向けて導いてゆくのか。それは、知の争いが生ずる源、つまり知的および有機的な「二重」の機能を具えた「生」——「知の実在性の条件」（1814/15年「弁証法」講義 KGA II/10/2, 102）としての生——へ向けて導いてゆくのである。

　それゆえ思考と存在の対応を問題視することは、取りも直さず、思考が自らの外部にある存在を指向する関係、つまりその指向性を省察することである。その指向性こそ「生」の営みなのであり、したがって指向性の省察は生の自己省察に他ならない。つまるところ、この自己省察は、私たち人間が自明としているもの、つまり思考と存在の対応が「証明しえない根本前提」[7]であることを露わにすることになる。シュライアーマッハーは、この根本前提を知の「超越的ないし超越論的根拠」（以下、「超越論的根拠」と略記）となづけている。

（二）超越論的根拠

　シュライアーマッハーは、「超越論的根拠」を〈人間が創りえないし対象化しえないもの、人間を制約する根底なるもの〉として、神および世界の「理念」を挙げる。

　一連の「弁証法」講義のうちで1811年には、神は「絶対的なもの、超越的存在の理念として」端的な一という理念であり、世界は「人間知の限界として、多様な所与の総体について考えられる理念」として一という理念である（1811年「弁証法」講義 KGA II/10/2, 39 および 45-48）。1814年の講義では、1811年の講義を踏まえて、神は端的な一、世界は多の総体としての一と表される。しかし世界の理念が「人間知の限界」だという命題が削除されて、それに替えて、神の理念は人間が仰ぎみる「超越論的な目標点」として、世界の理念は人間がただ接近しうるだけの「超越論的な到達点」として措定され、「神と世界は相関的であって、互いを必要とする」と言い表される（1814/15年「弁証法」講義 KGA II/10/1, 149）。1822年には、11年の講義に戻って、世界が「人間知の限界」だと言われる（1822年「弁証法」講義 KGA II/10/1, 270）。これら三つの講義を比べてみると、シュライアーマッハーが神および世界の理念に関して拘っていたのは、それら理念それぞれの規定で

はなく、神と世界の相関性であったことは容易に察せられる。実は、この相関性は、シュライアーマッハーによるヤコービの『スピノザ書簡』読解がすでに示唆していたことであり、スピノザの無限つまり神は、多の総体との関係において端的に一であるにせよ、しかし多の原因としての実体として解されなくて、そもそも「完全に無規定的な純粋質料」という意味で、「無」つまり「〈無底（Abgrund）〉の神」[8] として解されたのである。

（三）思弁的な知

　人間の知的活動は、自然と絶えざる交渉を続けるが、しかし自然との和解は達成しえない。その統一は、人間が思弁をいかに巡らそうと、理念に留まるのである。シュライアーマッハーは、「弁証法」講義を開始する数年前に、『従来の倫理学の批判綱要』（1803 年、以下『倫理学批判』と略記）や、シェリングの『学問論』に対する『書評』（1804 年）のなかで、フィヒテ（J. G. Fichte 1762-1814）ならびにシェリングを厳しく論究することによって、思弁の限界について考察している。

　フィヒテに関して、シュライアーマッハーはカント的な批判主義の立場から、フィヒテがカントの生の自己省察を徹底化したことを評価しつつも、彼の主観的観念論に対して厳しい批判を加える。すなわち、フィヒテがその『知識学』からして、「絶対的自我」を実現しようとする無限の意志的努力が道徳の根本原理だというのに対して、シュライアーマッハーは、その意志的努力のおこなわれる場の実在論が欠けていると指摘する。そのうえで、「善」を実現してゆく人間の社会的行為は、国家、教会、社交、学問という四つの実在的な場でおこなわれるという「実在的倫理学」の萌芽を述べている（『倫理学批判』KGA I/4, 241, 337-339）。さらに、人間の社会的行為がそもそも自然に対する人間理性の働きを象徴しているにもかかわらず、フィヒテはその『知識学』において自然を「自我の措定する非我」と規定するだけであるし、その倫理学は自然をそのものとして論じえていないと結論づける（『倫理学批判』KGA I/4, 356）。だとすれば、シュライアーマッハーのいう「基礎学」としての弁証法が思弁的な知を獲得しようとするのであれば、その知は、理性と自然との一致を達成したものであることになろうが、それは果た

44

第二章　シュライアーマッハー、プロテスタント神学のカント

して実在的な知でありうるかどうか。この点に関して、シェリングとの対決
が注目される。

　シュライアーマッハーはロマン主義の盟友としてシェリングに親近感を抱
いていたが、この者が自然哲学から同一哲学へと展開してゆくに連れて、彼
と袂を分かつことになる。シェリングは、フィヒテの「絶対的自我」を自
我の純粋な活動とみなさないで、自我ならびに非我の根底に存する神的な
自我、つまり超自我的な「精神の力」だと解し、この力を「絶対者そのも
の」と言い表す。「絶対者そのもの」とは、人間的精神や自然が相対立する
有限なものであるのに対して、それら有限なものの根底にある絶対的な統一
態、しかも有限なものの差異を産出するがゆえに、差異と一つである統一態
のことである。そしてその統一態は知的直観によって感受され、相対立する
精神と自然に対する第三の立場たる芸術美において表されるのである。シェ
リングはこのように同一哲学を展開し、それを基にした『学問論』を論じた
のに対して、シュライアーマッハーは鋭く批判する。すなわち、自然学など
の実在する諸学問のもたらす経験知は知として妥当するが、シェリングのい
う「絶対者そのもの」の知的直観は実証的な経験知としては承諾されえな
い、ひいては「精神と自然との根源的統一」は知的活動の前提として措定さ
れるべきものであるけれども、経験的に認識しえないものである、と（『書
評』KGA I/4, 470）。

　つまるところ思弁的な知は、知的活動がめざす究極目的として前提される
が、到達されえないものである。まさにこの前提が「超越論的根拠」となづ
けられる。繰り返すまでもなく、世界と神がそれである（1814/15 年「弁証
法」講義 KGA II/10/1, 141）。

（四）経験知

　シュライアーマッハーは、プラトンの対話的弁証法から想を汲んで、弁証
法を知の産出と同時に知の批判の「技法論（Kunstlehre）」として規定する
（1811 年「弁証法」講義 KGA II/10/2, 13）。さらに、シュライアーマッハーの弁
証法が対話的性格をもつのは、個々人の思考が独り善がりなものでないため
には、人びとが忌憚のない「討議（Gesprächfürung）」の途において誤り

や臆断を改めて、そのようにして共有しうる知を妥当なものとして承認しなければならないからである。つまるところ弁証法は、誤りと臆断を訂正する討議の途を踏んでゆくから、知の産出と同時に、知の批判の技法論だということになる（上掲書 KGA II/10/1, 59 また 1814/15 年「弁証法」講義 KGA II/10/1, 90）。だからディルタイはその『シュライアーマッハーの生涯』において、この弁証法を「認識論的論理学」として称えたのである[9]。「認識論的論理学」と解されうる要点のみ敷衍しておこう。

　経験知は、知覚機能に依拠するから、概念と判断を適切に用いた「後天的総合判断」でなければならない。そして概念形成にも判断形成にも、上限と下限がある。概念の上限は、神の名で表される「存在の絶対的統一」を指し、経験知とはなりえない事態である。概念の下限は、カオスと言い表される、限りない有機的印象のみがある事態であり、これも経験知とはなりえない。同様に、判断の上限は、存在のすべてを絶対的に統一しているような絶対主語であり、それ自身述語づけを要しない、だから判断命題を要しない事態である。判断の下限は、無数の有機的印象のあるカオスであり、判断命題の主語たるべき事物を認知しえないから判断たりえない事態である。ところが経験知が、概念と判断を適切に用いた「後天的総合判断」の形式を具えていても、完璧な判断だとは断言できない。例えば、「テアイテトスは飛ぶ」という判断の真偽は、有機的印象に頼らざるをえないし、判断命題がより複雑になればなるほど、それぞれの民族言語がもつ言語能力に頼らざるをえないのである。このように知は身体性と言語性によって制約されているがゆえに、知には上限と下限があり、それを超えた神とカオスの域は経験知たりえない「無」であるし、また知は、上限と下限の間において実在的な経験知であるが、しかし「暫定的」なものであり続けるのである（1814/15 年「弁証法」講義 KGA II/10/1, 183）。

　概念ならびに判断の上限と下限の間を上昇するのが、有機的印象の特殊から普遍へとむかう「帰納」であり、上限から下降するのが、普遍の分割により特殊へむかう「演繹」であり、上昇と下降の両プロセスが互いに補完しあうのである。帰納プロセスにおいて、有機的印象の特殊なものの知覚から、一個の個体として例えば「白い馬」を認知するとき、馬という類から白い馬

第二章　シュライアーマッハー、プロテスタント神学のカント

という個を分割している。その逆の演繹プロセスは、普遍、例えば馬という
類を起点にして、その分割によって、特殊へと下降して、白い馬を認知する
とき、白いという有機的印象の個々の事例に依拠している。このように帰納
と演繹は同根源的で協働するがゆえに、知の生産をどちらの手続きから始め
てもよいのである。帰納と演繹との、上昇即下降のダイナミックな運動が
「生の域」を形成するのである（1811 年「弁証法」講義 KGA II/10/2, 82）。

　以上から明らかなように、シュライアーマッハーの認識論的論理学では、
人間の知的活動は試行錯誤の連続とみなされる。それゆえ世界総体という理
念を「推定」しても、それを経験的に蓄積された事例において検証するとい
う「試行」を繰り返しつづけてゆかねばならないのである。とすれば、その
つどの世界認識は、暫定的かつ可変的なものでありつづけることになるが、
しかしそれは人間の精神活動には、新たな世界認識の可能性が開けているこ
とでもある。この点で、シュライアーマッハーの「推定（Erraten）」つまり
「予見（divinatio）」と C・S・パース（Peirce 1839-1914）の「仮説設定
（abduction）」との認識論的論理学上の「親縁関係」があると言ってもよか
ろう[10]。

（五）感情あるいは直接的自己意識、絶対的依存感情

　シュライアーマッハーは、神や世界という「超越論的根拠」は人智を超え
ているが、しかし人間は「感情」によって、それを感知できるという。どう
いう意味であろうか。

　シュライアーマッハーによれば、思考は、或るものについて考える能動的
な能力に基づき、行為は、或るものへと働きかける能動的な能力に基づくも
のとして、それぞれ区別される。それに対して感情は、人間が或るものに対
する関係についてもつ受動的な情態である。思考が終息し意欲が生ずるか、
それとも意欲が終息し思考が生ずるとき、それらの接する零点において、感
情が思考ないし意欲と或るものとの一致を保証するという。なぜなら、思考
や意欲が作動していないようなケースにおいても、感情は、或るものに対す
る関係の受動的な情態として現前しているからである。問題は、思考ともの
との一致の「超越論的根拠」が、情態として意識されるのかどうか、という

47

ことであろう。

　1814 年の「弁証法」講義では、「超越論的根拠を感情において持つ」と表されている（1814/15 年「弁証法」講義 KGA II/10/1, 142）。これははなはだ曖昧な言い回しであるが、「超越論的根拠」は人間を制約するものであって、人間が作ることも知ることもできないものだから、感情は、「超越論的根拠」による人間の制約された情態を意識できる、という文意であろう。

　ところが 1822 年の「弁証法」講義には、かなりの修正が加えられている。シュライアーマッハーの神学の大著『キリスト教信仰』（以下『信仰論』と略記）の刊行は、第一版が 1821 年から翌年の 1822 年であり、その第二版が 32 年である。その第一版刊行の時期に、彼は哲学の主著『弁証法』の彫琢に専念している。それゆえ 22 年の「弁証法」講義で論じられている「直接的自己意識」すなわち「感情」が、『信仰論』の「宗教的感情」すなわち「絶対的依存感情（das schlechterdinge Abhängigkeitsgefühl）」に直接に結びついたものとして、弁証法の思想構造そのものの問題点として指摘されたわけである（1822 年「弁証法」講義 KGA II/10/1, 267）。しかしたとえ「感情」が『信仰論』の「絶対的依存感情」と繋がるにしても、彼のいう「感情」とは、一貫して、人間がなにか超越的なものによって端的に制約された存在であることの情態に外ならず、批判される謂れはないであろう。とは言っても、彼のいう「絶対的依存感情」つまり「宗教的感情」がキリスト教神学の事柄を指しているのかどうかは、『弁証法』の扱う知の域を超えでた事柄なのである。

第三節　シュライアーマッハーの神 II
──『信仰論』へ至る展開のなかで

　知の領域においては、神（と世界）の理念は知の「超越論的根拠」であるが、それによって制約される生の情態が、「心情」において自覚される。このような人間学的アプローチは、『信仰論』に至るまで維持される。

第二章　シュライアーマッハー、プロテスタント神学のカント

（一）宗教の在り処は「心情」にある
（α）『宗教論』

シュライアーマッハーは、『宗教論』（1799 年）において、宗教の本質を「宗教とは道徳でも形而上学でもなく、宇宙の直観であり感情である」（ÜR 29)[11]と言い表した。宇宙の働きかけを、人間はその「心情」において直観し感ずるから、宗教の在り処は人間の「心情」にあり、だから心情がキリスト教的信条の基底だというのである。

彼は宇宙を「無限なもの」、「一」、「神」と言い換えている。なぜなら宇宙が、文字通り極限大であるかぎり、限定されない「無限なもの」であり、他の一切を包む全体たる「一」であり、古来それが神と称せられてきたからである。だがその神は、宇宙の外に座す超越的な人格神だとは言えない。その神つまり宇宙は、後期プラトンから想を得た「完全に無規定的な純粋質料」なる非実体的なものであったが、スピノザの神だと誤解されかねなかった。そこでシュライアーマッハーは『宗教論』第二版（1806 年）では、「宇宙」の概念を取り下げ、「無限なもの」と「神」の概念を用い、それ以後は、これら二つの概念を挙げてゆくのである。

それにしても、なぜ宗教は宇宙の直観であるのか。人間は、死すべき有限なものという自覚を持てば持つほど、無限なものとの隔絶を痛感せざるをえない。だから、有限と無限とは対置されざるをえない。シェリングやヘーゲルは、無限が有限と対立しているかぎりは無限ではないとして、無限はこの対立をも包摂するものとみなして、それを思弁の対象とする。シュライアーマッハーは彼らに与みしえないから、無限と有限を対立関係のままにしておく。より詳しくいえば、無限なものは有限なものから隔絶しているがゆえに、人間や自然物のような有限なものが思考や行為の対象となるのに対して、無限なものはそのように取り扱われえないし、明言されえない。それゆえ無限なものは、かりに与えられるとすれば、有限なものが明示的に取り扱われるのに対して、その有限なものの表象のうちに非主題的に共に与えられるだけであるし、「弁証法」講義では、無限なものは対象化しえないという意味で「無」なのである。つまるところ、彼のいう「宇宙の直観」は、もち

49

ろん対象的表象化の作用ではなく、有限なものの知覚とともに、無限なもの
を非主題的に覚知するということであったはずである。その点で、彼のいう
直観はスピノザの『エチカ』第二部、定理40備考2（『エチカ』上巻、岩波文
庫、144頁）で述べられた直観知（scientia intuitiva）と相通ずる面を具え
ていたと言えよう。

　では『宗教論』第一版において、「宇宙の感情」はどのように論じられて
いるか。上述のように、感情は人間の被制約的存在の情態であるように、こ
の版では、永遠の不可視なものに対する「畏敬」、人間が護られていること
の「感謝」、無限なものと宥和したいという「謙遜」、「悔悛」と救いの「願
望」など、これらすべての感情が、宇宙の心情に対する働きかけによるもの
として、「敬虔（Frömmigkeit）」なる宗教的感情に含まれる（ÜR 60-62）。

　シュライアーマッハーは、宇宙の直観と感情との関係について十分な説明
をしえていない。一方で、宇宙の直観が生じた後で、宗教的感情が生じ、そ
の感情が人間の行動意欲を麻痺させて、静かな献身的な享受を誘うと述べて
いる（ÜR 39）。この説明では、直観も感情も無限なものの働きかけに対する
受容的な情態であるけれども、しかし無限なものの非主題的な覚知に伴っ
て、敬虔なる宗教的感情が生じるということになる。しかし他方で、宇宙の
直観と感情を分けて語っているのは分別的反省が働いたせいで、「宗教が花
咲く瞬間」は直観と感情との一体なる情態であり、反省以前の瞬間であると
説明している（ÜR 41 および 42）。だとすれば、宇宙の直観も感情も受容的な
情態であり、しかもその感情は無限なものの非主題的な覚知を具えているこ
とになろう。

　『宗教論』第二版のさい、「宗教とは宇宙の直観であり感情である」という
命題は取り下げられ、表現上、直観が後退して、感情が前面に現れる。その
外的な理由としては、上述のようにシュライアーマッハーは、シェリングの
「知的直観」を厳しく批判したから、これとの混同を避けようとしたのであ
ろう。その内的な理由としては、直観においても感情においても、神つまり
無限なものの非主題的な覚知が生ずるのであれば、感情の概念が前面に出て
も、内容的には第一版と矛盾を来さないとみなされたのであろう。

　こうして感情は、シュライアーマッハーの宗教思想の中心概念となる。し

かも感情は、「弁証法」講義において展開された事柄、すなわち（α）意欲と思考との結節点としての感情、（β）神と世界という「超越論的根拠」を非主題的に自覚する能力としての感情と対応している。だが『宗教論』第三版（1822年）の刊行は、彼が神学の大著『信仰論』第二部を執筆していた時期であったから、『宗教論』第三版の感情が、『信仰論』のいう「絶対的依存感情」と何らかのかたちで結びつくものと解される。

（β）『信仰論』

『信仰論』における彼の人間学的アプローチは、「絶対的依存感情」をめぐって、キリスト教という一宗教に限定された展開となる。

シュライアーマッハーは生の儚さを強調する。すなわち有限な人間は、世界内のさまざまなものと関わりながら、それらと関わる自らの生を省みるし、現にそのとき、自らの生の移ろいやすさをも感じてしまうのだ、と。このような生の情態を、「感情」や「直接的自己意識」と呼んだし、『信仰論』では「絶対的依存感情」と名づける。この「絶対的依存感情」は、思考とか行為とかによって媒介されていないという意味で直接的だと言える。また、その感情は、人間がさまざまな存在者に対して抱く依存感情ではなく、それら存在者を指向する自らの生について抱く、いわば超越論的な情態であり、それゆえ自らの生が端的に依存していることの自覚を、情態として表していると言える。

では人間の生は一体なにに依存しているのかが懸案となる。それに関してシュライアーマッハーは、人間は一体どこから来て、なにを出自とするのか、と問うている（『信仰論』第二版§4 KGA I/13/1, 39）。人間が端的に依存しているのであれば、人間は自らを端的に依存させている或る有体的なものを想定してみたくなる。だが「絶対的依存感情」は、端的に依存した生の自覚つまり情態を指しているだけであるから、有体的なものを想定させはしない。だとすれば、非存在者という意味の「無」に、人間は依存していることになるから、「絶対的依存の感情」は、人間の生には支えがない、つまり底がないことの情態つまり自覚を意味しているわけである。その点で、後期

シェリングの神観念と共鳴しあうものがあると言える。「絶対的依存感情」を神に対して抱く情態とみなすならば、その感情は、無底としての神に依存している情態だということになるからである[12]。

　だがシュライアーマッハーは、神とは「絶対的依存感情の外において規定するもの（ein bestimmendes）」でありながら、「絶対的依存感情において共に措定されたもの（das Mitgesetzte）」（『信仰論』第二版 §30 KGA I/13/1, 194）であると語るとき、「絶対的依存感情」はより積極的な神観念を含意していると言える。「共に措定されたもの」とは神である。とすると直ちに、人間を依存させている神が、人間という被依存者の情態においてその被依存者と共に措定される、という循環が生じることになる。だがこの循環は悪循環として却下されてはならない。なぜなら「絶対的依存感情」が絶対依存の存在情態であるかぎり、「共に措定されたもの」に対する人間の依存の事態は揺るがないし、そのものに「確信」を抱く人間は、そのものに魅かれて、そのものに向かうというのが「信仰」であり、その信仰のなかに神と人間との間の循環があるからといって、その循環が悪循環とみなされる謂れはないからである。だとすれば、「共に措定されたもの」としての神の観念が、無底としての神に変わりはないにせよ、しかし無底という存在論的な規定に留まらずに、人間がそのものに向かう信仰のダイナミズムを強調していると言えよう。

　私たち人間は、支えの無さをそれ自体として自覚するのではなく、例えば病の身で意気消沈した気分に陥っているとき、その気分とともに自覚する。だからシュライアーマッハーのいう「絶対的依存感情」は、人間の身体的生の特定の気分や感情と共に生ずる、生の支えの無さの情態であり自覚なのだと言ってよい。したがって彼は、その情態のうちに「共に措定される」神は、人間が自らの依存するまさにそのものとして懐く「神意識（Gottesbewußtsein）」（『信仰論』第二版 §30 KGA I/13/1, 194）だと表すのである。そしてこの点から、「敬虔」なる宗教的感情と「絶対的依存感情」との関係を明らかにしている。

　『信仰論』では、「敬虔の本質とは、私たちが端的に依存していることを意識することであり、私たちが神に依存すると感じることである」（『信仰論』

第二版§4 KGA I/13/1, 32）と表される。「絶対的依存感情」があって初めて「敬虔」なる感情が現れるし、後者が現れたとき、前者がその組成として意識される。実際、人間の「祈念」は悔悛や感謝という「敬虔」なる感情を表出する最も単純な形式であるが、その祈念は、人間が自らを神に委ね、帰順することである（上掲書 KGA I/13/1, 40）。もちろん、どの宗教も「祈念」を必須の形式とする。だがシュライアーマッハーの場合には、キリスト教の神に対する祈念と、キリスト教的敬虔を指していたことは疑いない。その点で、キリスト教という一宗教の実定性は、彼にとって「自明の事実」[13]であったのである。

　ところでシュライアーマッハーは、「敬虔な自己意識は、人間本性の〔対他関係という〕どの本質的要素と同じで、その発展のうちに必然的にまた共同体となる」（『信仰論』第二版§6 KGA I/13/1, 53。〔　〕内挿入筆者）という。個々の人びとは、孤独な空間のなかで感情を吐露するときでさえも、それを受け止めてくれる二人称の他者を想定しているから、シュライアーマッハーによれば、「敬虔」という感情は間主観性を具えており、祈念であれ感謝であれ、信仰を同じくする人びとに通底する宗教的感情であるし、共同体の情態となるのである。

　このようにして「敬虔」なる宗教的感情は、一種の信仰共同体のいわば礎石となりうる。現に、この宗教的感情を共にする人びとの信仰共同体が、シュライアーマッハーのいう自由な「交わり（Geselligkeit）」としての信仰共同体である。ただしこれが、ドイツ宗教戦争を経た後の宗教的信条と国家的制度を具えた、いわゆるドイツ教会史における「教会」であるのか、それとも信仰共同体の理想形態であるのか。すぐには識別されえない。にもかかわらずシュライアーマッハーにおいては、「敬虔」なる宗教的感情、およびそれに基づく共同体としての信仰体験が歴史的事実であったことは、疑いえない。

（二）キリスト論──イエスの宗教

　『信仰論』において彼は、新約聖書における「奇跡」物語つまり処女降誕、キリストの復活と昇天、再臨の予告がキリストの人格における不可欠な要素

としてみなされるか、を考究している（『信仰論』第二版§99 KGA I/13/2, 95）。もっともこうした考究は、彼がハレ大学神学部の啓蒙主義的な合理主義の傾向を克服しきれなかったことに帰因したとも言える。しかしその考究の本来の意図は、「新しい人間の価値の創造者」としてのキリストが人間に対して及ぼす人格的働きを強調することにあった（上掲書 KGA I/13/2, 102）。そのため彼は、キリストの人格に備わる根本的な力の源が、キリストが一切を神に委ねているという、彼における「完全な神意識」にあり、一切を委ねているがゆえに神との「和解」が成立していると言う。さらにその和解のゆえに、パウロが「神がキリストの内にいる」と記したような「キリストにおける神性」すなわち「キリストにおける神の愛」だと言う（上掲書§97 KGA I/13/2, 84）。これがシュライアーマッハーにとって「原像（Urbild）」（上掲書§93 KGA I/13/2, 41）としてのキリストであり、キリスト教はこのキリスト——自らの受難により、衆生の人びとを新しい命へと、つまり「新しい人間」へと甦らせるキリスト——に収斂するのである。それゆえキリスト教への彼の人間学的アプローチは、キリストの人格に対する敬虔な感情を抱きつづけるという宗教的経験を基にするものであったと言えよう。

　ところが「原像」としてのキリストについて、F・Ch・バウル（Baur 1792-1860）が史的イエスを顧慮していない抽象的思弁だと非難したが、それは必ずしも思弁を弄したものではなくて、既に『宗教論』において、聖書に基づいて展開されたものであった。

（α）人間の罪深さ

　『宗教論』第一版の第五講話において、キリスト教の基層低音とでもいうべき情態が、「宇宙への憧れ」と「聖なる悲しみ」として規定されている（ÜR 166）。「宇宙への憧れ」とは、その第二版以後の言い方では、有限な人間が無限つまり神に対して抱く憧れであり、「聖なる悲しみ」とは、そうした憧れが憧れに留まって、決して神と和解しえないゆえの悲しみである。だから「聖なる悲しみ」は、キリストが痛く感じられたことであった。その悲しみの尽きない源、つまり人間が神と和解しえない事態が、神の赦しのない人間の背負っている「罪」に外ならない。自らの罪と堕落が生の本質である

ことを、人間は自覚せざるをえないから、「悔悟」という敬虔なる宗教感情が惹起されるというわけである。

　以上から明らかなように、シュライアーマッハーのキリスト教への人間学的アプローチは、人間の罪深さを基として、懺悔という「敬虔」なる心情に始まるのである。

（β）僕としてのキリスト

　シュライアーマッハーは、「人間の姿で現れ、遜って死に至るまで、それも十字架の死に至るまで従順でした」（「ピリピ書」2章7-8節）というパウロの言葉を引き合いに出して、「人びとに使えるために来た僕」としてのキリストを展開している（ÜR 156）。キリストは父なる神に命じられるままに、この汚濁の世において、人びとのために、人びとにひたすら使えるだけの賤しい僕として生きた。それゆえキリストは、自らを虚しくしようと努め、現に虚しい存在であり、人びとのために自らを無化することがその「神意識」であったことになる。こうしてシュライアーマッハーは、自らのキリスト論をその頂点へと、つまり十字架へと展開する。十字架の意味は、「十字架のうえで、あの〈然り〉という、人間がこれまで口にした最も偉大なこの言葉を言い放ったとき、これこそ最も光栄ある神化であった」（ÜR 168）ということにある。イエス自らの死、つまり自己の無化が栄光であるという逆説に、キリスト論の真髄があるというわけである。言い換えれば、例の「善きサマリア人」の譬え話があるように、「キリストにおける神の愛」は、自己の無化すなわち愛という逆説を取らざるをえないというわけである。

　このようにキリストは、「完全な神意識」をその力として、人間に対して人格的な働きをなすことができるのに対して、人間には到底それができない。だからその愛を享けた人間の心情は、ただひたすら感謝の気持ちに溢れて、その気持ちを表そうとする。それが、キリストへの感謝という、シュライアーマッハーの「敬虔」なる宗教的感情であった。

（γ）聖霊による執り成し

　シュライアーマッハーは、「聖書の中に記された聖霊の働きの多くが、不

当なことに、完結した宗教の経典と称されることになったが、これは、人び
とが聖霊のまどろみを聖霊の死と見誤ったためであった」と聖霊の教義化を
厳しく批判して、聖霊論を展開する (ÜR 169)。聖霊と訳されるギリシア語
のプネウマが息、命、心、風を指しているように、教会の中のみか、森羅万
象のこの世界に内在して、生きて働くのである。すなわち、風が自然界の出
来事を伝える媒体であるように、聖霊もまた媒体としての働きをなす。神と
人とを繋ぎ、そしてまた教会に集う人びとを繋ぐ媒体である。シュライアー
マッハーが強調するのは、仲介者はイエスだけではなく、聖霊もまたイエス
の死と復活の後に来る仲介者だということである (「ヨハネ福音書」16 章 7 節)。
また、イエスが自らを無化してまで人びとを愛したことを伝えるのも聖霊な
のである (「ヨハネ福音書」15 章 26 節)。このように聖霊は執り成すのである。
『信仰論』では、「聖霊は、信仰者の心を満たす共通精神の形式において、神
的存在と人間本性とを統一するのである」(『信仰論』第二版 §123 KGA I/13/2,
288) と表されているように、聖霊は愛の交互態をもたらす作用と解されて
いる。

　「人の子に誹い逆らう者は赦される。しかし、聖霊に言い逆らう者は、こ
の世でもあの世でも赦されることがない」(「マタイ福音書」12 章 32 節) とい
う聖句があるように、シュライアーマッハーは、『宗教論』に対する汎神論
という謂れなき誹謗に抗して、父なる神、子なるキリストそして聖霊との三
位一体論を擁護している (ÜR 169)。『信仰論』においても、なにも変更はな
い。「三位一体の教義は、救済者のわずかな観念で自己満足している者たち
にとっては、多神教的様相という理由で不快に思えるようだ」(『信仰論』第
二版 §99 KGA I/13/2, 99)、と皮肉が述べられている。否、上述のように『信
仰論』の構成が、「絶対的依存感情」の分析を起点として、神から離反した
人間の悲惨な生、キリストによる贖い、その贖いに対する感謝という叙述と
なっているが、その聖霊論を加えることによって、シュライアーマッハー
は、啓蒙主義の残滓を払い去ってはいないけれども、しかしキリスト教への
人間学的アプローチをより一層、進展させたと言ってもよかろう。

（三）実定宗教としてのキリスト教
──市民社会のジレンマを抱えて

　「敬虔」という宗教的感情すなわち「直接的自己意識」という規定は、キリスト教のみか、宗教一般に妥当するはずであるが、シュライアーマッハーのその規定は、実はキリスト教、それもアウグスティヌスに始まり宗教改革を経たドイツ・プロテスタント教会を念頭に置いたものである。そのように限定されてはじめて、彼が『宗教論』から『信仰論』へと展開した「教義学」は首尾一貫した論理展開となっていることが理解される。だとすると、「敬虔」なる感情という「直接的自己意識」の直接性は、（α）人間の対象化されがたい存在の情態であるがゆえに直接的であるけれども、（β）しかし歴史的キリスト教の実定性のために、一種の媒介性を含んだ直接性であることになる。また、人びとが「敬虔」なる感情を共に抱いて、キリストの下に宗教共同体を営んでいるという歴史的事実に、教義学は基づき、それを体系的に論ずるがゆえに、実定性を帯びているわけである。現にシュライアーマッハーは、教義学とは歴史的形態としての現在の教会の実践のための「実定的な学問」だと規定している（『神学通論』第二版、序§1 KGA I/6, 325）。そして、教義学の課題を以下のように記している。すなわち、「どの福音主義神学者にも要求されるべきことは、彼が自分の確信を作り上げてゆくときに、教義の一切の固有の場所をよく弁えながら、それをなすべきだということである。そうした場所が、宗教改革の諸原理それ自体から展開され、またローマ教会の教義に対立して展開されてきた場合ばかりでなく、少なくとも、その時代に対する歴史的意義を見過しえないような新しいものが形作られた場合にもそうなのである」（上掲書§219 KGA I/6, 423）と記している。だがその課題を担うことは、キリスト教の実定性が有するジレンマ、否、それどころか近代市民社会のジレンマを、彼が自ら抱かえこむことにならざるをえない。以下、それに簡単に触れておこう

（α）教義学的作業のジレンマ

　シュライアーマッハーは、哲学的思弁を弄するという非難を浴びたため

に、教義学としての『信仰論』が哲学とは異なることを繰り返し弁明している（例えば『リュッケ宛書簡』KGA I/10, 391）。すなわち、もし教義学が哲学であったとするならば、厳密な論証と普遍妥当性を要求されるだろうが、しかし教義学はそうした過剰な要求を引き受けえないと言う。教義学は「実定的な学問」であるがゆえに、キリスト教会の歴史性、実定性を否定してはならないし、しかもそのうえで学問性を具えていなければならないというわけである。すなわち、「教義の一切の固有の場をよく弁えた」うえで、論述としての工夫をすること、こうしたジレンマを解消するのが、シュライアーマッハーにとって教義学的作業であった。

（β）実定宗教のもつジレンマ

シュライアーマッハーは、「象徴（Symbol）」の概念を用いて、無限なものは有限なものにおいて象徴されると言い、その逆に、知覚される有限なものの歴史的形態は見えざる無限なものの象徴であると言う。そうとすれば、実定宗教の一歴史的形態である「キリスト教会」がキリスト教の宗教共同体の「完全な現実態」だということになろう。しかしその一方で彼は、実定宗教のどれもが「完全な現実態」ではないし、キリスト教もその例外ではないと言う（ÜR 156-157）。とすれば、その「完全な現実態」とみなされるものと、既存のものとの間に亀裂が生じていることになる。それが、実定宗教の抱かえるジレンマに外ならない。

人びとがともにキリストの人格的働きに対して「敬虔」なる感情を抱き、その感情によって一致することができ、そしてその一致を善き福音として伝えることができるとすれば、そのとき、人びとの間に自由な「交わり」が成立していることになろう。因みに自由な「交わり」は、シュライアーマッハーが学問共同体つまりアカデミー、ならびに宗教共同体の理想形態として、それを実現させようと努めたものであった。それが成立していたならば、取りも直さず「まことの教会（die wahre Kirche）」（例えばÜR 111）がこの地上に現存するわけだが、しかし地上のキリスト教会はそうはなっていないのである。

だが「まことの教会」は、この地上に現にある制度化された「教会」と、

ただ単に対立するのみではない。ただ対立したままであれば、「まことの教会」は抽象的で現実性のない理神論の虜になってしまう。「まことの教会」はだから、地上の教会を是正するオルガノンであると同時に、地上の教会がそれを目指して進展してゆく指標としてのオルガノンでもなければならない。このように「まことの教会」と「教会」とは捻じれた関係にありつづけることになる。「まことの教会は、堕落を免れるものではなく、堕落の中にあり、それと共にあるのである。だから教会から分離されるべきだが、教会を分離することもできないし、解体することもできないのである」(ÜR 115)。

　冒頭で述べたように、シュライアーマッハーはベルリンの三位一体教会に着任して以後、彼の教義学を表した『神学通論』や『信仰論』を公刊する傍ら、次々と教会改革の提言を世に問うた。ところが「まことの教会」が、シュライアーマッハーが言うように、人びとの自由な「交わり」の一形態であるとするならば、教会改革のみか、信仰体系も、実定宗教の域に収まりえないものとなろう。より詳しくいえば、学問共同体と宗教共同体は、個々人の自由な「交わり」である点では共通しても、しかし目的を別にするのだが、もしも宗教共同体に集う人びとの「敬虔」なる宗教的感情が枯渇でもしたならば、ただちに別の「交わり」となりかねないのである。それこそ、ヨーロッパ近代の世俗化という動向を表す一つの兆候であろう。実際、シュライアーマッハーは、当時の教養市民層が固陋な信仰教義を侮蔑していること、プロシア国家が教会へと権力を行使していること、それゆえ大きな教会から分かれた「信仰共同体 (Sekte)」が敬虔なる心情を護りうることなどを知悉していたのである。こうした世俗化の潮流が、実定宗教の抱えるジレンマに外ならない。

(γ) 精神史的境位のジレンマ

　シュライアーマッハーはリュッケに宛てた第二の書簡において、「歴史の結び目がほどかれて、キリスト教と野蛮主義がばらばらになるべきであろうか」(『リュッケ宛書簡』KGA I/10, 347) という問いを発している。実証科学の経験知とキリスト教信条の超自然主義との対立という問題は、上述のような

近代市民社会の世俗化の動向を推し進める動因であったがゆえに、シュライアーマッハーがその解決に腐心したにもかかわらず、ヨーロッパ精神史における境位のジレンマであったのである。

結　キリスト教への人間学的アプローチ

シュライアーマッハーによるキリスト教への人間学的アプローチは、（α）私たちの「心情（Gemüt）」において、それを育んでいる無限なものが自覚されるという体験に基づいて、（β）その「心情」への無限なものの働きを考察するものであったし、（γ）無限なものを「無」と解することによって、無限と有限との汎神論的な同一性を脱構築するものであった。それゆえ彼は、前章で論じたレッシングの万有在神論をより深めているがゆえに、さらにまた万有在神論とキリスト論との関係をより的確に捉えているがゆえに、生命の宗教、キリスト教の方途を示しえたのである。しかしながら彼は、近代の世俗化の潮流を自らの市民社会の抱かえるジレンマを解消しえないままに終わってしまったのではあるまいか。

第二章　シュライアーマッハー、プロテスタント神学のカント（註）

註

シュライアーマッハーの文献からの引用の場合、本文においてその書名を略記し、その後に *Kritische Gesamtausgabe*［略称 KGA］の巻数と頁数を記した。書名の略記は、下記の通り。

例えば、*Kurze Darstellung des theologischen Studiums* は、『神学通論』と略記。

1) U・バルト、安酸敏眞訳「フリードリヒ・シュライアマハー」F・W・グラーフ編、安酸敏眞監訳『キリスト教の主要神学者』（下）所収、教文館、2014 年、90 頁。

2) W. Dilthey, *Gesammelte Schriften* Bd.14, Göttingen 1985, S.531. ディルタイは、「プロテスタント神学のカント」というシュトラウスの指摘を用いている。D. F. Strauß, Schleiermacher und Daub in ihrer Bedeutung für die Theologie unserer Zeit, in: *Hallische Jahrbücher für deutsche Wissenschaft und Kunst, 2,* Halle 1839, S.588. D・F・シュトラウス（Strauß）は 1839 年に著した論攷において、シュライアーマッハーをそう称したが、手放しの称賛であったわけではない。

3) F. D. E. Schleiermacher, *Säwtliche Werke*, Berlin 1834-1864, 3/IV-1,102.「ロゴスの関係構造」については、H. G. Gadamer, Schleiermachee als Platoniker, in: *Gadamer Gesammelte Werke*, Bd.4, Tübingen 1987, S.381 を参照。

4)「超越論的な弧」は、F. カウルバッハのなづけたもの。F. Kaulbach, Schleiermachers Idee der Dialektik, in: *Neue Zeitschrift für systematische Theologie und Religionsphilosophie* 10, Berlin/New York 1968, S.241 を参照。

5) G・エーベリングは、シュライアーマッハーのいう「敬虔」なる感情とルターのいう「良心」との近さを指摘している。それらは共に、人間が生かされていることの自覚であり、無限なものの働きを受動的に聴取する情態であると述べている。G. Ebeling, Luther und Schleiermacher, in: *Schleiermacher-Archiv*［以下 SA と略記］, Bd.1, Berlin 1985, S.33.

6) F. H. Jacobi, Über die Lehre des Spinoza in Briefen an den Hevrn Moses Mendelssohn, in: *Neudrucke seltner philosophischer Werke*, Hrsg. von Kantgesellschaft, Bd.VI, Halle 1923 (reprint), S.77-78. なお邦訳の際、栗原隆「ヤコービ／ヘルダー」『哲学の歴史』第七巻所収、中央公論新社、230 頁を参考にさせてもらった。

7) F. Kaulbach, a.a.O., S.230-231.

8) M. フランクは、「無底の神」という点で、シュライアーマッハーと後期シェリングとの親近関係を見ている。M. Frank, *Das individuelle Allgemeine*, Frankfurt a. M. 1977. ことに S.104, Anm. 60 を参照。

9) W. Dilthey, *Leben Schleiermachers* Bd. 2, *Gesammelte Schriften* Bd. 14, Göttingen 1985, S.157. 邦訳『ディルタイ全集』第 10 巻、法政大学出版局、2016 年、197 頁。

10) R. Daube-Schackat, Schleiermachers Divinatioustherem und Peirce's Theorie der Abduction, in: SA Bd.1, 1985, S.271.

11) F. D. E. Schleiermacher, *Über die Religion*, 1. Aufl., Hrsg. von Andreas Arndt, Hanburg 1988. を ÜR と略記し、その後に頁数を記した。

12) これは H. キムマーレの指摘であるが、註 8) の M. フランクの見解に近い。H. Kimmerle, Schleiermachers Dialektik als Grundlegung philosophischer-theologischer Systematik und als Ausgangspunkt offener Wechselseitigkeit. in: SA Bd.1, 1985, S.40. 上記の註 8) を参照。

13) S. Sorrentino, Der Glaube als Geschichtsbildendes Subjekt und sein transz. Raum in Schliermachers „Glaubenlehre", in: SA Bd.1, 1985, S.361.

第三章
謎めいた老人ディルタイ、
さ迷えるキリスト者

　一般に、青年期の日記、若い頃に書かれた自叙伝は、たぶんに、揺れ動く心情や昂揚した気分に満ちたものであることは否定しえない。とは言っても、衒いを混じえた自己表白のなかに、生涯の思索を貫くモチーフが表れていないとは言えない。W・ディルタイの日記もまた、この例に洩れない。日記にディルタイ青年は、「学問と私たちが生きているヨーロッパ文化との大いなる危機にあまりに深く囚われてしまった」（jD v）と書き記している。そうとすると、ヨーロッパの学問と文化の危機が、彼の歴史意識に刻みこまれたばかりか、歴史的理性批判という彼の畢生の試みを課したものであったことは、容易に察せられよう。

　キリスト教の教義が人びとの宗教的心情を育めなくなってしまったならば、それは教義の形骸化である。否それ以上に、国家が教会に介入して、人びとの宗教的心情を損なってしまったのである。それは信仰上の危機であった。しかし危機はそれだけでなく、ディルタイの学生時代に、少なからぬ大学に、実利だけを求める物質主義や、その場かぎりの利那主義がはびこってしまって、シュライアーマッハーやK・W・フンボルト（Humbolt 1767–1835）が掲げた近代ドイツの二つの大学理念、つまり学問研究と教養の形成という理念のうちで、教養はキリスト教信仰に替わる世俗信仰であったが、これもまた無力となったのである。教養の無力化が、青年の心の荒廃をもたらす広い意味での信仰の危機であった。こうした危機が、青年ディルタイにとって、諸学問の実証的研究に耐えられる宗教および世界観という問題となったことは、述べるまでもあるまい（jD 65, 140）。

　国家統一をめざす政治運動が激しさを増すにつれて、オーストリアを含め

た大ドイツの統一か、それともプロイセンを中心とした小ドイツの統一か、いずれの統一をめざすのかが問題となり、それの解決のためには、国家理念がなければならないというのは、ディルタイにとっては当然のことであった。その逆に国家理念がないとなると、統一国家は憂うべき権力国家となってしまう。それゆえディルタイは、「諸国家のエゴイズム」や国家統一の「混沌」とした動向（jD 100, 177）に懸念を示しているし、後年、ヨルク伯との往復書簡においても「理念なき」国家に対する危機を吐露しているのである（BrY 18）。けれども政治的危機は、国家統一のそれに限られはしない。彼が目の当たりにした19世紀の後半は、労働者が街にあふれでた時代であるが、労働者の暮らしが改善されえないかぎり、彼らの要求と運動は過激なものとならざるをえない。だからディルタイは処女作『精神科学序説』（1883年刊）において、労働者の大衆運動は近代ドイツの「新しい問題」（『精神科学序説』GS. I 84）だ、と指摘したのである。つまるところ彼の感じつづけた危機は、二十世紀になってドイツの悲劇をもたらす国家運動と労働運動に関するものであったのである。

　見られたように危機は、狂信と無信仰のあいだを揺れ動く人びとに、共通の宗教的心情をもたらすことのできないものであるし、理念なき権力国家においては、人びとのさまざまな連帯活動を産みだす共通観念を育てることのできないものである。こうした危機は、人びとのあいだの共同性の危機であるし、人びとが共に抱いていた世界観の分裂である。とすれば、ディルタイの歴史意識に刻みこまれたのは、共同性の危機ないし世界観の分裂であったし、同時にそれは歴史の黄昏の意識でもあったわけである。それゆえ若きディルタイは、自らの召命を「統一的な世界観の一般的な連関を形づくる」（jD 252）ことというふうに書き記したのである[1]。

　彼は、こうした召命を胸の裡に秘めて、学究の途を歩んでゆく。彼はモスバッハ（現在のヴィースバーデン市の一部）に位置したナッサウ公国宮廷牧師の家庭に育ったために、当初、牧師職を志してハイデルベルクで神学を勉強する。その後、ベルリンに転学して、歴史学のランケ（L. v. Ranke 1795-1886）および哲学のトレンデレンブルク（Fr. A. Trendelenburg 1802-1872）のもとで、教会史や教義史を研究する傍ら、哲学にも関心を

第三章　謎めいた老人ディルタイ、さ迷えるキリスト者

向けてゆく。その頃、彼の友人で、ベルリンのニコライ教会の聖職に就いていたヨーナス（L. Jonas 1797-1859）が、その師であり義父であるシュライアーマッハーの遺言により書簡と遺稿を整理していたが、ヨーナスの突然の逝去により、ディルタイが、その書簡集の編纂と遺稿の整理を引き継ぐことになった。それが機縁で、「シュライアーマッハーの解釈学の意義」と題する論文でシュライアーマッハー基金の懸賞を受賞し、「シュライアーマッハー倫理学の原理」と題する博士論文を提出するなど、本格的にシュライアーマッハー研究に取り組むことになった。それゆえシュライアーマッハーが、ディルタイ自身の宗教的 - 哲学的世界観を形成する端緒となったし、また彼の世界観の支柱となったと言ってもよかろう。

　しかしながら彼は、キリスト教の「宗教性（Religiosität）」を生涯にわたる思索の課題として抱きつづけたにもかかわらず、自らの宗教的 - 哲学的世界観を、明確な哲学的体系として著すことができなかった。彼の娘婿の G・ミッシュ（Misch 1878-1965）が彼を「謎めいた老人」[2]と評したのも、このような事情が働いたからであろう。それゆえ、彼の宗教思想を主題的に問うために、次のような方途を探ることにしたい。その方途は、執筆の半ばで完成をみなかった最晩年の遺稿「宗教の問題」のなかで、彼が名前を挙げている面々、すなわちシュライアーマッハー、彼が愛好したレッシング、そして同時代のハーバード大学の面々で、いわば自分の盟友とみなした R・W・エマーソンや W・ジェームズに対する彼の理解を手がかりにするのである。

第一節　宗教的世界観の構制
——生の謎の宗教的体験ならびに経験

　ディルタイによれば、世界観は「その究極の根を生のなかにもち」（『世界観学』GS VIII 78）、かつ「生の謎を解決しようとする」（上掲書 GS VIII 82）ものである。とすれば、宗教的世界観とは、人間が自らの身体的生から発現するものであるが、その生の謎を宗教的に——つまり哲学でも科学でもない宗教の流儀で——体験し、その謎を解こうと省察した結果、形成されたものだということになる。それゆえディルタイにとって、宗教的世界観の構制は生

の宗教的体験、およびその省察としての宗教的経験を発生源とし、逆に宗教的世界観は生の謎を解くという認知機能をもつことは、容易に察せられる。とすれば、宗教的世界観の構制は、（α）生の謎に深く沈潜するという、生の宗教的体験ならびに経験から宗教的世界観へ、（β）その逆に、宗教的世界観から生の謎へ、という循環構造をもつことになろう。

（一）生の宗教的体験ならびに経験から宗教的世界観へ

　私たち人間は、環境やさまざまな事物や他者とたがいに関わりあいながら、この世界に生きている。それゆえディルタイは、「生とは、外的世界の制約を受けながら、個々の人びとのあいだにおける相互作用の連関である」（「精神科学における歴史的世界の構成」、以下「歴史論」と略記 GS VII 228）と言い、その相互作用の総体を「世界」となづけ、その総体が人間に俯瞰されるわけがないから、「謎に満ちたままだ」（『世界観学』GS VIII 27）と言う。だとすると、人間の身体的生は、概念的に把握できないし、基礎づけられない「事実」であり、しかも概念的な装いを脱した言わば裸の「事実」であって、私たち人間は自らの生として受け容れざるを得ないということになる（「歴史論」GS VII 22, 70）。というのは、存在と思考の同一性という、ヨーロッパの知的文化に基づいてきた「理性信仰」（BrY 67）が崩壊したというのが、ディルタイとヨルク伯との共通理解であったからである。とは言っても、生が体験されも経験されもしないということではない。そもそも私たち人間の生こそ、宗教的体験ならびに経験の可能性の在り処なのである。

　ディルタイは、「見えざるものを捉えようとする」（「15、16 世紀における人間の把握」GS II 58）のがルターのドイツ的精神であると解して、その伝統との繋がりを自覚しつつ、宗教の徴表を、人間が「見えざるもの（das Unsichtbare）と交わること」（『哲学の本質』GS V 381 および上掲書 II 70 をも参照）と言い表している。現にディルタイが、生や世界の総体は究めがたいとみなしている。それゆえ「見えざるもの」——宗教的伝統の「隠れたる神（Deus absconditus）」——が、もしも見えるもの・測れるもの・語りうるものとなるならば、「見えざるもの」に対する畏怖や感謝を含んだ敬虔なる心情は失せてしまうことは、必定である。従って「見えざるもの」が、どの

第三章　謎めいた老人ディルタイ、さ迷えるキリスト者

ような尊称で呼ばれようとも、あるいはそれが存在か無か、いずれの存在論的規定を受けようとも、人智を超えた絶対的な「謎」でありつづける。その「見えざるもの」が人間に働きかけているからこそ、人間がそれに応接せざるをえないという事態を、彼は「見えざるものとの交わり」と言い表したのである。

ディルタイによれば、「見えざるものとの交わり」は、それが宗教の徴表である以上、その「見えざるもの」が主導する。すなわち「見えざるもの」が、人智を超えた超越的なものでありながら、人間の生へ向かって働き、その生のなかで働くのに対して、人間の生はその働きに受容的なしかたで応接するのである。この応接のしかたによって、宗教性の形態に違いが生じてくるという（「歴史論」GS VII 266）。そしてこの応答のしかたが、彼のいう宗教的体験と宗教的経験であるわけである。

宗教的体験は、繰り返すまでもなく人間が創るどころか、人間の知性が概念的に把握することもできないがゆえに、その概念を媒介としないという意味で「直接的」であるし、なんらかの神的なものの働きを被るという意味で「神秘的」である。ディルタイは直接的で神秘的な体験として、「イエスが自分の内で神が働いている」（「宗教の問題」GS VI 301）という新約聖書に因む実例を挙げている。つまるところディルタイのいう宗教的体験は、超越的なものの働きを私たち人間がただ授かるしかないけれども、しかしその働きを自らの身体的生において〈覚知（Innewerden）〉する、つまり自覚するものなのである。

こうした宗教的体験は、人間の総身で受け止めるものであるがゆえに、ディルタイは、「心的生の全体が働いている処に宗教的体験がある」（『哲学の本質』GS V 382）という。なぜなら彼のいう「心的生」は心身二元論のいう、身体に対立する心ではなく、個々人の生の総体を指すからである。それゆえその「心的生」は、本書の「序」で述べている身体的生命と同じ意味であると言ってよい。さらにまた個々人の生が、上述のように環境との相互関係から成り立っているがゆえに、ディルタイは「心的生」を、個々人と環境世界とがたがいに働きあう「作用連関」と名づけたり、「世界連関」と言い表したりする。つまるところ宗教的体験は、まさにその「作用連関」という、人

67

間の生きるいわば場において生ずるのである（同上）。その生きる場が、人びとの共に暮らす在り処という意味では「歴史的社会的現実」（『精神科学序説』GS I 87）と言い換えられる。

　生の宗教的経験は、上述のような宗教的体験に基づきながらも、その直接性を自覚的に意識化してゆく経緯である。「生を内的経験として意識化することが哲学である」（BrY 52）がゆえに、生の宗教的体験は、その点では哲学的な省察と同じであるけれども、しかし哲学が普遍妥当な知を追求するのに対して、哲学のその追求に拘ることなく、あくまで「見えざるものとの交わり」という事象に即した省察を進めるのである。そしてさらに、「見えざるものとの交わり」が救済宗教の基本形態であるかぎりは、その交わりによって、生および世界の肯定が享受されるさいの「至福」や、生の揺るぎない「価値」や「意義」が経験されるであろう。それゆえ、こうした宗教的経験それ自体がいわば自己展開されるであろうし、その省察が成就したとき、宗教的世界観が築かれるのである。このように経験がそれ自体として自己展開されるがゆえに、生の宗教的経験は生の自己省察の一形態であるというわけである（『哲学の本質』GS V 382）。

（二）宗教的世界観から生の謎へ

　ディルタイは世界観を、生や世界の意味とか意義とかを包括する「価値秩序」（「歴史論」GS VII 169）と解している。ドイツ語の「世界観（Weltanschauung）」の「観（Anschauung）」が「直観」を意味するように、「価値秩序」である世界観は、ヨルク伯が指摘したような「視覚性（Okularität）」（BrY 192）を帯びているがゆえに、偶発的な出来事に翻弄されて必ずしも見通しを持ちえない人間の歴史的な身体的生に、その意味や目的を示して、見通しを与えることができる。その意味で宗教的世界観は身体的生の生・死の意味を示して、神義論的な問題を解決する試みであると言ってよい。上述のように、ディルタイが「世界観は生の謎を解決する試み」だと言うのは、世界観が「視覚性」を具えて見通しを与えることのできる「類型」であるからである。

　例えば、私たちは個々の人びとの性格を、或るひとは気難しいと言い、別

第三章　謎めいた老人ディルタイ、さ迷えるキリスト者

のひとは陽気だと言って識別する。こういった性格描写は類型的な見方の卑近な実例である。このように世界観のさまざまな類型が提示されるならば、それに従って、個々の歴史的な事象が識別されうるし、個々の事象が把握されうる。その点では、世界観の類型は〈発見術的（heuristisch）〉な機能を備えている。また、私たちは或る者を気難しい人として述べるように、世界観の類型は、個々の歴史的な事象を〈史的（historisch）〉に物語る叙述機能を発揮する。ところがまた世界観の類型は、私たち人間の生や世界が謎に満ちたままであるがゆえに、「生の謎を解決する試み」であらざるをえないわけで、それゆえ〈暫定的（provisorisch）〉な効力しかもちえないし、神義論的な問題を解決するにしても、終局的な解決をもたらすわけではないのである。ディルタイは、宗教的世界観の形成をめざしたとき、世界観の類型一般がもつこれら三つの機能を見極めていたはずである[3]。

　以上からして、ディルタイの宗教的世界観の論理構制が明らかになったはずである。では現に、彼がどのような宗教的世界観を展開しようとしたのか。この問いに、次節以下で答えたい。

第二節　シュライアーマッハー受容

　ディルタイは、シュライアーマッハーの書き残した遺稿のすべてに目を通したわけではないにせよ、その哲学 - 神学関係の遺稿を渉猟したうえで、シュライアーマッハー研究の古典として称えられる『シュライアーマッハーの生涯』全二巻を著した。そのなかには、シュライアーマッハーのキリスト教神学への人間学的アプローチに対する賛同が見られると同時に、その神学に対する決して明快とはいえない意見が表明されているがゆえに、ディルタイ自身のキリスト教をめぐる煩悶とでもいうべき見解が窺えるのである。それゆえ、その意見表明を追考してみて、彼が抱いていたキリスト教思想を浮き上がらせてみよう。その結果、彼が抱いていた宗教的世界観を描くことができよう。まずはともかく、ディルイが最晩年に記した遺稿「宗教の問題」を手引きにしてみたい。というのもその遺稿は、彼のシュライアーマッハー

受容の総括でもあるからである。

（一）　新しい宗教性

　ディルタイは、シュライアーマッハーの『宗教論』第一版を高く評価する。なぜならその第一版は、「心的生のなかで働く宗教的体験」が宗教の根源であるという論を展開し、「宗教とは宇宙の直観と感情のことだ」と規定しているからである（「宗教の問題」GS VI 296）。まさにその規定のゆえに、『宗教論』第一版のシュライアーマッハーは宗教研究者ではないし、また神学者でもなくて、「新しい宗教性の告知者」（上掲書 GS VI 297）なのである。ディルタイによれば「新しい宗教性」とは、教会政治の制度とキリスト教信条の教義という二つの桎梏に囚われないで、自らの敬虔なる心情に拠ることであり、これこそルターが勧め、シュライアーマッハーが継承したドイツ・プロテスタンティズムの精神であった。

　ところで本書の第二章で述べたように、シュライアーマッハーは『宗教論』の執筆のさいに、当時のプロテスタンティズムを蔑視するドイツ教養市民層を念頭に置いていたし、その第四章と第五章は実定宗教としてのキリスト教会、およびキリスト論を主題的に論じている。しかもまた『宗教論』第三版の刊行は、神学の大著『信仰論』第二部の執筆時期の 1822 年にあたっているのであるから、『宗教論』を『信仰論』から切り離してよいかどうか、は速断することはできない。しかも『宗教論』第一版だけに依って、その第一版だけにみられる「宇宙の直観と感情」という宗教規定を肯定的に受け止めて、シュライアーマッハーを「新しい宗教性の告知者」として称えてよいかどうか、はますますもって慎重に考察されるべき問題である。にもかかわらずディルタイがそのように読んだということは、彼のかなり強引な、そして恣意的な読み方ではないのか。

　さて、シュライアーマッハーが告知した「新しい宗教性」とは、ディルタイによれば「シュライアーマッハーの汎神論的神秘主義」、すなわち「世界のなかで神的なものという理想が実現されるのを体験する、世界肯定の汎神論」（「宗教の問題」GS VI 297-298）のことである。それに続けてディルタイは、「シュライアーマッハーはレッシングとともに、次にきたるべき宗教的精神

の啓示を期待した。彼にとって宗教はその本質により、個別的な形態のなか
に存在する」（同上）というのである。ディルタイのこの言明は、（α）汎神
論的神秘主義とはなんなのか、（β）その汎神論が世界を肯定して、神義論
的問題に十分な解答を与えているのか、（γ）その「個別的な形態」は、実
定宗教としてのキリスト教の歴史的形態であるのか、という三つの絡み合っ
た問いを投げかけている。

（二）汎神論的神秘主義

　本書の第一章で述べたように、レッシングは万有在神論者として三位一体
論のキリスト教を説いたし、ディルタイは、レッシングを「汎神論者」では
なく、「万有在神論者」だと判定している（EuD 116, 122）。またシュライアー
マッハーがレッシングの衣鉢を継ぎながら、後期シェリングの神観と底通す
る万有在神論を採り、かつ三位一体論のキリスト教を論じたことは、第二章
で述べた。にもかかわらずディルタイは、なぜシュライアーマッハーを「汎
神論的神秘主義」とみなしたのか。そのように判定する明確な論拠が、実は
ディルタイになかったのかもしれない。あるいは彼自身が汎神論と万有在神
論とを厳密に区別していなかったかもしれない。このような可能性を追考し
てみなければならない。

　ディルタイは、レッシングに至る 15、16 世紀のドイツ宗教運動について、
「宗教的に開かれた人格神論ないし万有在神論こそは、古代の人びと、こと
にローマ時代のストア派によって、その思想を人間的に最高の形式にまで高
められた結果、当時のヨーロッパ的教養の最も高度で自由な要素となって
いた」と述べたうえで、そのドイツ宗教運動の立役者のS・フランクについ
て、「当時万有在神論がゆきわたっていたし、ツヴィングリ同様フランクも
神を、万有に作用する善とみなしていた」（「15、16 世紀における人間把握」GS
II 81）と記している。とすると、ディルタイは、レッシングやシュライアー
マッハーと同様、背後世界に座す超越的な人格神論を斥けたけれども、しか
し人格神論と万有在神論とは相対立しないとみなしていたことは、疑いえな
い。ただし、人格神論と万有在神論とがどのような関係にあるのか、という
問いには答えてはいない。

ところがディルタイは、シェリング、ヘーゲル、シュライアーマッハーの思想運動が生の根源へと遡行する汎神論的傾向を帯びたものとも見ている。「この汎神論は、その万有在神論における修正をも含めて、二点においてのみ画定されねばならない」と指摘して、一つは、「創造は、世界のどこかの場所で起る因果的必然性とは区別される一種の自由な働きを表す」ということ、もう一つは、「世界を規定する力を定義して、そこに神性の概念を適用されうる」ということだと言う（「ヘーゲルの神秘主義的汎神論の基礎」GS IV 51-52）。そうとすれば、ディルタイは、森羅万象の創造つまり造化の働きを「自由な働き」とし、その働きを「神的」と解したが、それを汎神論か、それとも万有在神論か、という選択に拘っていなかったことになろう。ただし彼が、「いかにして世界統一から多様なものが生じるか、を私たちには考えられぬ」（『世界観学』GS VIII 118）と吐露したことを論拠として、造化の働きとしての神と森羅万象との同一性を主張する汎神論を否定していたとみなしてよいとすれば、彼のいう「汎神論的神秘主義」は万有在神論的な神秘主義として読み替えても、なんら問題はないことになろう。

　実際ディルタイは、「イエスは自分のなかで神が働いていることを経験したが、まさにそれは神秘的体験である」（「宗教の問題」GS VI 301）という論を展開しているのである。しかし、その「神秘的体験」は汎神論的だと断定される謂れはない。むしろA・シュヴァイツァーのいう「キリスト神秘主義」の一つに数えられるものであろう。つまりシュヴァイツァーは、「キリストと共に死に、キリストと共に生きる」といった使徒パウロの復活体験を「キリスト神秘主義」となづけているが、パウロでなくとも、生かされた生命という体験は、だれもが保持しているはずである。そしてさらに、生かされて生きているという事態について、神とイエスの間の、そしてまた私たちとの間の愛の交わりを成立たせるのが神の霊つまり聖霊の働きであるということ、そしてまたイエスの裡に聖霊が働いて、イエス・キリストは人びとの下僕として働くということと解することができるわけである[4]。

　以上のようにみるならば、ディルタイは、レッシング、シュライアーマッハーの万有在神論を継承したばかりか、さらに展開しているとみなしても、差し支えないであろう。

（三）キリスト論

　先に見られたように、ディルタイは、シュライアーマッハーの告知した「新しい宗教性」として「世界を肯定する汎神論」を挙げた。汎神論に拠れば、生きとし生けるものすべてが神格を帯びるから、世界の是認は可能であろうし、神義論の問題は氷解するであろう。ところが、「被造物がすべて今日まで、共にうめき、共に産みの苦しみを続けている」（「ロマ書」8章22節）というのが疑いのない事実であるとすれば、安穏と汎神論に依拠しておれないはずである。

　ところが彼は、神義論を無効にする歴史的動向を見逃していない。それは、「生の世俗化（Verweltlichung）」という、ヨーロッパ宗教精神史において無視しえない歴史的動向である。その世俗化によって、「キリスト教的宗教性は今日もはやわれわれの生の根幹ではなくなる」（「現在の総決算」GS XIV 591-592）という事態が到来したというのである。実際、ディルタイが学生時代に痛感したのが、ヨーロッパの歴史の黄昏であったことは、繰り返すまでもあるまい。

　ではディルタイは、世俗化の事態に対処する途を示しえたであろうか。キリスト教がキリストによる贖罪の信仰であるかぎり、つまるところ世俗化に対処する方途は、「キリスト論」（「宗教の問題」GS VI 300）に帰せられる。現にディルタイは、「現在の総決算」という題を付けた手書きの遺稿において、シュライアーマッハーの「キリスト論」に対する批判的な考察をおこなっている。

（α）キリストの「原像性（Urbildlichkeit）」

　シュライアーマッハーのいうキリストの「原像性」は、キリストが自らを無化して一切を神に委ねるがゆえに、神によって生かされており、したがって「キリストにおいて神の愛が働いている」ということであった（本書の第二章第3節を参照されたし）。それに対してディルタイがキリストの「原像性」を批判するのは、端的にいって、救い主キリストの位階なのである。キリストが神に生かされているがゆえに、キリストにおいて神の愛が働いていると

いうことから、ディルタイは、救い主としてのキリストを推論するのである。さらに、キリストは「原始キリスト教団の発展史」におけるものであるから。キリストの「原像性」は非神話化されるべきであって、人間イエスと聖書の描くキリストとはそのまま同一視されるべきではないというのである（「現在の総決算」GS XIV 592）。それに加えて、非神話化を進展させることによって、イエスが唯一の救い主キリストだと主張してきた伝統的なキリスト教は、「絶対的な完全性をもたない」し、「仏教と比較される」ことにもなり、他宗教に対する排他的な絶対性を失うことになるが、その事態を肯定的に受け止めるべきだというのである（上掲書 GS XIV 589）。

（β）キリストの贖い

　たしかにディルタイが論ずるように、キリスト教会が自らの「絶対的な完全性」を弁じて、過誤を犯してしまったこともあった。が、しかしながらシュライアーマッハーのいうキリストの「原像性」は、キリストのうちに神の愛が働いているということに尽きるのであるから、ディルタイの批判は当たってはいない。

　とすると、ディルタイにとってキリスト論は、キリスト教という救済宗教が伝統的に要としてきた問題、すなわち「キリストが人類の罪を贖う」というキリスト信仰の是非を問題としているのである。彼はその問題に応接して、「キリストの絶対的尊厳というキリスト教的要求はごくわずかに確保されるにすぎないがゆえに、キリストによる贖罪もまた、その効力が万能ではない」（「現在の総決算」GS XIV 591）とする。そうとすると、「キリスト者の無罪判決に関する教説は、キリストの聖化（Heiligung）によっても獲得されえない」（同上）という結果になる。ディルタイの意見表明を敷衍すれば、（α）私たち人間の身体的生が、救われがたい悪を孕んでいる以上、罪を背負ったままにもかかわらず、キリストの「癒し（Heiling）」（同上）を授かることはできるということ、しかし（β）その生は、そのように「赦された」からといって、罪のない善きひととなって善行を重ねるような「聖化（Heiligung）」に恵まれはしないであろうということである。このような意見表明は、いわゆるルターのいう義認に関わるものであった[5]。つまるとこ

第三章　謎めいた老人ディルタイ、さ迷えるキリスト者

ろ、人間の存在を聖化するのは世界審判の最後の日であるということ、ひいては人間は根源悪に苛まれつづけざるをえないがゆえに、絶えざる祈りとともに、その日を待ち続けていなければならないということである。こうしたディルタイの意見表明は、キリスト教に対する論駁（Polemik）であるのだろうか、それとも弁証（Apologie）であるのだろうか。そうした二者択一の判断を急ぐことは、思慮を欠いた態度である。私たち人間の生が、救われがたい悪を孕んでいるかぎり、しかも「生の世俗化」の進行する時代のなかでは、日々、絶えず祈っている他はないということも、ディルタイは暗に示しているのである。

（四）　スピリチュアリティという途

　シュライアーマッハーは、敬虔な心情が小さな信仰共同体としての「ゼクテ（Sekte）」に活きていることを知りつつも、当時のドイツ・プロテスタント教会を代表する聖職者の一人として、既存の「教会」の制度改革に努めた。ディルタイは、シュライアーマッハーの人間学的アプローチを継承して、それをさらに進展させようとした。だから、「シュライアーマッハーはキリスト教を、生から生じる宗教的な心情状態の内的帰結へと連れ戻すことができなかった」（「宗教の問題」GS VI 300）という言葉で考察を締め括ったのである。

　そして新たに歩むスピリチュアリティの途は、彼の朋友ともいうべきエマーソンやジェームズというハーバード大学の面々と軌を一にするものであった。

第三節　ハーバード大学の面々、エマーソンとジェームズ

　ディルタイは、アメリカにおける新しい宗教性に関して見解を述べている。すなわちアメリカ人は、そもそも自らが属していたイギリス諸宗派の信仰教義を護りながらも、その伝統の桎梏に囚われない「宗教的体験」と「信仰告白」を表すことができたし、さらにその体験から「宗教的精神」を開発しえた、と（「宗教の問題」GS VI 302）。

75

そのうえでエマーソンとジェームズを讃えている。「そうした宗教的体験とドイツ文化の諸成果とを結びつけた、エマーソンを先頭とする深遠な知性の持ち主たちの手により、そうしたキリスト教は継続した」し、「ジェームズは、心理的生の実在を見抜くことにかけては驚嘆すべき才能を備えていた」（「宗教の問題」GS VI 302）、と。

　ディルタイはこのようにハーバードの面々に称賛の言葉を遺しているが、実はエマーソンよりもジェームズを盟友とみなしていた。それは、ジェームズがエマーソンのキリスト教を「悪の事実を拒絶した健全な心の宗教」（『宗教的経験』160）[6]と評したことから察せられるように、ジェームズおよびディルタイにとって、「生の世俗化」という時代の動向と、「根源悪」とが大きな宗教上の問題であったからである。

（一）エマーソン

　ディルタイは、独訳されたエマーソンのエッセイ[7]を通覧したとは伝えていないし、そもそもエマーソンの諸論考のどれに共鳴したのかも、明かしてはいない。そこで、エマーソンの「キリスト教」思想を表している論考を基にして、ディルタイとの一致と差異を挙げるだけにしよう。その論考は、彼が1838年におこなった母校のハーバード大学神学部での講演であり、またその講演に関連している論考である[8]。

　第一にエマーソンは、宗教一般の本質を「徳の情操」と規定し、その情操を培いつつ映す在り処を「人間の魂」と言い表す（「神学部講演」1.121-122）。その「魂」において人間は、「ある神聖な法則」が人生に潜んでいること、その法則が人生を操っていることを自覚すると言う。とすれば、彼のいう「人間の魂」は、心身二元論のいう心ではなく、ディルタイのいう「心的生」と同様、私たち人間の個々の身体的生命を指していると解することができよう。

　第二に、エマーソンが講演したハーバード大学神学部は、三位一体論を否定し、〈神は単一であり、キリストは神ではなく人間である〉と主張するユニテリアン派の牙城であったが、その講演で彼は、「イエス・キリストが〔神の国の到来を告げる〕真の預言者であった」（「神学部講演」1.121-122。〔　〕

第三章　謎めいた老人ディルタイ、さ迷えるキリスト者

内挿入筆者）と言い、別の文献では、イエスは神の福音を伝える「媒介者」
であり、「人間の教師」である（「経験」3.77-78、独訳『エッセイ』328）と記し
ている。エマーソンは、「私があなた方にいう言葉は、自分から話している
のではない。私の内におられる父が、その業をおこなっている」（「ヨハネ福
音書」14章10-11節）という言葉を引用していることからして、人間イエスと、
神がイエスの内で働くということ、すなわちキリストとしてのイエスとを区
別している。この区別はディルタイと同じである。

　第三に、イエスの内に、また人間の内に神の働きをもたらし、それを報せ
るのが「神の霊」つまり聖霊であるから、ディルタイ同様、エマーソンも三
位一体論を容認している。これは、自らを育てたユニテリアン派に対して
叛旗を翻した言動であった。しかも、その牙城においてエマーソンは、そ
もそも「霊（spirit）」は、報せをもたらす風を意味する言葉であり（「自然」
1.31）、だから「諸君自身は、〈聖霊〉について歌う新しく生まれた詩人であ
る、〔老教授達の〕真似をしないで、人びとに直接神を報せよ」（「神学部講演」
1.143。〔　〕内挿入筆者）、と聴講していた神学生を督励したのである。

　第四にエマーソンは、新約聖書の奇跡物語を非神話化したうえで、イエス
の福音そのもの——つまり、本当の奇蹟と称えられるべき神の働き——を聴
き取り、「イエスの語った奇蹟とは、人間の生命と人間の営みすべてであっ
た」（「神学部講演」1.128）、と若い聴講者に語った。神の働きとは、私たち人
間が日々生かされているという事実のことであるから、個々人は励まし合っ
て、日々の務めに精を出すことが大切だということになる。エマーソンのい
う「イエスの喜ばしい福音」とは、「魂に対する神の賜は、……優しい善良
な心をもち、成長するように励ますものである」ということであった（上掲
書1.131-132。中略筆者）。このように福音を述べるエマーソンについて、ディ
ルタイは異議を申し立てるはずがないが、しかしジェームズと同様、「健全
な心の宗教」とみなしたに相違ない。

　しかしながらエマーソンも、世俗化の進行に気づかなかったわけでは決し
てない。キリスト教の「信条（creed）」は、「厳かな信仰と市民的自由に対
する憧れを生かそうとするものであった」が、しかしそれは「過ぎ去りつ
つあり、その代わりは何も生じていない」のであった。その結果、「善人は

77

教会を愛し、悪人はこれを恐れていたが、今ではそういう力を失っている」（「神学部講演」1.140）し、「社会は瑣事に生き、人びとの死も、われわれの口にのぼらない」（上掲書 1.141）と嘆くのである。善と悪や、聖と俗を識別しえないという、魂が虚ろとなるという、いわゆるニヒリズムの到来を、彼もまた懸念していたと言っても過言ではない。

　エマーソンは、〈神 対 自然〉という伝統的な対立図式を脱構築して、西田幾多郎のいう「内在的超越としてのキリスト」（『西田幾多郎全集』第 11 巻、岩波書店、462 頁）と同じ途に人間の身体的生の救いを求めたが、しかし悪の問題と正面から対峙しなかったというのが、彼に対するディルタイの評価であった。

（二）ジェームズ

　ジェームズによれば、人間は、災厄や苦難に遭遇したとき、無事に過ごしていた時よりも一層、自らの無力を自覚するし、救いを宗教に求め、自らの運命を神仏に託そうとする。それゆえ、「宗教とは、個々人が孤独な情態のなかで、自分がなにか神的なものと考えられるものに関わっていることを自覚する場合にだけ生ずる感情、行為、経験である」（『宗教的経験』31-32）と定義づけられる。当然、人びとは全身全霊でもって、神との交わりを求める。それゆえ、「神という言葉は、個人が厳粛で荘重な態度で応答しなければならないような根源的存在という意味でのみ用いられる」（上掲書 39）のである。だとすると、個々人の救いは、個々人がそれを超えた神的なものを、自らの裡で自覚しつつ、その神的なものに応接してゆくという、まさにスピリチュアリティの途に探られることになる。ジェームズの宗教心理学の手法は、まさに生命の宗教の途であることは、論を俟たない。以下、その手法の途を辿ってみよう。

（α）悪

　私たち人間は、わが身の欲望に悩まされ、自ら傷ついてしまうし、それを他者の責任にしてしまいがちである。そうした自らの性向を、ジェームズは「病める魂」となづけ、「自らの実在に巣くう悪の事実」として感受する。た

だし「悪の事実」を自覚することが、自らの有限性という、生の真実へと眼を開く転回点であるという（『宗教的経験』160）。こうしてジェームズは「根源悪（radical evil）」を論ずることになる。

「正常な人生行路でさえ、病的な憂鬱を満たしていると同じような恐ろしい瞬間、つまり根源悪が支配権を握って、堅固な情勢を形成してしまうような瞬間を孕んでいる。……私たちの文明は流血の修羅場に築かれており、個々人の生存は孤独な救いのない苦悩のなかへと消えてゆく」（同上。筆者中略）。

　ジェームズが「根源悪」に言及するとき、カントを念頭に置いていたと推察しても間違いない。カントによれば、「根源悪」は人間の利己的な行為への性向であって、そのような性向は、人間の処理しがたい根の深いものであり、人間の自由な心の働きと等しく根源的である。その具体的な現れが、例えば嫉妬したり、他人の不幸を喜んだりするような「文明の悪徳（Lastern）」なのである[9]。
　もちろんジェームズは、悪とみなされてきた出来事を、「根源悪」という人間の性向に限定してはいない。古来、津波や地震などの自然や宇宙の出来事もまた、人間に災厄をもたらす自然的な悪とみなされてきたし、病気や死などの生命あるものの移ろいや儚さもまた、生きとし生けるものの有機的組織に起因する出来事であるけれども、しかし人間にとって災厄として悪とみなされてきた。このような自然的な悪の外に、人間が犯してしまう殺害・姦淫などは道徳的な悪とみなされ、宗教的には「罪」と解されてきたのである（『宗教的経験』158）。

（β）回心

　ジェームズによれば、こうした種々様々な悪から眼を逸らさないことが、人生の真相を究めることになるわけだが、自らの内なる悪または罪を自覚する本人にとっては深刻な悩みを抱えることになる。すると、「なぜ、どうして、なんのために」という問いに答えられなくなって、「人生はただもう残

酷で愚かしい」と感じられてくる（『宗教的経験』150、151）。そして終には、慣れっこになった悪の方が、自分がまだ住みなれない善い生活よりも強くとらえていた、と告白するアウグスティヌスのように、自己分裂と絶望に苛まれることになる（上掲書169）[10]。

　だが、自己分裂のままに終わらない。仏教やキリスト教のような「救いの宗教」は、人生の悪を直視しつづける点では「ペシミスティックな要素」を含んでいるけれども、しかしながら絶望に苛まれた者に「救い」の手を差し出すのである（『宗教的経験』169）。したがってジェームズは、救いとはどういう情態なのか、という問いに答える。すなわち、救いを得た後でも、人生が残酷で愚かしいと感じさせた「悪」はやはり眼前に満ちてはいるが、しかし絶望から救われたからには、死んだも同然であった以前の事情が一変して、「生きんとする意欲」が贈られたのである、と（上掲書184、242）。彼のこの見解を上述のようなディルタイのいうキリストの贖いと比較してみると、ジェームズもまた人間の根源悪はキリストによって清められえないけれども、しかしキリストによって人間は癒されると解していたはずである。というのは、ジェームズによれば、「生きんとする意欲」の贈与とともに、人間は、贈り主である神との一体感ばかりでない、生きとし生けるものとの親密感をも抱くことができるからである（上掲書、例えば241）。

　そうした救いに与かるには、「危機」という否定的契機が不可避である。なぜなら「救い」は、人間の側からいえば「帰依」ないし「回心（conversion）」と称されるが、「危機によって起こる自分の変化が回心である」（『宗教的経験』193）からである。罪からの解放を願って、神にすがる者は、今までの自分の「個人的意志を放棄しなければならない」（上掲書204）以上、自己放棄という危機を避けるわけにはゆかない。このように回心は否定的契機を含むがゆえに、聖書に記されており、シュヴァイツァーがパウロのキリスト神秘主義と称した「死して生きる」（「ガラテヤ書」2章19-20節）という逆説が現実となるのである。こうして、その逆説が現に生ずるプロセスの解明が、ジェームズの宗教心理学の課題であった。そこで彼は、その宗教心理学の基本概念、つまり「意識的人格」と「潜在意識的自己」について、以下のように説明を加える。

第三章　謎めいた老人ディルタイ、さ迷えるキリスト者

　ジェームズは、神の働きかけを自覚し、また経験する個々の人格を「意識的人格」となづけている。そして、「意識的人格」がその外部からの働きかけを受け取る在り処を、「魂」とか「潜在意識的自己（the subconscious self）」とかとなづけている（『宗教的経験』192、237）。むろん、それらの魂や自己は、実体ではない。むしろ現象論的にみて、意識が次々と生じてくる場合に、その連続が「場」を示すがゆえに、魂や自己は「意識の場（field of consciousness）」だ、とジェームズは規定する（上掲書192、358）。「意識の場」とは、個々の人格とそれの対象とのあいだの相互作用の場のことだ、とも彼は説明している（上掲書226-227）。とすれば、「意識の場」とは、ディルタイやエマーソンと同様、私たち人間の身体的生の域のことなのである。

（γ）過剰信仰

　ジェームズによれば、私たち人間の身体的生は「生きんとする意志」を授けられ、その意志を生きる力として、つまり「人格的エネルギー」として自覚することができる。ところが、意志やエネルギーというものは、個々の私たちの裡で自覚されるし、さらには宗教的経験として言い表されるけれども、しかし科学的に検証されるようなものではない。端的にいえば、それは私たち個々の直接的で、しかも受動的な自覚に外ならない。それゆえ私たちに授けられる意志や力という「より以上のもの（the more）」は、むろん実体として想定されてはならないもの、すなわちジェームズが自覚という心理学的事実を基にして立てた宗教心理学的な「仮説」なのである。それに加えて、「意識的人格」を超えた外的な力による働きを主張する神学とも折り合える「仮説」なのである（『宗教的経験』502-503）。だから「より以上のもの」についての何らかの自説を主張するならば、それは「過剰信仰（over-brief）」（同上）だというわけである。「過剰信仰」について、ジェームズは自らの見解を述べている（上掲書505）。

　　「それら過剰信仰そのものが不寛容でないのであれば、私たちもそれらの過剰信仰に対して優しい寛容な態度で接するべきである」（同上）。

人間は「過剰信仰」を持ちたいものであるが、しかしそれを持てば、人それぞれに多様な方向へと分岐してゆくのは当然のなりゆきであろう。そのなりゆきに対処するには、その分岐を承認したうえで、寛容と中庸という宗教倫理が成り立つ途を探ることである。そうすれば、そのような宗教倫理に根ざした宗教的多元主義が実現できるはずだ、とジェームズは見る。すなわち、「究極的な宗教哲学は、一元論的な見方ではなく、多元論的な仮説を、従来よりも一層真剣に考慮しなければならないだろう」（『宗教的経験』516）、と。

　ジェームズのいう「過剰信仰」は、第一に、「神は、少なくとも私たちキリスト教徒にとっては最高の実在の呼び名であり、宇宙のこのより高い部分を神と名づける」（『宗教的経験』507）というものである。「宇宙のこのより高い部分 (this highter part of the universe)」というのは、明確な神概念とは言い難い。エマーソンのように「世界の永遠の法則」としても、あるいは宇宙を支配する「根源的実在」としても、いずれにも解しうるのである。ジェームズ自身の説明によれば、そもそも「より以上のもの」は、作用論的にみて、意識的人格に対する働きに外ならないのに、その「より以上のもの」との合一体験に基づいて、人格神論的あるいは汎神論的に、いずれにも実体化されうるというのである（上掲書500）。その実体化がいかにして生起するのか、という考察をジェームズは怠ってしまったけれども、「宇宙のこのより高い部分」という神概念は、超越的な人格神論に対する穏やかな抗議と、無限の宇宙における人間の位置の確認を含んでいると解するべきであろう。「人間の絶対的な確信と平安とを是認するためには、神はより広い宇宙的な関係に入らなければならない」（上掲書508）からである。

　ジェームズの神概念は、「より広い宇宙的な関係を持っている」点で宇宙論的であり、「私たち意識的人格に働きかける」点で人間学的であり、宇宙論的 - 人間学的な特徴を帯びていると言える。とはいえ、寛容を重んずる立場からすれば、彼の神概念が専制君主的な「絶対的な世界支配者」（同上）を意味しないことは述べるまでもないが、ただし専制君主的な神概念を拒否するのも、一つの信仰箇条を表したものであるがゆえに、彼の「過剰信仰」であるわけである。これが、彼のいう第二の「過剰信仰」である。

第三章　謎めいた老人ディルタイ、さ迷えるキリスト者

　ところでジェームズは、第三の「過剰信仰」として、上述の最高存在としての神に対する反措定なるもの、つまり一種の否定神学的な傾向について意見を表している。まず、肯定神学の言説を繰り返してみよう。「より以上のもの」と意識的人格との合一という神秘的体験は、至福感に満ちたものであろう。そしてその神秘的体験が真実であるならば、無限つまり神が有限つまり意識的人格を吸収しているがゆえに、神のみがあり、神は全智、全能である等々と言えば、それは肯定神学の思弁である（『宗教的経験』407）。では、否定神学の言説はどうか。ジェームズが名前を挙げたアレオパギタのディオニシオス、エックハルト、ベーメ（J. Böhme 1575-1624）たちの否定神学によれば、「真理は一・善・全といった諸性質を無限に超越し、それらの性質の上にあり、真理は光明を越え、光輝を越え、本質を越え、崇高を越え、名づけられうる一切のものを越えている」（上掲書408）のである。とすれば、否定のみで語るという「絶対否定の方法」（同上）しかないにもかかわらず、シレジウス（A. Silesius 1624-1677）は「神は全くの無である」と歌ったように、存在と無という対立を超えた意味での絶対無が究極の境地だという（同上）。以上が、否定神学の思弁についてのジェームズの見解である。つまるところ上述の第一の「過剰信仰」がまさに過剰であるならば、絶対無を説く第三のものも過剰であるが、しかしそれらに対して「寛容な態度で接するべきだ」ということになる。第三の「過剰信仰」に関するジェームズの言説は、いわゆる〈絶対無と神〉という問題構制に関わるものであり、稿を改めて論じることにする（本書の第七章）。

　さらにジェームズは、第四の「過剰信仰」として、いわゆる〈永遠の今〉に言及している。私たち意識的人格が、すでに今ここで、至福ないし法悦の神秘的情態に浸っているとすれば、そのつどの今が永遠性を帯びているし、永遠には時間が、つまり一次元的に伸びる物理的時間がないという神秘主義的な教説も、たしかに成り立つ（『宗教的経験』413）。ところが私たち人間が神から「生きようとする意志」を授かるような宗教的体験は特権的な時間においてしか成就されえないけれども、それは苦難にみちた未来へ向けて「生きようとする意志」であるがゆえに、常にすでに将来に対して開けているのである。別の言い方をすれば、癒され、かつ励まされて、生きようとする意

83

志は、実は絶えざる祈りとともに、生のいわゆる聖化を待ちつづけざるをえないのである。それゆえその待望は、そのつどの瞬間において完結するような永遠の今という言説とは合致しはしない。第四の「過剰信仰」に関するジェームズの言説は、いわゆる〈現在の中間時的構造〉という問題構制に関わるものであるので、これも後論に譲る（本書の第七章）ことにする。

　以上、ジェームズは「過剰信仰」について自らの意見を表明した。繰り返すまでもなく、個々人それぞれがどのような「過剰信仰」を抱くにせよ、「過剰信仰」は独善的なものではなく、他に対する寛容をもたらすべきこと、それゆえ宗教的多元主義を標榜するべきものであること、これがジェームズの意見表明であった。すなわち、宗教のもたらす「生きようとする意志」や「新たな生命」は、他者や他なる生命体と共に生きるものなのである、ジェームズの意見の骨格はこれである。彼のこうした意見表明に対して、ディルタイは共感を覚えることはあっても、決して異議を唱えるようなことはなかった。

結　謎めいた老人、ディルタイのキリスト教

　本章の冒頭で述べたように、娘婿のG・ミッシュはディルタイを「謎めいた老人」と評したが、それに違わずディルタイは、キリスト教的宗教性について明確な言葉を残さなかった。その点で、彼は「新しい宗教性」を探って、さ迷いつづけたキリスト者であった。

　けれども彼が、シュライアーマッハー、エマーソンやジェームズに対する賛同的な意見を表明したことからして、彼の胸中にあった「新しい宗教性」を推察してみることはできる。すなわち、帝国主義的および科学主義的な潮流が強まり、「生の世俗化」が進行した、聖と俗との、また善と悪との識別ができない、いわゆるニヒリズムが到来するなかで、彼が目指したのは万有在神論であったし、後年A・シュヴァイツァーが唱えることになる「キリスト神秘主義」を分節化することであったと思われる。が、しかしながらディルタイもまた、万有在神論と人格神論について、また神義論についての哲学的省察を残したままであった。

第三章　謎めいた老人ディルタイ、さ迷えるキリスト者（註）

註

本文においてディルタイの文献を引用する際、下記の略号を用い、その後に頁数を記した。

GS, W. Dilthey, *Gesammelte Schriften*, Göttingen 1936-2006.

jD, *Der junge Dilthey, Ein Lebensbild in Briefen und Tagebüchern 1852-1870.* Hrsg. von Clara Misch geb. Dilthey, Stuttgart 1933.

BrY, *Briefwechsel zwischen W. Dilthey und den Grfen P. Yorck von Wartenburg 1877-1897.* Hrsg. von Sigrid von der Schulenburg, Halle/Assle 1923.

EuD, W. Dilthey, *Das Erlebnis und die Dichtung*, 16. Aufl., Göttingen 1985 (1. Aufl. 1905).

1) ディルタイの歴史意識について詳しくは、拙論「ディルタイの歴史意識」西村晧・牧野英二・船山俊明編『ディルタイと現代』法政大学出版局、2001 年、所収を参照されたい。ディルタイの危機意識については、マイネッケ『ドイツの悲劇』矢田俊隆訳、中公文庫、1974 年を併せて参照されたい。

2) G. Misch, Wilhelm Dilthey als Lehrer und Forscher, in: *Vom Lebens- und Gedanken Kreis Wilhelm Diltheys*, Frankfurt a. M. 1947.

3) ディルタイは『世界観学』において、世界観の諸類型を分類し、それらの機能を考察している。その考察が M・ヴェーバー、K・ヤスパースに与えた影響作用史については、『ディルタイ全集』第四巻、法政大学出版局、2010 年に、筆者が付した「解説」を参照されたい。

4) A・シュヴァイツァーの「キリスト神秘主義」については、『使徒パウロの神秘主義（下）』（シュヴァイツァー著作集第 11 巻）、武藤一雄／岸田晩節訳、白水社、1958 年、329 頁以下を参照されたい。

5) ルターが救い（Heil）、つまり神による人間の「義認」を、癒し（Heilung）と聖化（Heiligung）として語ったことについては、江口再起が簡明に説明している。江口再起『神の仮面 ルターと現代世界』リトン、2009 年、176-177 頁を参照。

6) Willliam James, *The varieties of religious Experience*, The modern Library, New York 1929 からの引用は、『宗教的経験』と略記しその後に頁数を記した。

7) Ralpf Waldo Emerson, *Versuche (Essays)*, übergesetzt von G. Fabricius, Hannover 1858. 引用のさい、独訳『エッセイ』と明記し、その後に頁数を記した。

8) R. W. Emerson, An Address delivered before the Senior Class in Diviniy College, Cambridge, July 15, 1838, in: *New and complete Copyright Edition of the Works of R. W. Emerson*, Vol.1, The Riverside Edition, London. 引用は、本文で、例えば「神学部講演」と論文名を挙げ、巻数、頁数を記した。「神学部講

演」、エマソン名著選『自然について』斎藤光訳、日本教文社、1996 年、所収を
参照。

9) Kant, *Die Religion innerhalb der Grenzen der bloßen Vernunft*, Philos. Bibliothek Bd.45, 7. Aufl., Hamburg 1966, S.27, 35.

10) ジェームズのアウグスティヌス読解は、ドラマティックすぎるようである。山田晶の訳文を参照されたい。「自分のうちに久しく住みついた悪いもののほうが、まだ住みなれない善いものよりも大きな勢力を、私の中でふるっていました。」アウグスティヌス『告白』II、山田晶訳、第 8 巻第 11 章、中公文庫、131 頁。

第四章
漂泊者ニーチェ、
イエスの道化師

　ルター派の牧師夫妻の長男として生まれた F・ニーチェは、父の早世に伴い、二つの大学都市ハレとライプチッヒに挟まれた邑落ナウムブルクに、母と妹と共に移住し、そこで一緒に暮らす。ボン大学、ライプチッヒ大学で古典文献学を学ぶ傍ら、ショーペンハウアー（A. Schopenhauer 1788-1860）に傾倒してゆく。1869 年には古典文献学の研究業績により、ルネサンス時代の人文主義者エラスムス（D. Erasmus 1466-1536）がいた自由都市バーゼルから古典文献学教授として招聘される。大学の同僚には、文化史家のJ・C・ブルクハルト（Burckhardt 1818-97）やプロテスタント神学者のF・C・オーファーベック（Overbeck 1837-1905）がいて、彼らの知的サロンの仲間となった。また、W・ワーグナー（Wagner 1813-83）との親交が始まったのもバーゼルであった。

　1870 年のプロシア対フランスの戦争は、ニーチェにとって一つの転機となる。近代国民国家プロシアの軍事的勝利は、軍隊組織の一様なる統制力を意味しはしても、ドイツ文化にとって活力になることでもないし、その活性化に寄与することでもないことを、看護兵として従軍した彼は感受したのだ。というのは、ニーチェによれば民族の文化とは、民族が自発的に形成し保持し、かつ改良してゆく「生のすべての表現における芸術的様式の統一」（『反時代的考察』I KSA 1.163）のことだからである。こうして彼は、近代国民国家プロシアが醸成するナショナリズムを看破したために、ドイツへの帰属意識を失うはめになったのである。

　1872 年に世に問うた処女作『悲劇の誕生』も、ニーチェにとって転機であった。それは、ギリシア神話に依って、個物を融合するディオニュソス神

と、個物を明瞭に現出させるアポロン神という二原理から、ギリシア悲劇の成立を解明しようとした野心的な作品であったが、古典文献学の域をはみ出したものとして不評を買ってしまった。現に、その作品は、ショーペンハウアーの意志の形而上学とワーグナーの音楽論を基にした論理構成になっていたのである。以後、ニーチェはいわゆる古典文献学の域を離れて、哲学の途を探ってゆく。ただし、不壊の生命を象徴する古代ギリシアの神ディオニュソスは、彼の哲学の基層にありつづける。

　1876 年にバイロイト祝祭劇場のこけら落としもまた、ニーチェにとって更なる転機となった。ワーグナーは、こけら落としの出し物として楽劇「ニーベルングの指環」を上演したが、それに参列したニーチェが目の当たりにしたのは、彼の讃える「文化」の観念とは全く異なるもの、すなわちお祭り騒ぎに興ずるだけの「教養の俗物（Bildungsphilister）」（『反時代的考察』I KSA 1.165）であった。そして翌年、ワーグナーが楽劇「パルジファル」を上演したとき、ニーチェは彼と決別せざるをえないことを悟る。なぜなら、「バイロイトの祝祭を挙行するもの全てが反時代的人間である」（『反時代的考察』III KSA 1.432）という彼のワーグナーへの賛辞は、ニーチェ自身のはなはだしい思い違いであったからである。

　それ以後ニーチェは、ワーグナー音楽を生んだ土壌というべきもの、すなわち彼が傾倒してきたショーペンハウアーを含めた形而上学やキリスト教文化に対して、繰り返し厳しい批判の矛先を向けてゆくのである。それは、ニーチェを育んできた近代プロテスタンティズムという家郷からの離脱を意味したがゆえに、彼は「漂泊者（Wanderer）」とならざるをえなかった。繰り返し頭痛と嘔吐に悩まされていた彼は、1879 年にバーゼル大学を辞職し、転地療養のため爽やかな気候を求めて、スイス、イタリア、南フランスの保養地を渡り歩いている。もちろん断るまでもなく、その漂泊は思索の旅であったし、思索を結実させる旅でもあった。

　ニーチェの旅は、1889 年 1 月 3 日に終わることになる。その日、彼は滞在していたトリノで昏倒し、バーゼルから駆けつけたオーファーベックに連れられてバーゼルへ帰り、そのまま精神病院に入院する。進行性麻痺症という診断が下された。以後、彼は、母によって故郷のナウムブルクの自宅に引

第四章　漂泊者ニーチェ、イエスの道化師

き取られたが、回復することはなかった。1900 年 8 月 25 日に逝去する。

　以上、大急ぎでニーチェの生涯を辿ってみたが、ギリシア神話のディオニュソス神とキリスト教が彼の懸案であったことは、容易に看て取れよう。その件について、彼の昏倒前後のエピソードが、一つの示唆を与えている。彼は、錯乱に陥る前年の 1888 年 11 月に、自伝『この人を見よ』を書き上げたということだが、その自伝の末尾に、「――私の言っていることがお分かりか？――十字架にかけられた者に敵対するディオニュソス……」（KSA 6.374）という言葉を記している。ところが彼は、昏倒直後、A・ストリンドベリ（Strindberg 1849-1912）からの年賀状の返礼においては、「もはやディオニュソスではないのではないか」と短く綴って、十字架にかけられた者と署名するし（BKG III/5,572）、G・ブランデス（Brandes 1842-1927）に宛てた 1 月 4 日付けの手紙でも、同じ署名を用いている（BKG III/5,573）。だが、同じ日の J・C・ブルクハルト宛の手紙においては、「私は新しい永遠のおどけ役、道化以外の選択をしなかった」という文章を記して、ディオニュソスと署名している（BKG III/5,578）。もしもそのように署名したニーチェが正気であったとすれば、「新しい永遠」すなわち「永遠回帰」を教えるツァラトゥストラを「道化（Narr）」（『ツァラトゥストラ』KSA 4.372）として描いたニーチェ自身がその「おどけ役、道化」を演じていたことになろう。ところが、そうは言いきれなくて、その逆、つまり十字架にかけられた者と署名したニーチェが彼の真意であったという選択肢がないわけではない。というのはその生涯にわたって、そもそも彼には、十字架にかけられた者とディオニュソスという選択肢があって、それらが均衡関係をなしているからである。実際ニーチェは、自らが相対立する二つの視点から自分自身を観察する能力を具えた「ドッペルゲンガー（Doppelgänger）」（『この人を見よ』への編者の註 KSA 14.472）であったとも記しているのである[1]。そうとすれば、K・レーヴィットのようにニーチェの署名について即断を下さないでおくのが、賢明な策であるかもしれない。

　「ニーチェにとってディオニュソスがキリストと混じり合うというその意味ももっているかもしれない。これら全てから何が読み取れるのか。深遠な意味か、錯乱か、無意味か。いずれにせよ『この人を見よ』の最後の言葉が、

文字通りに見えるものの半分しか明瞭でないということがわかる」[2]。

　とはいっても、十字架にかけられた者がイエス・キリストであり、ディオニュソスが古代ギリシアの神であり、これら両者がヨーロッパ精神史の二つの神性を表すことは、述べるまでもない。だとすると、ニーチェが自らを「道化（Hanswurst）」（『この人を見よ』KSA 6.365）と表明するとき、ともかく、なんらかの神性を讃える「道化」の役を自覚していたと判断しても、間違いではない。してみると、もしかすれば、その神性がキリスト教の可能性を具えており、その可能性がニーチェの激しいキリスト教批判のなかに潜んではいないか、という問いがあってもよかろう。

第一節　神の死

　ニーチェは、「道徳の大空位の時代」（『曙光』KSA 3.453）の到来をいち早く看て取った。それは、私たちのあらゆる生活規則が揺らいでいるにもかかわらず、新たな生活規則がまだ確立されていないという事態であり、だから心の虚しさだけが迫ってくるといった事態である。彼のいう「神の死」は、こうした時代の到来を告げた言葉であると言えよう。

（一）「神の死」の寓話

　ニーチェは「神の死」という事件を、『悦ばしき学問』（1882 年刊）第 125 節の「物狂いの人（der tolle Mensch）」という題で物語っている（KSA 3.480-482）。「神の死」という事件を解明するために、まずはともかく、その物語のあらすじを辿っておかねばならない。

　　物狂いの人が、或る晴れた朝に提灯に明かりをつけて、広場に走り出て、「神様はどこだ、神様はどこだ」と叫んでいると、そこに群れていた大勢の、神を信じない人びとに愚弄され、嘲笑される。すると、物狂いの人は彼らに抗弁するのである。すなわち、「われわれは神を殺してしまったのだ。——君たちと私たちがだ。われわれは皆、神の殺害者なのだ」、と。さらにまた、「われわれはどうやって神を殺したのか。どう

第四章　漂泊者ニーチェ、イエスの道化師

して海の水を飲みほすことができたのか。水平線全体を拭き取るほどの
海綿を、だれがわれわれに与えたのか。この地球をその太陽から解き放
したとき、われわれは何をしたのか」、と。だから、「われわれは無限の
無の中を流離っているのではないか」と叫ぶのである。それにしても、
神の殺害という最大の歴史的事件をしでかしてしまった人間は歴史の転
換点にいるのだ、と物狂いの人は語るのだが、やはり人びとは首を傾げ
るだけであった。その後、彼は「来るのが早すぎた」と言っては、教会
に侵入して、神の鎮魂曲を奏でた。

　これが、「物狂いの人」と題された物語のあらすじである。まさにその題
名の通り、それは十分に理解しきれない筋立ての物語である。「神様はどこ
だ」と探しているひとが、なぜ「われわれが神を殺したのだ」と抗弁するの
か。そしてまた、神を探している当のひとが、「来るのが早すぎた」と言い
ながらも、なぜ神の鎮魂の曲を奏するのか。これら一連の行動の動機を説明
する文章がないままに、人間が神を殺害したこと、人間が海水を飲み干した
こと、人間は真夜中に漂っていること、それが歴史を画する大事件だという
ことなどが、物狂いの人の発言として綴られるだけなのである。読者には、
この人の一続きの発言が判然としえないことが、まさに「物狂いの人」とい
う題にふさわしい物語であるし、実はそれが、ニーチェが工夫を凝らした
寓話（Fabel）の作法なのである。P・クロソフスキー（Klossowski 1905-
2001）によれば、物狂いの人がいうのはまさに戯言に外ならないけれども、
しかしその戯言が未来を予告し、運命を予言しているというのが寓話の作法
なのである[3]。
　物狂いの人と、広場に群れをなしていた大勢の人びととを対比してみよ
う。この大衆は、物狂いの人を愚弄し嘲笑する。それは、彼らが「神の死」
という事態を深刻に受け止められないし、受け止めなくてもよいからであ
る。彼らの姿を『ツァラトゥストラはかく語った』第一部（1883年刊）で再
現しているのが、屈託もなく現在を享受しているためにツァラトゥトラの
辻説法を嘲笑する「最後の人間（der letzte Mensch）」（『ツァラトゥストラ』
KSA 4.19）である。物狂いの人を嘲笑した大衆か、それとも最後の人間か、

91

いずれの形姿に私たちが与するとしても、私たち人間は、物狂いの人が宣告した「神の死すなわち殺害」を歴史的運命として甘受せざるをえないという危機を迎えるというわけである。

（二）神の死、すなわち神の殺害

　ニーチェは、バイロイト祝祭劇場のこけら落としに参列した連中がお祭り騒ぎに興じている振る舞いのなかに、宗教の枯渇した徴候を読み取った。それ以降、彼は鋭い文化批判を展開してゆくなかで、神の死すなわち神の殺害の理由を、ニーチェは『漂泊者とその影』（例えば KSA 2.590）や『曙光』において抉り出している。ニーチェは、こう言う。すなわち、活発に活動している人間はキリスト教を棄てているのに対して、穏健な中流階級の人間は、「よく整頓されたキリスト教を、驚くほどに単純化されたキリスト教」を維持するだけであって、「一切がわれわれにとって結局最善となるように定められた神」を崇めて、「キリスト教を穏やかな道徳主義に変えてしまった」（『曙光』KSA 3.85）、と。このように神が人間に都合のよい神になってしまうならば、そして本来、キリスト教の宗教性は人間の道徳と等しくはないにもかかわらず、近代市民社会の道徳的キリスト教になってしまうならば、その本来の宗教性は近代市民の生活規律にあうようなヒューマニズムにされてしまって、結局のところ信仰に値しないものに堕してしまうのは、必定であろう。さらにまた、そうした事態が生じてしまったとなれば、実定宗教としてのキリスト教は、瓦解したのも同然となろう。そもそもキリスト教は、超越的な神概念を基礎にして構築された一つの神学体系と、世俗の権力にも勢威を及ぼす教会制度とを具えた「一つの体系、統合的に考えられた全体的な物の見方」（『偶像の黄昏』KSA 6.114）であったにもかかわらず、それが内部から腐食し、信ずるに値しないものとなったという歴史的事態を、――神概念を社会的・制度的なメタファーとして解すれば――、その歴史的事態がニーチェのいう「神の死」であり、その体系を構築した人間に「神の殺害」が帰せられるというわけである。

　ところが、神の死すなわち神の殺害がそもそもキリスト教の道徳主義化およびその体系化に起因するとすれば、ニーチェは、その道徳主義化を却下し

第四章　漂泊者ニーチェ、イエスの道化師

て、神をめぐる別の考察をしていたと言えないだろうか。

（三）神、すなわち量りしれぬ無限

　19世紀は、神の存在の反対証明が盛んとなった時代であったし、ニーチェもその反対証明に加担している。その論法は、「今日われわれは、神が存在するという信仰が、いかにして発生したか、またこの信仰が何によってその重さと重要性を保持したか、ということを示す。これによって、神は存在しないという反対証明は余計なものとなる」（『曙光』KSA 3.86）というものである。その論法は信仰者の心理を分析する心理学的手法であり、またユダヤ＝キリスト教の歴史的系譜を辿る系譜学的手法でもあり、その分析は後に「ルサンチマン（Ressentiment）」論としてまとめられた。それについては次節で論じることにしよう。

　そもそも神の存在を論証することができるのであろうか。上述のように物狂いの人は、人間が海の水を飲み干した話をしているが、それは物狂いの人の論証であるどころか、戯言であった。だが、「どうして海の水を飲み干すことができたのか。水平線全体を拭き取るほどの海綿を、だれがわれわれに与えたのか」という戯言は、実はニーチェが彼の愛読した詩人ハイネ（H. Heine 1797-1856）から想を汲んだものであり[4]、そしてアウグスティヌスの『告白』の言葉を借用しつつニーチェなりに改変したものなのである[5]。注意すべきは、「物狂いの人」の用いた海、水平線、太陽という三つの言葉は、古来、神すなわち量りしれぬ無限を表すメタファーであったこと、それをニーチェが知らなかったはずがないということである。とすると、問題は、量りしれぬ無限についての論証も論駁も実際にできるのか、ということになる。

　神の存在証明に関して、ニーチェがハイネを介して学んだ論法は、カントにまで影響を及ぼしたアンセルムスのそれである。すなわち、量りしれぬ無限なる神は、文字通り、それ以上に大きいものが考えられないものと定義されるならば、概念として思考のうちに存在するけれども、思考のうちに存在して思考の外に存在しないとすれば、定義に反するから、神は思考されるのみか実在しているものでなければならないというのであった。アンセルムス

93

のこの存在証明が実在論的であるのに対して、思考されるものが実在だと断言するのは飛躍ではないか、という反駁が生ずる。トマス・アクィナス（Thomas Aquinas 1225頃 –1274）が、神の存在証明の唯名論的な方途を採ったことも、ニーチェが知らなかったわけがない。

　要するにニーチェはハイネを介して、実在論的あるいは唯名論的、いずれの論法も証明にも反対証明にもなりえないことを知っていたのである。そもそもアンセルムスのいう「神、すなわち量りしれぬ無限」は彼の信仰命題なのであるから、量りしれぬ無限を論証しうるかどうかという議論そのものが荒唐無稽なことであろう（アンセルムスの「神すなわち無限」については、本書の第一章第三節を参照）。それゆえ「物狂いの人」の話は、「神の死」の論証ではなく寓話なのである。もとより、寓話の技法を用いなければならなかった動機として、「神の死」を宣言せざるをえなかったニーチェの歴史的経験が潜んでいたことは疑う余地はない。

　ただし、その神が人間の尺度で道徳主義化されたものだとすれば、その概念はあまりに小さすぎるであろう。そのことを、ニーチェは自覚してはいなかったか。現に彼は、きわめて肯定的な意味で、「大海」を量りしれぬ無限のメタファーとして用いている。

　「人間が一つの汚れた川」に譬えられ、「超人はその川を受け容れうる大海」であり、人間は超人へと向かう過渡的存在であるべし、と記される（『ツァラトゥストラ』KSA 4.15）。

　この文脈では、大海は人間に飲み干されるのではなく、その逆に人間を受け容れうるものであるが、いずれにせよ海は神すなわち量りしれぬ無限のメタファーであること、しかも神の死の宣言以後も、たとえ人間が海水を飲み干した後であったとしても、海は人間を受け容れる地平として、量りしれぬ無限のメタファーでありつづける。人間は、自らの有限性を自覚すればするほど、無限なものとの隔絶を痛感するがゆえに、有限なものとの対置において無限なものを自覚すると同時に、無限なものを有限なもののように取り扱いえないことを自覚するのである。言い換えれば、無限なものは、有限なもののように限定されえない以上、無制約的なのであり、有限なものが明示的に取り扱われるときに、その有限なものの表象のうちに非主題的に覚知され

第四章　漂泊者ニーチェ、イエスの道化師

るだけなのである。しかるに海も、水平線も、太陽もメタファーとして表現されてはいるものの、それはただ量りしれぬ無限——神や世界——を非主題的に示唆するだけなのである。神の死、および神をめぐる新たな思索の試みは、ニーチェがイデア界と感性界という二世界説つまりプラトニズムの転倒を謀ったのだというＭ・ハイデガーの指摘だけでは済まないのである[6]。ただし、量りしれぬ無限が、メタファーとして、或る存在か、それとも無を示唆するのか、いずれなのかという問いには、ニーチェはまだ答えてはいない。

（四）神をめぐる別の考察

　物狂いの人が「われわれはどこへ向かって動いていくのか。夜また夜が、いよいよ深くなっていくのではないか」と呟いたように、「神の死」の宣告以後、ニーチェの見るところ、海図なき漂流が続くことになる。キリスト教の体系が瓦解する以前であれば、漂流や難破を目の当たりにした場合にも、いわゆる「摂理」信仰が支えとなりえたのである。ところが、摂理もまた証明も反対証明もできない信仰箇条であるがゆえに、ニーチェは「摂理」信仰のカラクリを暴いてしまう。すなわち、「生成する神という観念にはどんな慰めが籠っているかがわかる、神は、人類のさまざまな変転や運命のなかに次第に自らを顕して、必ずしも一切が盲目なメカニズム、意味も目的もない力相互の闘争ではないという観念である。生成の神化は……一つの形而上学的展望である」（『人間的』KSA 2.200。中略筆者）、と。要するに、災厄と愚行の繰り返しである「運命」の背後に、神的な意味や目的が隠されていると信ずるのが「摂理」信仰であったのだが、そのカラクリが無効と化したというのである。さらにまた、悪が横行するこの世界にもかかわらず、神の正義を承諾しうる「神義論（Theeodize）」も無効と化したというのである。このような無効宣言は驚くに値するものではなく、ニーチェの同時代人、ディルタイ、エマーソンやジェームズなどが真剣に受け止めた歴史的動向であった。それゆえ、この歴史的動向に目を背けてはならないが、しかし「人間たる汚れた川を受け容れる大海」（『ツァラトゥストラ』KSA 4.15）、すなわち量りしれぬ無限を探究しなければならないとするのが、神をめぐる別の考察で

95

あった。

　だが神義論が成り立たないとなれば、私たち人間の生は意味もなく、ただこの世界に繰り返しているだけとなりはしないだろうか。私たち人間の身体的生は造化の賜であるはずであるのに、ただ偶然に——しかもその偶然が不可避だという意味で必然となって——生存しているだけとなりはしないだろうか。運命に対する摂理、すなわちギリシア的な運命に対するキリスト教的な摂理という、杜撰な対立図式が壊れたとなれば、人間は自らの生存の意味について、改めて考察しなければならなくなるのではないか。それが、神をめぐるニーチェの新たな考察であった。

　その考察を告げる時が、ニーチェに到来する。「物狂いの人」という寓話を含めた『悦ばしき学問』第一版を刊行の後、1883 年から 85 年にかけて『ツァラトゥストラ』第一部から第四部を含んだ全篇が完成する。そして 87 年に、第五書を加えた『悦ばしき学問』第二版が上梓されたとき、その序文が加筆修正される。「ここに悲劇が始まる（Incipit tragoedia）——と、恐るべきでもあり恐るべきでもない書物の終わりに書かれている。この書物に用心するがよい！　何かしら途方もなく悪辣で悪意に溢れたものが見られる。ここにパロディが始まる（incipit parodia）。それは疑いを入れない……」（『悦ばしき学問』序 KSA 3.346）。先に見られたように、この第二版の序文は、『ツァラトゥストラ』の冒頭に相当する「ここに悲劇が始まる」（『悦ばしき学問』§342 KSA 3.571）に言及して、「ここにパロディが始まる」と言い換えているのである。なぜだろうか。

　1886 年に著された『善悪の彼岸』では、「道徳の束縛や妄念に囚われないで、善悪の彼岸に立ってそれを見下ろしたことのある者」、これこそは「悪循環なる神（circulus vitiosus deus）ではないか」（『善悪の彼岸』KSA 5.75）と表しているから、ニーチェは道徳的キリスト教の神概念を却下しても、そもそも神観念を否定してはいないのである。また同じ『善悪の彼岸』で、「英雄を巡って一切は悲劇となり、半神を巡って一切は乱痴気騒ぎとなる。では、神を巡っては一切が——どうなるだろうか。おそらくは〈世界〉となるのだろうか」（上掲書 KSA 5.99）と表している。ニーチェは二世界説を却下したのであるから、神と世界とか、超越と内在とかを二項対立として保持し続

96

けたわけがない。それに加えて、「汚れた川たる人間」と「それを受け容れる大海」とを区別している。そうとすれば、パロディの術に長けたニーチェが、レッシングの『人類の教育』から想を汲んで、創造的反復あるいは永遠回帰を象徴するディオニュソスを「悪無限なる神」となづけ、万有在神論の神観を採ったことは、十分に考えられる[7]。今や、ディオニュソスとキリストという論題に移るときである。

第二節　キリストの類型Ⅰ──パウロのキリスト

　健康か病気か、いずれかの兆候を看て取るのが、ニーチェの生の光学（Optik）であり、彼はその診断結果に基づいて、生の心理学的な類型（Typus）を造り出して、それを論評するというのが、シュレーゲルの文芸批評（Kritik）から学んだやり口であった。彼はそのやり口でもって、自らのキリスト論を展開したと言ってもよい。本節では、まずキリストの一つの類型を考察してみよう。

　その類型は、ハーバードの神学者 R・W・エマーソンから想を得たものであった。ニーチェは、ギムナジウムの学生時代から、エマーソンの『エッセイ』の独訳本[8]から多大の影響を受けており、生涯に亘って、それを思索の糧としているから、ディルタイにとってと同様、エマーソンは盟友とでもいうべき存在であった[9]。現にニーチェは、1882年に著した『悦ばしき学問』第一版のエピグラムには、「詩人と賢者にとって一切の事物が親しみ深く、また聖別されており、一切の体験が効を奏し、一切の日々が厳粛であり、一切の人間が神々しい」（KSA 3.343）というエマーソンの言葉を掲げている。

　ニーチェのキリスト論を論ずるうえで、エマーソンの思想的影響に触れておくのは回り道ではない。「悲劇が始まる（Incipt tragoedia）」と題された『悦ばしき学問』アフォリズム 342 番の文章（KSA 3.571）は、その翌年の 1883 年に上梓される『ツァラトゥストラ』「序文」第一節とほぼ同じ文章であるが、ニーチェは、すでに 81 年夏に、自らの思索の頂点とみなしたもの、すなわち「同一なるものの永遠回帰の思想」の着想を得たとき、『ツァラトゥストラ』「序文」第一節の冒頭部分を書き記している（1881 年早春か

ら秋「覚書」KSA 9.519)。注意すべきは、ニーチェが「永遠回帰思想の教師」（『ツァラトゥストラ』KSA 4.275）としてのツァラトゥストラという人物の類型を造ったとき、エマーソンの示唆を受けたということである。すなわち、83 年の晩夏に記した覚書において、「ツァラトゥストラ——私は同情から解放された。自分を忘れること。エマーソン 237 頁」（1883 年夏から秋「覚書」KSA 10.486）と記している[10]。ツァラトゥストラは、「隣人愛」を掲げる近代市民の社会倫理の根柢に醜い我欲を看破して、「同情としての愛のすべてよりも、さらに上にある大いなる愛」（『ツァラトゥストラ』KSA 4.275）を説く、無私の存在として描かれるのである。近代市民社会のキリスト教道徳としての利他的な「隣人愛」に対して、利己主義と利他主義との両方を超越した「大いなる愛」を抱いたツァラトゥストラ像を描くために、エマーソンが一役買ったことは、否めない[11]。

　ところがニーチェは意図的に、エマーソンの描いたキリスト像をツァラトゥストラ像と取り換える。エマーソンは、イエスについてこう言っている。「眼は、地平を形成するものに他ならない。円熟した精神の眼が、英雄や聖者の名前でもって、あれとかこれとかの人間を人間性の典型や代表にするものに他ならない。〈摂理のひと〉であるイエスは正しい人間であり、この人間について多くの者たちが一致して、こうした〔眼の〕視覚上の法則が、この人間を通してその作用を表すことを承認するのである」[12]（〔　〕内挿入筆者）。エマーソンがイエスという無私の存在に「円熟した精神」を見ていたのに対して、ニーチェは、ツァラトゥストラの方が「円熟した精神の眼」（1878 年夏「覚書」KSA 8.538）を具えていて、アブラハムのように生・死に通暁した大人であり、その対立像としてイエスの「早すぎる死」を描く。

　「彼——ヘブライ人イエスは、まだヘブライ人の涙と憂愁、ならびに善にして義なる者たちの憎しみしか知らなかった。そこで、死への憧憬が彼を襲ったのだ。……彼はあまりに早く死んだのだ。もし彼が私の年齢まで生きていたなら、彼はみずから自分の考えを撤回していたであろう！　彼はそういう撤回をなしうるほど高貴であったのだ」（『ツァラトゥストラ』KSA 4.95。中略筆者）と。

第四章　漂泊者ニーチェ、イエスの道化師

　この文脈では、イエスは、本来「高貴」な存在であるにもかかわらず、祖国を失い苦難を強いられた古代ユダヤ民族の怨念と復讐とを引き受けたために磔にされたし、イエスの教えはそうしたユダヤ民族心理を映し出したものだというのである。ところがニーチェは、実はこれは使徒パウロの造り出したイエス像だと言う。この像を、キリストの類型Ⅰとなづけて、ニーチェの言説を追考してみよう。

　周知のようにイエスは、「神の国」の到来を宣べ伝えた。これが彼の福音であって、「根源的キリスト教」となづけられる。ところが使徒たちは、「神の国」の到来に待ちくたびれてしまったため、イエスの死後、彼を「救い主、キリスト」と解し、イエスが十字架刑に処せられた所以は、人間の罪を贖うための犠牲であった、と解したのである。こうして原始キリスト教会が宣教活動を拡げていったのだが、これが「歴史的キリスト教」であり、パウロはその最大の功労者であった。ところがニーチェは、それを「パウロのキリスト教」（『反キリスト者』KSA 6.192）として、イエスの福音つまり根源的キリスト教から区別するのである。すなわち福音ではなく「最大の禍音」であったし、「パウロのうちには、〈福音を宣べ伝えた者〉の反対類型が、憎悪の、憎悪の幻想の、憎悪の呵責なき論理の天才が体現されている」（上掲書KSA 6.213）、と。

　パウロがイエスを「キリスト」として崇め、罪と罰、復活、天国と地獄といった古来の概念を駆使した動機を、ニーチェは、異民族、ことにローマに対する怨念と憎悪というユダヤ民族の精神病理のうちに探っている。なぜなら、苦難の生にあるユダヤ民族は、「この世」が無価値となってしまった以上、「彼岸と不死への信仰」が必要であるし、その彼岸でもってこの生を「殺す」ことによって、栄華を誇るローマに対する「復讐」を遂げることができるからである（『反キリスト者』KSA 6.246-247）。

　上述のようなパウロ批判と密接に繋がっているのが、ニーチェが『道徳の系譜』で論じた「ルサンチマン（Ressentiment）」論である。ニーチェによれば、人間の類型は二つあって、一方に、自らの生に対して肯定的な「品位のある」心根の者がいて、その「貴族道徳」があり、他方に、自らの生に対して否定的な「卑しい」心根の者がいて、その「奴隷道徳」がある。奴隷が

99

自らを肯定するには、自分でないもの、つまり貴族に対して「否定」を言うことによるが、しかし現実の否定ができないために、想像上の復讐によってその否定を行使せざるをえない以上、価値を転倒させるのである。そして、この世の価値に対して、それよりも優れたあの世の価値を有する者が、自分たち奴隷に外ならないとする。このような想像上の復讐が「ルサンチマン」（『道徳の系譜』KSA 5.270）である。こうした「ルサンチマン」に心理的根拠をもつのが、ユダヤを出自とする歴史的キリスト教の歴史的系譜であり、パウロの「キリスト」はその系譜のうちにあるというのである（上掲書 KSA 5.268）。

　ニーチェはパウロのキリスト、つまりキリストの類型 I を肯んずることができなかった。ニーチェにとっては、キリストは「ルサンチマン」に全く対立する存在、つまり「高貴」な存在であって、人間の身体的生を労りはしても、憎む存在ではなかったからである。

第三節　キリストの類型 II
―― ドストエフスキーのキリスト

　ドストエフスキーは、「この世でただ一人本当に美しい人はキリストです」と述べて、それを描いた小説『白痴』を 1868 年の『ロシア報知』に連載したとき、その主人公ムイシュキン公爵を、てんかん持ちで知能の発達が遅れていて、そのうえ世間知らずのお馬鹿さんだが、誰にでも好かれる善人として描いた。ヨーロッパ文学のなかでは、『白痴』が自己分裂に苛まれながらも健気に生きる愚者の系譜に含まれることは、論を俟たない。

　ところでニーチェは、『白痴』や『悪霊』のなかに作家の秀でた小説技法を認めえたから、ブランデスに宛てた 1880 年 10 月 20 日付けの手紙に「私はロシアの小説、ことにドストエフスキーが私の心を最大限に和ませるものとみなしています」（BKG III/5,456）と記す。ブランデスが、「ドストエフスキーは大芸術家ですが、人好きのしない奴で、感情生活においては完璧なキリスト教徒です、と同時にまさにサディストです。彼の倫理性は、貴方が奴隷道徳と記したものそのものです」（BKG III/6,353）と、ニーチェに宛てて

第四章　漂泊者ニーチェ、イエスの道化師

11月16日付けの返信を送ると、早速ニーチェは11月20日に、「私は貴方のドストエフスキー評価に無条件に同意しますが、私の知るに値する心理学的資料として彼を評価していますし、その点で私は彼に感謝しています。しかし彼は、私の最も深い本能からして嫌悪を覚えています」(BKG III/5,483)と答えている。ニーチェは、ドストエフスキーがサディズムに病んでいるからこそ、人間存在に潜む悪を剔出しえたのだとみて、「私が何かを学びえた唯一人の心理学者だ」(『偶像の黄昏』KSA 6.147)と評価を下した。しかし両者の間には、なにか本能的に相容れないものがあって、それが「キリストの心理学的類型」に現れているに相違ない。

　ニーチェは、ドストエフスキーの「白痴 (Idiot)」に言及している。すなわち、「キリスト教が可能であり、一人のキリストがいつでも現れることのできる世界に生きた唯一人の心理学者を、私は知っている……それはドストエフスキーだ。彼はキリストを言い当てたのだ。——本能的に彼はとりわけ、キリストの類型をルナンの下品なやり方で想像することから護ってきたのだ。白痴であったキリストから天才が創られたとしたならば、これほどに酷い誤解はありえない」(1888年早春「覚書」KSA 13.409)、と。ルナン (J. E. Renan 1823-92) がその『イエス伝』(1863年) でキリストを「天才」の類型で描いたのに対して、ドストエフスキーはキリストを「白痴」の類型で描いたことにより、キリストを「言い当てた」というわけである[13]。ニーチェにおいては、「白痴」の位階が「天才」よりも、あるいは英雄よりも上であることは、容易に察せられる。

　ニーチェは、ドストエフスキーの描く「白痴」から想を汲んで、「キリストの心理学的類型」を「デカダンスの類型」とみなす。つまりキリストは、デカダンであったがゆえに、「崇高なもの、病的なもの、子供らしいものの混淆からうける感動的な刺激を感受しうる人」(『反キリスト者』KSA 6.202)であったという。ニーチェは、病者、弱者、愚者を、それにまた「はなはだインド的でない土地に現れた仏陀」までも「デカダンスの類型」に含めている。端的にいえば、生の衰退を示す兆候は、すべてデカダンスと診断されるのである。とはいってもニーチェは、「デカダンスの類型」をただ否定的にのみ評価しているのではない。一方で「デカダンスの類型」は、生の衰退の

101

症候のゆえに、他なるものに対して自らを誇示する力をもっていないものである。それゆえその類型は、伝統的にキリスト教会が宣伝してきたキリスト、つまり栄光に包まれた凱旋者、世界の審判者、人類の救世主といった類型の対極に置かれるわけである（上掲書 KSA 6.203）。それゆえニーチェによれば、キリストの「悦ばしき福音」は、「もはやなんの対立もないこと、天国は幼児のものであり、信仰は現にあり、初めから、いわば精神的なものへと後退した子供らしさ」（同上）なのである。要するに「幼児」と同じくキリストは、なんの対立をも感じさせないがゆえに、人間のみか生きとし生けるものを和ませる存在である。「デカダンスの類型」が無闇に否定されてはならない一面がこれである。

　しかし「もはやなんの対立もない」という状態は、私たち人間の身体的生にとっては、完全な忘我の境地か、それとも死か、いずれにせよ生のいわば零度の点であろう。それゆえ崇拝されるべきものへと粗雑に翻訳されてしまって、人間的に理解できるものになってしまうのである。にもかかわらず、ドストエフスキーのいう「白痴」のキリストは、その幼児性とは似ても似つかぬレッテルを貼られても、それを否定することは決してしないのである。このように「白痴」の類型、つまり「デカダンスの類型」は微妙なニュアンスの違い、つまり差異を拭い去ってしまうがゆえに、ニーチェは、ドストエフスキーに対して「遺憾の思い」（『反キリスト者』KSA 6.202）を記したのである。

　以上のように、ニーチェはドストエフスキーのキリスト、つまりキリストの類型Ⅱを肯んずることができなかった。なぜならそのキリストは、生きとし生ける者を和ませはしても、つまり人間の身体的生を愛し、かつ救う程の、生の兆候を示しえないからである。

第四節　キリストの類型Ⅲ——ニーチェのキリスト

　ニーチェによれば、イエスは神の国の到来を伝えたし、今ここでそれが到来していることを伝えた。だからニーチェは、「神の国は君たちの裡にある」（『反キリスト者』KSA 6.200）と言い、また「神の国はなんら待望されるもの

ではない。……それは心における経験である。それは、どこにでも現存し、どこにも現存しない」（上掲書 KSA 6.207）と言う。「どこにでも現存し、どこにも現存しない」というのは矛盾した論理であるが、今それは不問にしておこう。ともかくニーチェの真意は、イエスが神の国の到来と現存を、自らの言行で表したこと、その言行こそが「悦ばしき福音」であり、それが「唯一の実在性」（上掲書 KSA 6.205）だということにある。

「キリストの生涯はこうした実践以外の何ものでもなかった、──彼の死がまたこれ以外の何ものでもなかった……、福音的実践のみが神へと導くのであり、この実践こそ〈神〉である！」（同上）

さらにニーチェは、「十字架上でのキリストの態度」が、すなわち受難のキリストが「福音的実践」を生きたキリストの生涯を証していると記す。すなわち、「彼は、彼に悪を加える者たちとともに、この者たちのうちで、祈り、苦しみ、愛する……防禦せず、立腹せず、責任を負わせず……そうではなく悪人にも反抗せず、──悪人を愛する……」（『反キリスト者』KSA 6.207-208）、と。とすれば、キリストを貴族とも奴隷ともなづけてはならないであろうが、あえてニーチェの「ルサンチマン論」の図式に則って「十字架上のキリストの態度」を見てみれば、キリストは、何事も他人の責任にする「ルサンチマン」なる存在の域に収まらないわけである。それどころか、キリストが自らの意志でもって「悪人を愛する」以上、上述の「白痴」と同一の存在ではありえない。それどころか、善悪の区別に依拠するのが道徳であるかぎりは、悪が悪であるにもかかわらず、悪人を赦し、かつ愛するばかりか、悪が悪であるがゆえにそれを赦し、かつ愛するというのは、善悪を超えていることになる。それゆえ、「愛よりなされたことは、つねに善悪の彼岸に起こる」（『善悪の彼岸』KSA 5.99）とニーチェは言いえたのである。

生の漲る力のゆえに、自らの生を虚しくして、他なる者を、それゆえ悪人をも愛することができる「十字架上でのキリストの態度」は、自らを無化（kenosis）する行為であったし、それでこそ「キリスト」として讃えられるわけである。ニーチェのキリスト、つまり根源的キリスト教はこれである。これがキリストの類型Ⅲとなづけられる[14]。

「私はキリスト教の本当の歴史を物語る……根本において唯一人のキリス

ト者がいただけであって、その人は十字架で死んだのだ。……唯々キリスト教的実践のみが、十字架で死んだその人が生きぬいたと同じ生のみが、キリスト教的なのである」（『反キリスト者』KAS 6.211。中略筆者）。

　こうしてニーチェは、根源的キリスト教と歴史的キリスト教を区別したうえで、再三再四、歴史的な実定宗教としてのキリスト教とその歴史を糾弾する。上述のキリストの類型Ⅰのように、「キリスト教史とはキリストの〈福音的実践〉を誤解し、かつその誤解を積み重ねてきた歴史であった」（『反キリスト者』KAS 6.209）と言って憚らない。

　そうだとすれば、「根源的キリスト教」の実在の可能性は無いも同然であろう。ところがニーチェはそうは思っていないのである。「今日なおそうした生は可能であり、或る種の人たちにとっては、そのうえ必然的でさえある。真正のキリスト教、根源的キリスト教は、いつの時代においても可能であるであろう……」（『反キリスト者』KAS 6.211）。では、キリストの生が可能であるような「或る種の人たち（gewisse Menschen）」とは、どういう類の人たちであろうか。生の漲る力を具えながらも、自らを虚しくして他なるものを、しかも悪人をも愛する、とただ唱えるだけならば、それは易しい。しかし、身の危険を顧みずにそれを「福音的実践」としておこなうことは、〈易しい所業〉では決してない。さらにまた、「ルサンチマン」の卑しい心根の者とか、赦され愛される悪人は、「或る種の人たち」から除外されるのであろうか。否、ニーチェの讃えるキリストの愛が「善悪の彼岸に起きる」かぎりは、根源的キリスト教は「品格」のある心根の者とともに、「卑しい」心根の者をも許容できるものではないだろうか。そうとすると、キリストの愛が善人をも悪人をも包みこむことになって、キリストおよび根源的キリスト教は、上述のような「悪循環なる神」を象徴するディオニュソスと重なることになるのであろうか。

　以上のように、ニーチェのキリスト、つまりキリストの類型Ⅲは、大いなる愛を与える存在である。だがしかし多々、問いは残されたままである。

第四章　漂泊者ニーチェ、イエスの道化師

第五節　ディオニュソス

　錯乱に陥る前年の 1888 年、ニーチェは「ディオニュソス」あるいは「ディオニュソス的なもの」についての長年の思索を、簡明な四つの命題の一つとして言い表した。

> 「第四命題。世界を〈真の〉世界と〈仮象の〉世界に分けるのは、デカダンスの一暗示にすぎない、——下降する生の一症候にすぎない……芸術家が実在性よりも仮象を高く評価するのは、この命題に対するなんの異議にもならない。なぜなら〈仮象〉はここではもう一度実在性を意味し、実在性は選択、強化、修正をうけたにすぎないからである。……悲劇的芸術家はどんなペシミストでもない、——彼はすべての疑わしい恐るべきもの自体に対しまさに然りと断言する、彼はディオニュソス的である……」（『偶像の黄昏』KSA 6.79）

　芸術作品が、真実在を再現した「仮象」であるにせよ、しかし「仮象」としての「実在性」を具えていることは、だれも否定しはしない。だがニーチェは、真実在と仮象との二項対立を脱構築して、生のすべてが仮象だとみなしたうえで、その生を肯定しようとするのである。こうした生肯定を特徴づける類型が、「ディオニュソス」や「ディオニュソス的」となづけられる。それゆえ右記の命題で、悲劇的芸術家が疑わしい恐るべき生を肯定するならば、彼は「ディオニュソス的」と特徴づけられるのである。キリストと同様、ディオニュソスも類型であることは、記憶に留めておかねばならない。

（一）ディオニュソスの類型——諸情動の象徴像

　そもそも「仮象（Schein）」という言葉は、輝きとか現われとかばかりか、誤りをも意味しているため、真実在と仮象という対立図式や、それを拡大した二世界説の図式に従って、神的で永遠なる叡智界に対して、偽りに満ちた移ろいゆく現象界を指すものとして用いられる。この図式が、いわゆるプラトニズムに外ならない。ところがニーチェは、このプラトニズムの二項

105

図式が無効と化したと言う。なぜなら「神の死」の宣告は二項図式の一方の項、つまり真実在、叡智界の無効を指す以上、残された他方の項、つまり仮象や現象界は真に対する偽、本体に対する現われという、伝統的プラトニズムの意味内容を失ってしまうからである。とすれば、本体なき仮象は、真実在や本体の対立項としてではなく、だから真に対する偽という意味をもたずに、それ自身として、変転して止まない現象独自の実在形式を具えていることになる（『偶像の黄昏』KSA 6.81）。このようにニーチェは、仮象それ独自の実在形式を承認するにことになるが、その承認は仏教の空の論理にきわめて近いと言えよう[15]。

　当然ニーチェは、プラトニズムの二項図式に替わる真・偽の判断基準を示さなければならないがゆえに、〈衰退か、それとも高揚か〉という従来の生の光学をより緻密に仕上げることになる。それが彼の「力への意志」という仮説である。生の衰退も昂揚も、生の力の兆候とみなされ、その兆候の根源として多数の「情動（Affekte）」や「力（Kräfte）」が仮説として立てられる。だから「力への意志」説は、彼が生を新しく解釈する実験的な「試み」（1885年秋から1886年秋「覚書」KSA 12.94）なのである。

　繰り返すまでもなく、ニーチェからすれば、真実在と仮象の対立図式は脱構築されたがゆえに、素朴実在論の意味での「事実」はなくて、すべての事象が人間的に「解釈」されたものであり、人間的な「価値づけ」を帯びたものである（1886年末から1887年早春「覚書」KSA 12.315）。そして「力への意志」がそうした解釈の主体だという仮説が設定されるがゆえに、まさに「価値評価」をおこなうもの（1887年11月から1888年3月「覚書」KSA 13.45）だとみなされるわけである。

　ニーチェは、生の光学に照らして「価値評価」の論を進める。すなわちどの生命体も、自らの生の衰退を防ぐための「保存」の条件と、自らの生の昂揚を増進するための「上昇」の条件とを不可避とするし、それら二つの条件の下でのみ生は自同的（selbig）でありうるというのである。「価値の観点は、生成のなかにあって比較的持続性をもった生命の複合体に関する、保存の条件、上昇の条件についての観点である。」(1887年11月から1888年3月「覚書」KSA 13.36)

こうして生の深層は、「生命の複合体」を生む造化の働きであるにせよ、しかし諸情動の葛藤であり、形相なきカオスであるが、生の表層は、つまり「生命の複合体」の形態は比較的に自同性を維持しているのである。生命現象は、個々のものが同一なのではなく、常に差異を孕んだ反復である。それゆえ生の兆候の「類型」が造られるのである。その類型は、深層からみれば「情動のモルフォロギー」（1886年夏から1887早春「覚書」KSA 12.244）に外ならない。ただしニーチェにおいては、その深層は類型の原型を意味するのではないのである[16]。

（二）ディオニュソスの類型——永遠回帰の象徴像

ニーチェは、ギリシアのディオニュソス神話から想を得て、差異を孕んで反復する生の類型として、永遠回帰の象徴するディオニュソス像を造った。

第一に永遠回帰思想は、ニヒリズムを意味している。「存在の永遠の砂時計は、何度も何度も巻き戻される——それとともに塵の塵であるお前も同じく！……なにをするにも必ず、〈お前は、このことを今一度、否何度も欲するか〉という問いが、最大の重しとなって君の行為にのしかかるだろう！」（『悦ばしき学問』KSA 3.570。中略筆者）。

ニーチェは永遠回帰思想を、従来のユダヤ＝キリスト教的終末論に対置している。すなわちこの終末論が、予め設定された究極目的つまり「神の国」へと向かって直線的に進む歴史思想を裏付けていたのに対して、永遠回帰思想は、「神の死」の事態に対応して、終末論的な直線的歴史観を却下して、究極目的のない、それゆえその目的によって統一づけられないし意味づけられない偶然的な存在が循環するという歴史思想である。それのみか、永遠回帰思想はニーチェやブルクハルトにとっては、卑小で、しかも劣悪な個々の存在も、さまざまな災厄も、また人間の卑劣な愚行も回帰してくるという世界史的経験であった[17]。

永遠回帰思想は、確かに一面で「ニヒリズム」（例えば『反キリスト者』KSA 6.172）を表明している。とは言っても、人間の生は単なる諦念で終わらざるをえないわけでも、あるいは必ず自死に追い込まれるわけでもなかろう。というのも、生は生きるに値しないという論理が成り立つならば、生が死に

値しないという論理も成り立つからである。実際、永遠回帰思想によれば、生が自同的に反復する以上、それぞれの瞬間は同一の類型を備えており、或る瞬時の「快楽」の肯定は別の瞬時の「苦痛」の肯定であるし、その逆もあるわけである。ここで人間は、パスカル（B. Pascal 1623-1662）の賭けの場面とでもいうべき、永遠回帰の存在経験から決断への跳躍の場面に至っているのである[18]。それは、永遠回帰の存在経験を運命として引き受ける行為、「かつてそうあったし今もそうある通りのままで、繰り返し持ちたいと欲する」（『善悪の彼岸』KSA 5.75）し、「あったところのものを全て——創造的に救済する」（『ツァラトゥストラ』KSA 4.254）という運命愛である。そして、こうして繰り返される人生の芝居を必要とする者が、「これこそは——悪循環なる神ではないか」（『善悪の彼岸』KSA 5.75）と記される。神が贈与者であり、生きる者すべてが贈与される者であるとすれば、たとえ両者が均等な関係ではないにせよ、贈与者には、その贈与を感謝する受容者がいなければならない。つまるところ永遠回帰を象徴するディオニュソスの類型は、「悪循環なる神」であるがゆえに繰り返し贈与者であるし、「未来の種をまく者」（『ツァラトゥストラ』KSA 4.254）を孕む神でもあるわけである。

　それならば、一体ニーチェは、キリスト教の神観になにを望んでいたのか。「矜持ある民族は、犠牲を捧げるために神を必要とする……宗教は、そうした前提の範囲内では、感謝の一形式である。人は自分自身に対して感謝するのであり、そのためにこそ神が必要となる。……自然に反して神を去勢して、単に善のみの神とすることなど、ここでは全く望ましくもないことであろう。悪しき神は善き神と同様、必要である。人は自分の生存のお蔭を、まさしく寛容に、博愛に負っているのではない……激怒、復讐、嫉妬、嘲笑、奸策、暴行を知らない神に、何の関わりがあろうか？」（『反キリスト者』KSA 6.182。中略筆者）。

　第一節で述べたように、「神の殺害」という事件が生じたのは、神が道徳化され、ひいては人間化された揚句が、神は何のありがたみもなくなったからであった。だからニーチェは、神の人間化ではなくその脱人間化、つまり自然化が重要であり、それが成就したとき、ヨブが対峙した後に感謝したような神観が再生する。その神は、善いものも悪いものも産む造化の神であ

り、それゆえに人間の犯す悪行に対して怒ると同時に悲しみもするのである。だが人間からみれば、なぜ、なんのために災いが生起するのかが理解できないがゆえに、善と同時に悪があるのは偶然的であって、しかも不可避的な事態なのである。神議論の成立しない域に出来している事態がこれである。こうした意味での偶然即必然を「運命愛」として受容できるということ、それがニーチェの望む神観なのである。こうした神観が再生するとき、ディオニュソスとキリスト教の神は対立してはいないと言うのである[19]。

第六節　キリストとディオニュソス

　ニーチェのキリスト、つまりキリストの類型Ⅲは、善悪の彼岸に立って、悪人をも愛するという「福音的実践」を全うした者であったし、ディオニュソス神は、自同的に反復する生を象徴する類型として、偶然なる瞬間を肯定して、「未来の種をまく者」を孕む者であった。それゆえ両者はともにヨーロッパ精神史において、未来へと切り開く道標の務めをはたす〈到来する神〉とみなされてきた。それはさておきニーチェが、キリストをもディオニュソスをも「類型」として解していたことに、今ここで注目しなければならない。

　そもそも類型は発見的かつ史的機能を持っており、私たち人間の歴史的な身体的生を形相的に可視化すると言ってもよい。それが類型の強みである。しかしながら類型はその身体的生を源として形成されたにもかかわらず、その生は原型とはみなされえない。生は可視的な類型のように、可視的ではありえないのである。それゆえ類型は生の根源へと遡行し得ないものである。類型は、形相なきカオスつまり見えざるものの可視的ないわば徴という意味で象徴だと言ってもよい。これが類型の強みと弱みである。これはディオニュソスあるいはキリストの類型に関しても、変わらない。それらの類型に照らして、どれがまさしくキリスト的であるか、どれがディオニュソス的であるかを識別したり、歴史的な個々のものを陳列し配列したりすることもできる。そうして、陳列され配列されたものの時間的な前後関係は、因果的ではなく類比的なのである。例えばブルクハルトが、古代ギリシアのまさにギ

リシア的なものをルネサンス文化のなかにも発見した場合、その発見はそれら文化間の因果関係ではなく、類比関係を指しているのである。そのとき、祖型が繰り返し現れていると解するであろう。ただし、私たち人間がその祖型を積極的に受容し、かつ護持するという能動的な活動があってはじめて、繰り返し祖型が現れるのである。だからそれは創造的である。そのような回帰は、ブルクハルトが「永遠なものがそのつど持続してゆく」といった意味で、そしてニーチェが「反復はギリシア人のあいだで〈回想〉と呼ばれていた」といった意味で、創造的反復と言い換えられてもよいであろう[20]。そしてその創造的反復の運動のなかで、私たち人間は「新しい人間」へと甦るという可能性に恵まれるであろう。その可能性に賭けることが、ニーチェにとってのパスカル的な賭けであった。

　ニーチェの系譜学は、上記のような類型的な考察なのである。永遠回帰思想が、私たちの間での生のなにからなにまで同一に繰り返し生起するといった輪廻を指しているのではなく、一例を挙げるならば、ローマ帝政末期のキリスト教徒虐殺という出来事と宗教戦争におけるプロテスタント虐殺という出来事とが人間の悪行の繰り返しを指しているのである。それゆえニーチェがキリストの類型に照らして、「キリスト教はいつでも可能であるだろう」と言っても、あるいは「悪循環なる神」を述べても、言明の形式面ではなんの矛盾も来してはいないわけである。だとすれば、ニーチェの胸中においては、「十字架にかけられた者とディオニュソス」とは、たがいの傍らに寄りそう関係にあったと推察できよう。

　しかしながらニーチェの生の光学によれば、劣悪な生もまた繰り返し生起するのである。否、生起しなければならないのである。なぜなら、その劣悪な生がいわばキリストの相方として現前してはじめて、その当の劣悪なる生をも愛するという「福音的実践」をキリストは全うするのであるからである[21]。それゆえ根源的キリスト教が「いつでも可能である」にしても、その実現は、ソロモンの栄華を望むどころか、受難のキリストの業たることを望む、わずかな人びとの〈交わり（Geselligkeit）〉においてであると言えよう。

110

第四章　漂泊者ニーチェ、イエスの道化師

結　イエスの道化師、ニーチェ

　ディオニュソスとニーチェのキリストとは相寄りそう関係であった。とすれば、ニーチェが自らを「道化」(『この人を見よ』KSA 6.365)だと表明したとき、彼はディオニュソスのみかキリストをも引き立てる「道化」の役を自覚していたのだと言ってもよかろう。端的にいえば、ニーチェはイエスの道化師であった。

　してみると、ニーチェのいうイエスの宗教、つまり「根源的キリスト教」は、重い課題を引き受けていたことになる。すなわちその課題とは、(α)実体および真実在というプラトニズムを脱構築したうえで、(β)それにまた、ギリシア的運命とキリスト教的摂理、必然と偶然といった、ヨーロッパ精神史における二項図式を脱構築したうえで、レッシングの顰にならって万有在神論を諒としながら、私たち人間の身体的生と自然環境との両方を包む世界という場、言い換えれば生きとし生ける者の造化の場を問いに値するものとして引き受けるということなのである。

111

註

ニーチェからの引用は、F. Nietzsche, *Sämtliche Werke Kritische Studienausgabe* を KSA と略記し、また、ニーチェの往復書簡からの引用は、Nietzsche Briefwechsel, Kritische Gesamtausgabe を BKG と略記し、本文において、その巻数と頁数を記した。

1) 清水真木『岐路に立つニーチェ』法政大学出版局、1999 年、16 頁を参照。

2) K. Löwith, *Der Mensch inmitten der Geschichte*, Stuttgart 1990, S.302.

3) P・クロソフスキー『かくも不吉な欲望』大森晋輔・松本潤一郎訳、河出文庫、2008 年、210 頁を参照。

4) H. Heine, *Zur Geschichte der Religion und Philosophie in Deutschland*, Hrsg. v. J. Ferner, Stuttgart 1997, S.63, 101, 149 を参照。ハイネは、アウグスティヌスからアンセルムスを経て、デカルト、カントに至る「神の存在論的証明」の系譜を記して、その証明も反対証明も成立不可能であることを論じている。E. ビーザーがハイネのニーチェへの寄与について詳述している。E. Biser, *Nietzsche Zerstörer oder Erneuerer des Christentums?* Darmstadt 2002, S.114 を参照されたし。デカルトからカントに至る宇宙論的証明の系譜については、W. シュルツの考察が一考に値する。W. Schulz, *Der Gott der neuzeitlichen Metaphysik*, 6. Aufl., Pfullingen 1978 の、ことに第三章をも参照。

5) アウグスティヌス『告白』II、山田晶訳、中公文庫、第 7 巻第 5 章（19 頁）を参照。「ちょうど海が、いたるところにおいて、どちらをむいても、はかりしれない領域にわたり、ただ無限の海ばかりでありながら、みずからのうちに好きなだけ大きな海綿をふくんでいる、海綿はしかし有限であって、あらゆる側面から無量の海にみたされているようなものだと考えたのでした。」

6) ニーチェの思想がプラトニズムの転倒だというハイデガーの言説は、M. Heidegger, Nietzsches Wort „Gott ist tot", in: *Holzwege*, 4. Aufl., Frankfurt a. M. 1950, S.199 を参照。

7) ニーチェは、レッシングの『人類の教育』のなかにユダヤ黙示文学の意味合いをも感知した「メモ（6）」（1880 年末「覚書」KSA 9.345）を遺している。その意味合いとは、生の究極的な聖化に関するものであったと推測してよかろう。

8) Ralpf Waldo Emerson, *Versuche (Essays)*, übergesetzt von G. Fabricius, Hannover 1858.

9) 「エマーソン　私が褒めてはならない、あまりに私の身近にいるのだという程に、私はその書のなかにいるし、私の家にいると感じてしまう」という 1881 年秋の「覚書」（KSA 9.588）を参照。

第四章　漂泊者ニーチェ、イエスの道化師（註）

10) エマーソンの『エッセイ』独訳本の当該箇所は、下記の通り。「私たちが飽くなき欲求で得ようとする一つのことは、私たちが自分を忘れ、自分自身に驚き、自分の永劫の記憶から解放され、そして何故にとか、如何にしてとかの問いに的確に答えずに行うことであり、一言でいえば、私たちが新たな影響を及ぼすことである」(R. W. Emerson, *Versuche (Essays)*, S.237)。

11) 1878年夏に、彼の『エッセイ』(R. W. Emerson, *Versuche (Essays)*, S.331) から、「真実の生は冷ややかで、そのかぎりで悲哀に満ちている、しかし涙の奴隷ではない」(1878年夏「覚書」KSA 8.540) という文章をニーチェは抜き書きしている。

12) R. W. Emerson, *Versuche (Essays)*, S.328.

13) ヤスパースは、ニーチェのいう「白痴」がドストエフスキーの『白痴』と関連しているのか否か、疑わしいと述べている。それは一考に値する指摘である。K. Jaspers, *Nietzsche und das Christentum*, München 1946, S.20-21.

14) 生の漲る力のゆえに、他者を愛しうるというニーチェをM・シェーラーは継承している。M. Scheler, *Vom Umstuz der Werte*, 5. Aufl., München 1972, S.76-77. 『シェーラー著作集』第四巻（上）、白水社、1977年、111-117頁。

15) 矢島羊吉『ニヒリズムの論理』福村出版、1975年、69、215頁を参照。ちなみにニーチェは、反プラトニズムということでは、「一切の現存が〈意味〉を失った後で、否をおこなうのが、仏教のヨーロッパ的形式である」(1886年夏から1887年秋「覚書」KSA 12.216) といって、仏教の生肯定を評価している。

16) G. Deleuze, *Nietzsche*, Paris 1971, p.35. および村井則夫『ニーチェ 仮象の文献学』知泉書館、2014年、309頁を参照。

17) アウグスティヌス以来の弁神論やヘーゲル歴史哲学に抗するブルクハルトの考察方法を参照。ブルクハルト『世界史的考察』新井靖一訳、ちくま学芸文庫、16頁。

18) ニーチェとパスカルの親縁性は、二つ挙げられる。すなわち、（一）「幾何学の精神と繊細な精神との区別」に依って、知から信への飛躍の可能性ということ、（二）「イエスへの帰依」の経験ということである。B. Pascal, *Pensees*, Classiques Garnier, 1964, §1, §4, ことに §548 では「私たちは、ただイエス・キリストによってしか神を知ることができないばかりか、またイエス・キリストによってしか私たち自身を知ることができない。私たちはイエス・キリストによってしか、生と死を知ることができない」と記されている。

19) カトリック神学者の門脇佳吉が、現代の聖書学がディオニュソス信仰を高く評価している事情を報告している。門脇佳吉『身の形而上学』岩波書店、1994年、第二章を参照。また、神話学者のジュゼッペ・フォルナーリが『創世記』の生命の樹とディオニュソス神話との類似関係を論じている。ジュゼッペ・フォルナーリ「過ちの樹」ルネ・ジラール他著『カインのポリティック』内藤雅文訳、法政大学出版局、2008年、328頁を参照。また、M・フランクは、イエスとディオニュソスを

「到来する神（der kommende Gott）」として西欧精神史において親縁関係にあったことを論証している。M. Frank, *Der kommmende Gott, Vorlesungen über die Neue Mythologie*, Frankfurt a. M. 1982. 殊にその第 11 回講義を参照。

20) K. Löwith, *Jacob Burckhardt*, Stuttgart 1966, S.309. および K. Löwith, *Nietzsches Philosophie der Ewigen Widerkehr des Gleichen*, Stuttgart 1956, S.176.

21) G・ドゥルーズもまた、ディオニュソスとキリストとの統合を論じているが、しかし永遠回帰を「選択する反復」と解したために、劣悪な生の反復的回帰を認めない点が、彼の解釈の弱点である。G. Deleuze, a.a.O., p.40, 45.

第五章
近代市民ウェーバー、
アジア的キリスト者

　マリアンネ・ウェーバーは、彼女の著した伝記『マックス・ウェーバー』のエピグラムとしてR・M・リルケ（Rilke 1875-1926）の詩を掲げたが、それは、リルケが1899年9月20日から10月14日にかけて創作して、『時禱集』第一部「僧院生活の書」に収めた詩のなかの第二連と第三連である。そもそもエピグラム（Epigramm）がギリシア語の刻文（epigramma）を語源とする碑文を意味することから推し量ってみるならば、彼女は、夫マックス・ウェーバー——本書では、従来の表記でウェーバー——の生涯を「聖マックス」として顕彰するために、それに相応しいものとしてリルケの詩を選んだのだと推測してもよかろう。というのもウェーバーは、G・ゲオルゲ（George 1868-1933）やリルケの詩集を座右に置いていたばかりか、常々、リルケの詩を人前で朗読してもいたからである。「僧院生活の書」に収められた詩のすべてを挙げてみよう。

　　それは私が異国の本で読んだ／ミケランジェロの生涯だった／それは度はずれに大きな／巨人であり／測りがたさを忘れた男だった
　　それはある時代が終わろうとして、あらためて／その価値を総括してみようとする時に／いつも現われてくる男だった／あらためて一人の人間が時代のすべての重荷を持ち上げ／自分の胸の奥底に投げ入れる
　　彼より前の人びとは喜怒哀楽に明け暮れていた／だが彼が感じるのは、ただ人生の重量であり／一切を一個の物のようにじっと胸に抱いていることである／ただ神のみは遥かに彼の意志を超えたところにいる／だからその届きがたさへの途方もない憎悪に燃えながら／彼は神を愛するの

だ。[1]（斜線は改行を意味する）

マリアンネは、上記のようなリルケの詩の第二、第三連をエピグラムとして掲げることによって、夫のマックスを、ミケランジェロに比肩しうる、時代の重荷を担った巨人として、つまり「聖マックス」として顕彰しようとしたのである。ここで注意すべきは、リルケの詩においては、巨人は神との隔絶に敵意を抱きながらも、その神を愛するという屈折した愛憎（Haßliebe）の心理が詠われていることである。巨人であれ英雄であれ、自らの運命に対して果敢に戦うのが巨人または英雄であるとすれば、そうした人間が神に対して愛憎の心理をもったとしても、それは当然のことであるかもしれない。そうとすれば、マリアンネの眼には、このような愛憎が夫のマックスの心理として映っていたのであろうか。それとも、等身大のマックスより以上の巨人像が映っていたのであろうか。それはともかくとしても、ウェーバーが神に対する愛憎の念を抱いてはいなかったとは決して言えない。というのも、彼がキリスト教に対して漏らした口吻に接するかぎり、彼の宗教的志向には、彼が「自分は反宗教でも無宗教でもない」[2]と自らの胸中を明かしたように、なにか曖昧で、明確な概念化を拒むものが感知せられるからである。否、そうした曖昧さだけでは、時代の重荷を背負った巨人に相当しない。だがやはり彼は、プロシア帝国の勃興から第一次大戦の敗戦をへてワイマール共和国にいたる世紀の転換期に生きた巨大な思想家であった。というのも彼は、（α）意味喪失という時代の精神状況を見据えて、（β）そうした状況をもたらした宗教倫理的な遠因を、西欧精神史のなかを精査しつつ、（γ）既存のキリスト教的信条の枠をはみ出して、生と死の意味を問いつづけたからである。それゆえ、神に対する屈折した愛憎の心理の淵源をも含めて、キリスト教をめぐるウェーバーの錯綜した心情を透視してみたい。その手掛かりの一端を、ウェーバーのリルケ理解のうちに探ってみることにしよう。

　マリアンネによれば、ウェーバーはゲオルゲとリルケを較べて、ゲオルゲの詩は完成度が高いが、被造物神化と自己神化の志向を潜めており、リルケの詩は完成度が低いが、「タウラー的な神秘主義」に通ずる志向を潜めている、と評した。そしてさらにウェーバーは、ゲオルゲが自己神化により法悦

第五章　近代市民ウェーバー、アジア的キリスト者

的な陶酔に浸ったのに対し、リルケは〈救済〉へと通じる瞑想的な神秘主義の道を取った、と解した[3]。このように彼はゲオルゲとリルケそれぞれの詩風を、二種類の神秘主義として識別している。すなわち、ゲオルゲふうの法悦的な陶酔は、自己と神的なものとの直接的な合一という神秘的体験を意味し、リルケふうの瞑想的な神秘主義は、無限なものに対して抱く感覚が自己の有限性の自覚と表裏一体をなすという体験を意味している。こうした彼のリルケ理解から察するに、ウェーバーはJ・タウラーのような瞑想的な神秘主義に、すなわちドイツ・スピリツュアリスムスの伝統に相当の関心を示していたと言ってよかろう[4]。

　それゆえわれわれは、ウェーバーのタウラー受容に注目することにより、キリスト教をめぐる彼の錯綜した心情を透視してみることにしよう。

第一節　神は遠く、預言者のいない時代 ——近代の精神的状況

（一）タウラー、ルターそしてカルヴァン

　ウェーバーは、1904年と1905年に『社会科学・社会政策雑誌』に、宗教改革の純粋に宗教的な言説が資本主義精神の形成と発展にどれほど寄与したか、という問いを主題的に考察した論考『プロテスタンティズムの倫理と資本主義の精神』を寄稿する。その論考のなかで彼は、宗教的信条と世俗の労働との関係に関して、タウラーに言及している。すなわち、タウラーは脱自的瞑想によって霊魂が神の霊を受容することだけを決定的と考えていたし、聖職の使命と世俗の職業とを原理上同価値として、神秘的な瞑想と合理的な職業観とは必ずしも排斥しあうものではないと考えていたと述べる（『プロ倫』125 GR 78）。

　上述のようにタウラーにおいては、人間は等しく神の霊つまり聖霊を授かる以上、聖職者と俗人とがともに神に仕えるのであり、聖と俗という「職業（Beruf）」の貴賤はないというわけである。さらにルターの宗教改革によって、世俗の職業労働は聖職と等価なものとみなされたが、ただしルター派の教義では、人間は聖霊を授かる「容器」であるり、それゆえ瞑想が重視され

117

るために、「禁欲」という職業倫理がそれほど強く打ち出されなかった。それに対してカルヴァン派の教義では、人間は神の栄光を讃える「道具」であり、救いに与かるためには現世においてひたすら労働に励む以外に「道具」としての術がないから、「禁欲」が奨励され、ひいては資本主義の発展に寄与することになった（殊に『プロ倫』173 GR 102）。このように資本主義の発展への寄与は、そもそもルター派とカルヴァン派との教義上の「禁欲」の倫理のアクセントの違いに起因するというわけである。教義の違いについては、第二節で論ずることにしよう。

（二）意図されなかった結果

ところでウェーバーは、宗教改革が近代資本主義の発展に寄与したのは、当の改革者にとって「全く意図されなかった結果」なのであり、彼ら自身の志向していたのとは「正反対」のものであったと言う（『プロ倫』134 GR 82）。その事情を、彼は説明している。すなわち、救いが目的であり、それに与かる人間的な手段が「禁欲」の倫理であるし、神の栄光を表すという目的の手段が営利活動である。だから、このような目的＝手段の関係は変更されない。それにもかかわらず、世俗の労働に励むなかで、営利活動の「合理的経営と労働の合理的組織」がますますもって図られるという結果になった、と。このようにして、人間の生活全般の「計算癖（Rechenhaftigkeit）」が近代資本主義の根本性質となったというわけである（『プロ倫』297 GR 167）。その結果、「非有機的・機械的生産の技術的・経済的条件に支配される近代的経済秩序の、強力な世界秩序（Kosmos）」が、人間を包む「鋼鉄のような外殻（Gehäuse）」（『プロ倫』365 GR 203）として形成されたのである。「外殻」という言葉が、近代という時代の制約を表すウェーバーのメタファーであることは、多言を要しない。

では一体、将来、だれがその「外殻」のなかに棲むのだろうか、とウェーバーは自問して、それはスポーツを楽しむように金もうけをする人びとだと言い、本書の第四章第一節で論じたように、ニーチェの『ツァラトゥストラ』に記されている「最後の人びと」、すなわち生や死の意味への問いに頓着しないで、ただ安穏と日々を享受している者たちである。その者を、

第五章　近代市民ウェーバー、アジア的キリスト者

ウェーバーは「精神のない専門人、心情のない享楽人、この無のものは、かつて達せられたことのない人間性の段階にまですでに登りつめた、と自惚れる者」だと辛辣に言ってのける（『プロ倫』366 GR 204）[5]。

（三）救いへの憧れ

　ウェーバーの考察は、時代が進むにつれて、次第にペシミスティックな調子を帯びてくる。宗教改革者にとって「全く意図されなかった結果」は、人間の生活全般の「合理化」──その逆をいえば「魔術からの解放」──の進展であり、それが近代の根本動向であったと言う。その果てに到来した精神的情況は、「価値喪失」という事態だと指摘する。そして、近代の人間は、技術や法制度のみか生活全般を「合理化」して、本来は手段にすぎない「営利」を目的とした「世界秩序」を作り上げてしまったから、効率と営利を表す価値を鵜呑みにしてしまって、その他の諸価値を承認できもしないし、発見できもしないというのである。第一次世界大戦後の 1919 年にウェーバーは『職業としての学問』と題した講演において、このような「価値喪失」を招いた時代を「神は遠く、預言者はいない時代（eine gottfremde, prophetenlose Zeit）」（『学問』65 GA 106）として規定する。ウェーバーはこの時代を〈神なき時代〉とは規定しないにせよ、それに近い言い回しをしている。すなわち、「最も至高の価値が世間に背を向けて神秘的生活の内に閉じ籠るか、それとも人びとの直接的な交わりにおける同胞愛の世界に逃げてゆき、いくつかの宗派を奮い立たせた預言者の霊魂（Pneuma）に相当するものは、今では極めて小さな集団の交わりのなかにのみ、最微音（pianissimo）でもって脈打っているだけなのです」（『学問』75 GA 110）、と。

　周知のように第一次世界大戦は、匿名の大量の敵を殺傷することのみを目的とした近代兵器が登場した近代戦であった。否、それどころか、大戦は、国民のすべてを戦争へと駆り立ててゆく国家総動員体制──国家が個人の生活に対して公的な規制を行使する体制──へと向かう転機であった。それゆえ塹壕で暮らした若い兵士たちの心に残ったのは、ただ「即物的（sachlich）」にのみ、だから「非人間的（unpersönlich）」に生き、かつ死ぬという極限的な体験だけであった。マリアンネ・ウェーバーは、大戦後の

119

精神的荒廃を洞察して、それを書き残している。すなわち、「若い世代にも残っている価値は基本的に感覚的なものであって、キリスト教ではない、キリスト教の聖職者は殺戮を肯定したのだから」[6]、と。国家と同様、キリスト教会とその聖職者は〈戦争神学〉を唱えて、国民を煽ったりしたことは否めない。なぜなら教会は、自らの制度の維持に務めるあまりに、信徒に対して心理的圧迫さえ加えるという点では「政治制度」であるからである（『プロ倫』33 GR 29）。それゆえ権威と権力とを混淆してしまいがちな教会制度の体質に対して、ウェーバーは嫌悪の情を吐露して憚らない。より詳しくいえば、彼は、人びとの連帯の絆をうみだしてゆく救いの宗教を志向したし、少数の篤信者の集まりである「信仰共同体（Sekte）」を肯定したけれども、既存の大規模な教会制度に全幅の信頼を寄せていたわけではなかったのである（『学問』70 GA 110）。

「神は遠く、預言者はいない時代」、これがウェーバーの心に焼きついた時代の精神的状況であった。しかしながら、こうした精神的状況のなかで、否、その精神的状況を踏まえたうえで、ウェーバーはなおも救いに憧れていたし、救いの宗教を志向していたのではないだろうか。そうだとすると、彼にとって救いの宗教はどのようなものであったのだろうか。彼は明確な宗教定義を伝えてはいないけれども、『宗教社会学』においては、（α）例えばイエスというカリスマが備えている非日常的な力と、そのカリスマが授ける恵みが示され、（β）人間はその力と恵みとに対して、畏れと感謝の念を抱くし、（γ）だから人間はそうした信念と礼拝の儀礼でもって、カリスマとの交わりを求め、そしてその行為を介して、たがいの連帯を強めてゆくという、これら三つの特徴を備えた救いの宗教が定義づけられている（『宗教社会学』3-5 WG 245-246）。

第二節　神義論

（一）救いへの衝動、合理化

救いへの憧れは、人びとの逃れたいと願う苦難、つまり不当な貧困、幸せの不均等、病気、絶えない争い、滅亡、死などの自然的ならびに道徳的な悪

第五章　近代市民ウェーバー、アジア的キリスト者

が人生や現世に満ち満ちていることから生じる（『論選』159 GR 567）。しか
も苦難が現世から除去されえないがゆえに、古来、なぜ、なんのために苦難
が人生や現世に満ち満ちているのか、そもそも苦難の意味とはなんなのか、
つまるところ人生は生きるに値するものなのか、と問われてきた。ウェー
バーの考えでは、救いへの憧れとは、生や世界の意味や価値への憧れのこと
なのである（『論選』157 GR 566）。

　ところで苦難に満ちた生や世界がなんらかの意味を示すべきであるとい
う人間の希求のなかには、一種の「合理化」の意向が含まれていると言う
（『論選』40 GR 241）。なぜなら、生や世界が苦難に満ちているという不合理
な、不条理な現実に対して、生と死や世界に関する、人びとが納得しうる合
理的な解明をめざすというのが意味理解であるからである。そのような意味
でウェーバーのいう「合理化」とは、救いへの憧れを充たそうとする人間の
精神的動向のことであった。それゆえ彼は、西欧における「合理化」のプロ
セスを、以下のように精査してゆくことになる。

　苦難が多ければ、多いほど、その苦難を呪術では解消しえないとなると、
呪術よりも高度なレベルでの解消を求めて、合理化はさらに押し進められ
る。それでも苦難がなくならないとなると、現世の苦難よりも過酷なもの、
つまり私たち被造物の原罪という「宗教的罪責」が現世に課せられ、その救
済を彼岸に求めることになる。それがより高度の「合理化」である。現世の
苦難は解消されないままであるかぎり、生や世界は無意味、無価値であり
つづけるから、彼岸における救済が図られる（『論選』160 GR 571）。すると、
生や死を無意味と断ずる、更なる合理化が生ずる。実際、自分の人生の満足
感どころか、人生の倦怠感や疲労感のような「生の無意味化」が生じ、自分
の属する集団のために死ぬどころか、そのような献身が不可となるような
「死の無意味化」が生じているのである（『論選』157 GR 569）。ウェーバーに
よれば、このように生や死の「無意味化」を伴った「合理化」は、ユダヤ＝
キリスト教における「被造物神化の拒否」と古代ギリシアの「科学的思考の
手法」を受け継いだものであり、それゆえヨーロッパ宗教精神史のダイナミ
ズムの動因であった（『プロ倫』157 GR 94）。つまるところ、ウェーバーのい
う「合理化」は、救いへの憧れを充たそうとすると同時に、救いへの憧れを

121

まさにその憧れに留まらせようとする人間の、いわばアンビバレントな精神的動向だと言ってよかろう。

　ウェーバーは、そもそも人間が担っている苦悩、そして人間が犯す罪悪の重さを十分に自覚していたがゆえに、上述のような「合理化」のもつアンビバレントな精神的動向を剔抉せざるをえなかった。こうして彼は「宗教的罪責」という言葉を用いて「合理化」のプロセスについて思索してゆくとき、本書の第四章第二節で述べたニーチェの「ルサンティマン」論から触発されたにしても、ユダヤ＝キリスト教の発展史を「ルサンティマン」の系譜に沿うものとは見てはいない（『論選』40 GR 241）。ということは、ウェーバーにとって「合理化」は意味の探求であると同時に、意味の安易な受容の拒絶でもあったがゆえに、人間の精神的動向として知的なものであって、卑しい品格に起因するものではなかったということである。その逆をいえば、ウェーバーには、ドストエフスキーやニーチェのように人間の卑しい品性をも抉り出すほどの心理家の眼がなかったということである。それにまた、ウェーバーの考察は、彼の倫理的態度を反映している。すなわち、苦悩に満ちた生と世界に対して、どのような態度を取るのか、「ルサンティマン」のように苦悩を他者のせいにする態度を取るのか、それともその逆に苦悩を自ら引き受ける態度を取るのか、という決定を、ウェーバーは予め定めていたのである。

（二）救いへの問い、神義論という課題

　生や世界が苦難に満ち満ちているにもかかわらず、生や世界の意味を探究することを経て、なぜ神はこうした世界を創造したのか、ひいては生や世界を、そして死をも是認することができるだろうか、という問いに答えることは、古来、「神義論」の課題であった（『宗教社会学』178 WG 315）。したがってウェーバーの救いへの問いもまた神義論の課題を引き受け、その課題を解決しようとする願望を含んだものであった。とはいっても、彼は従来の神義論を無批判に受容したわけではなかったし、かといって神義論の課題をフォイエルバッハ（L. A. Feuerbach 1804-1872）ふうに人間学的な意味理解に縮小したわけでもなかった。それは、繰り返すまでもなく、ウェーバーのい

122

う「合理化」つまり生や世界をめぐる意味の探求は、同時に、意味の安易な受容の拒絶でもあったからである。ところが神義論の課題の重たさのゆえに、彼がその課題に取り組むさい、かなり錯綜した途を採ってゆくことになる。

（α）超越と内在、超越界と現象界の図式

ウェーバーが、ユダヤ＝キリスト教における「合理化」のプロセスが現世からの超越に進んでいったと論ずるばあい、通俗プラトニズムのいう超越界と現象界という意味での〈超越と内在〉という図式を踏まえて課題に取り組んだのではないということに、まず留意しておかねばならない。否それどころか彼は、「救いはたんに〈彼岸〉として理解しえない」と明言しているように、〈超越と内在〉という二項図式をいわば脱構築するのである。ウェーバーによれば、キリスト教などの禁欲的信仰を除けば、人類史の諸宗教が示す救いは、健康や長寿や同胞の安泰など「まったく実質的で此岸的なもの」であったし、修行僧にしても「現世外的」な解脱を求めたが、決して「彼岸的なもの」を求めたわけではなかった。ウェーバーによれば、まさにその「現世外的」な境地とは、「日常的、世俗的」な現世と区別される「非日常な心的状態」、言い換えれば、「現在の、此岸における心的状態」のことなのである（『論選』53 GR 249-250）。

ウェーバーが「現世」と「現世外」とを区別をする場合、彼岸と此岸との区別ではなく、「日常性」と「非日常性」、すなわち「世俗的な日常的世界」と「非日常的世界」との区別を指していることは、多言を要しない。しかしながら、なぜ彼は日常的世界と非日常的世界とを区別したのか、という問いは十分に考察されなければならない。まずはともかく、世俗的な日常的世界とは、上述のように、合理化の果てに形成された近代資本主義を基盤とするヨーロッパ近代の市民社会、つまり「精神のない専門人、心情のない享楽人」が自慢している社会のことである。その一方の「非日常的世界」とは、「世俗的な日常的世界」という「現世」にとって他なるものという点では、「現世外的」であるが、日常的世界と同様に「現在の此岸」のことであり、あえていえば内在的超越の開ける、生き生きとした境地――すなわち、合理

123

化と世俗化に侵食されていないであろう言わば生活世界の基層——のことだと言えよう。とすれば、ウェーバーの区別の意義が「非日常性」という言葉の意味に懸かっていることは明らかであろう。

（β）非日常性 Ⅰ、近代市民社会の日常性に対する反措定態

非日常性の内在的超越とは、二世界説のいう二つの存在領域という意味で、日常に対する非日常のことではない。言い換えれば、近代市民社会における日常性と非日常性の区別はありうるけれども、日常の近代市民社会の背後に控えている存在領域として非日常的な世界があるのではない。それゆえ、近代市民社会という日常的世界に対する反措定態として開かれてくる域であろう。より具体的にいえば、効率と営利を表す価値の体系に基づいて組み立てられた日常的世界、そして上述のような「合理化」への要求が一層推し進められてゆく日常的世界に対する反措定態として開かれてくる域であろう（『論選』55 GR 250）。その域を、ウェーバーは「現在の、此岸における心的状態」と表したのである。その「心的状態」が閉ざされた自我の内面を意味するのではなく、なんらかの仕方で他者あるいは他なるものと出会う場の情態を指していることは、容易に察せられよう。

ところでウェーバーは、「苦難の宗教的聖化の途において、非日常性はすべて〈聖なるもの〉と評価された」と記してもいる（『論選』42 GR 242）。そうとすれば、「非日常性」は、日常的世界が具えている安穏な事態を突き破る事態であるがゆえに、不可解なもの、不気味なものであるし、さらにまた、近代市民社会の日常性に対する反措定態であるがゆえに、人間がそれに魅せられて、それに憧れるものだということになる。このような二重の意味を秘めた「非日常性」がウェーバーのいう「聖なるもの」であったはずである。では、そのような聖なる域が一体どこに見出されるのか。それは、不気味に感じられるがゆえに魅せられるのが自我ではない以上は、非我つまり他なるものに出会う場面ではないだろうか。

（γ）非日常性 Ⅱ、性愛

ウェーバーは文化を定義して、「〈文化〉とは、世界に起こる、意味のない、

第五章　近代市民ウェーバー、アジア的キリスト者

無限の出来事の内、人間の立場から意味と意義とを与えられた有限の一片である」(『客観性』92 GW 180) と記している。注意すべきは、彼が〈文化と自然〉とを対置していることである。それゆえ、文化と自然という二項図式を前提にすれば、文化が人間的な意味と意義を賦与されたものであるのに対して、無窮の自然はその文化を裡に含めた無意味で無意義な無限の出来事、すなわち「永遠に、転変を遂げてゆく無限の流れ」(『客観性』100 GW 184) であることになる。さらにウェーバーの自然観では、「無限の流れ」は、人間を取り巻く自然環境ではなくて、人間的な意味や意義に抗するものとして、だから近代市民社会の意味や意義に抗するものなのである。したがってそれは、「鋼鉄のような外殻をそなえた世界秩序」(『プロ倫』365 GR 203) を脅かす不気味な非日常的なものなのである。ちなみにウェーバーの育った当時の市民社会の道徳は〈反自然的（wider-natürlich）〉な性格を帯びていたから、自然的なものが不気味な非日常的なものとして、それゆえ魅するものとして解されていたのである。

　そうした非日常的な自然を象徴するのが、ウェーバーにとっては、〈性愛（Erotik）〉の宗教性であった。それゆえ彼は、1917 年に、彼のかつての学生だったエルゼとベニスへ旅行した体験を「革命」と呼んだりしている[7]。たしかに、日常生活が合理化されればされるほど、それに対抗する非合理的な衝動──しかも、〈自然〉から発していると解され、身体的生を活かしている生命衝動──に身を任せる行為は、「合理的なものからの現世内的な救いの機能」を担うことになる。それゆえ彼が、「性愛が、宗教と心理的な親縁関係にある」とみなしたとしても、それは必ずしも狂気の沙汰とはいえない。しかしその一方で性愛は、その洗練された技法によって取り繕われた「野獣性」、同胞愛という宗教倫理を損なう「敵対性」、そして冷静さを乱す「幻想的な錯乱」を潜めており、犯罪をも惹き起こす誘因であるがゆえに、宗教倫理がそもそも同胞愛を主旨としている以上、性愛と宗教は相対立しかねないというのは、当然のことであった (『論選』155 GR 561-562)。

　以上から明らかなように、無窮の自然や性愛が、意味や意義を具えた文化世界を突き破るものであるから、恵みをも災いをももたらす両義性を具えているものだと言えよう。だからウェーバーにとっては、救いの宗教と性愛と

125

は、親縁的で敵対的な背反関係とならざるをえないものであったはずである。

（三）神義論の類型——神の道具か、それとも神の容器か

　先に見られたように『プロテスタンティズムの倫理と資本主義の精神』において、救いは、カルヴァン派では、人間が神の栄光を讃える「道具」であることにより、ルター派では、人間が神を宿す「容器」であることによるというように対置された。それ以後ウェーバーの生涯において、神の「道具」と「容器」は救いの二類型でありつづける。

　もっとも後年、ウェーバーはこれら二つの救いの類型の鍛え直しを試みている。たとえば『世界宗教の経済倫理』の「中間考察」においては、「道具」説と「容器」説のあいだの違いを明確にするために、「行動的・禁欲的方向」か、それとも「瞑想的・神秘主義的方向」か、どちらの方向に救いを求めるのか、という論点と、現世に留まるのか、それとも現世から逃避するのか、そのどちらを選ぶのか、という論点を挙げている（『論選』103-104 GR 538）。そのうえで、これら二つの論点を組み合わせて、四つの救いの類型を提示している。現世で「道具」として神に奉仕する「現世内的禁欲」が第一の類型である。なぜなら、信仰者は世俗の享楽に対する禁欲を護りながらも、現世に留まって、神に従った現世的生活を形成しようと行動するからである。それに対して、現世から逃避した瞑想によって、神の「容器」として神との合一を求め、こうして救いを求める「現世逃避的瞑想」が第二の類型である。これら二つの類型のあいだに、二つの類型が置かれる。第一の「現世内的禁欲」が世俗的なものの禁欲であるなら、外面的に瞑想に近い「現世逃避的禁欲」が第三の類型として取り出され、さらに、瞑想が世俗的な生活のうちに留まるとき、「現世内的禁欲」に近い「現世内的神秘主義」という第四の類型が取り出される（『論選』104 GR 539）。救いの二類型は、果たして神義論の問題に答えられるのか、どうか。

　「容器」説を採ったローマ・カトリック教会、英国国教会、ルター派など既存の制度と権威を具えた教会が「普遍恩寵説」を是としていたのに対して、カルヴァン派はそれに対抗するかのように「特殊恩寵説」を是とし

第五章　近代市民ウェーバー、アジア的キリスト者

た。カルヴァン派からみれば、「普遍恩寵説」であると、悪人であれ罪人であり、だれもが救われることになってしまいかねないからである。それゆえ「特殊恩寵説」は、だれもが等しく救われるわけではなくて、予め定められた少数の人間だけが神によって救われるということを教義化したものであった（『プロ倫』144 GR 89）。それゆえ人間は、神による救いを確認するために、ひたすら神の「道具」として、この世で働きつづけるというわけである。ウェーバーによれば、こうして神の「道具」に徹することが、近代資本主義の担い手としてのプロテスタンティズムの「職業倫理」でありえたけれども、しかしながら、神の「道具」に徹する生活は、その「道具」を手段としてではなく、目的としてみなしたものとなったがゆえに、神を忘れ、愛する心を失ったものへと転倒してしまうことになった。そうとすれば、「特殊恩寵説」の支柱たる予定説は、なにゆえに世界に苦難つまり悪があるのか、という神義論の問いに答えてはいるけれども、同胞愛を失うという倫理的欠損を残してしまうのである。

　神の「容器」説では、人間は瞑想において神と合一するというように、世俗の生活から逃避して瞑想の生活を是とするのである。とすると、「道具」説に基づく救いの類型よりも、瞑想の生活を共にする人びとのあいだでは、堅い同胞愛で繋がれる。ところが瞑想そのものが、世俗の生活からの逃避を基にしているがゆえに、なにゆえに世界に悪があるのか、という神義論の問いに答えていないことになってしまうのである。

　先に見られたように予定説は、ウェーバーによれば、ゾロアスター教の善悪二元説やインドのカルマ説とともに、「神義論の最も首尾一貫した形態」であるけれども、しかし「神への倫理的要求を満足させない」のである（『宗教社会学』188 WG 319）。なぜなら神義論をめぐるウェーバーの問いは、ニーチェの永遠回帰説をもふくめた宿命論一般に関わるというよりは、救いへの憧れに起因しており、意味理解の合理性を志向するものであったからである[8]。もっとも彼の救いへの憧れは消え去ったわけではなくて、彼はさらに「愛の無差別主義（Akosmismus der Liebe）」を展開し、その立場に達してはじめて、神義論の課題にわずらわされない平穏なる境地に到るのである。

第三節　愛の無差別主義

　第一次大戦中、ウェーバーは東方の宗教を研究し、ヒンドゥー教、仏教などに深く沈潜して、プロテスタンティズムの現世内的禁欲形式とは異なる「神秘主義的瞑想」の代表例としてタウラーのみか、老子、仏陀、スラブ民族系のキリスト教の瞑想形式をも発見している。こうした神秘主義的瞑想を基にした共同体の行為が、「神秘主義的な愛の感情にもとづく無差別主義」（『宗教社会学』223 以下 WG 333-334）と特徴づけられ、仏陀やイエス、またアッシジのフランチェスコの無償の行為に、さらに『戦争と平和』の農民兵で、人生に達観したプラトン・カラタエフや、『カラマーゾフの兄弟』において、生きとし生ける者に対しても罪の赦しを乞うゾシマ長老にもみられるというのである。その愛を、1919 年の講演「職業としての政治」でウェーバーは肯定的に論じている。すなわち、「無差別な人間愛と慈悲の心の溢れた達人たちは、暴力という政治の手段をもちいはしなかった。彼らの王国は〈この世のものにあらず〉ではあったが、それでいて彼らは昔も今もこの世に影響を与え続けている。プラトン・カラタエフやドストエフスキーの描いた聖者は、今なお、この人類愛に生きた達人たちの最も見事な再現である。自分の魂の救済と他人の魂の救済を願う者は、これを政治という方法によって求めはしない」（『政治』100 GA 247）、と。

　「愛の無差別主義」は、イエスがユダヤ教に対峙したように、自他の差異を前提とした社会倫理と対立するものである。その社会倫理は、部族、民族、国民として括られるひとつの集団の同胞倫理であり、しかも差別を含んだ同胞倫理である。例えばユダヤ教の律法は、ユダヤ民族全体の社会倫理と解されるから、ユダヤ社会の特権階層に適合したものとして、民族の外に対しても、民族の内に対しても、差別を含んだものとなっている。だからイエスの説いた愛は、この「差別」を解消しようとしたものであるから、「愛の無差別主義」となづけられる。「愛の無差別主義」は、民族的な社会倫理とは相対立するものであるし、その社会倫理の差別観を超えたものであるがゆえに、その社会倫理からみれば、その同胞関係を失ったものとして敵視され

かねないわけである（『論選』125 GR 553-534）。

　ところが「愛の無差別主義」は、それが既存の差別を解消しえないかぎり、差別を含む現世の内では、どこにも実現の場を持ちえない。だからその点では、それは「無世界主義（Akosmismus）」であって、上述のように神秘主義的な瞑想の「非日常的な心的状態」でしかないのである。しかしながらウェーバーのいう「愛の無差別主義」は、こうした神秘主義的な瞑想状態に留まるものではなくて、現世の厳しい社会的戒律に抗する可能的な行為として、非暴力的な社会的行動の倫理をもたらすものではなかったであろうか。

（一）キリストと大審問官との対峙

　愛の無差別主義を如実に語りつくしているのは、ウェーバーが取り上げた『カラマーゾフの兄弟』のなかの「大審問官」の物語である（『政治』92 GA 240）。その要点を述べよう（ドストエフスキー『カラマーゾフの兄弟』亀山郁夫訳、光文社、2006年、第二部第五編第五章を参照）。

　　キリストの再臨を待ち続けて一五世紀が経ったセビリアでは、年老いた大審問官が神政体制を敷いて、恐ろしい異端審問を繰り広げている。その場にキリストがそっと現れる。それに気づいた人びとの求めに応えて、人びとを癒すと、大審問官は彼を捕えて、牢獄で非難の言葉を投げつける。「キリストは人びとに信仰の自由を説いたが、人びとは自由を護るほどに強くない。自由か、それともパンか、と二者択一を迫られたら、人間は服従してでもパンを選ぶ。自由ほど魅するものはないが、自由は人間の重荷となる。人間にパンをやるかわりに、彼らを暴力的に服従させれば、安泰である」、と。そして大審問官が、黙って聴いていたキリストに「立ち去れ」と命ずると、キリストは無言のまま老大審問官に近づき、彼の唇にキスをする。これがすべての答であった。大審問官はその利那、ぎくりと身じろぎをしたし、キスの余韻が心に燃えていたが、自分の信念を変えなかった。

129

キリストは大審問官の神聖政治のもつ悪魔的な力に対抗しはしないし、むしろ全く為されるがままである。がしかしキリストは、その大審問官の「唇にキスをする」ことで、愛を示すのである。それは悪人をも愛する証である。なぜならキリストは、愚行を繰り返す私たち人間の身体的生を癒し、そして清めるために、人間の傍らにいなければならないからである。だとすれば、キリストの「愛の無差別主義」の本領は倫理的でも政治的でもなく、純粋に宗教的なものだと言える。つまるところ、現世的な救いの実現可能性を不問に伏すというのが「愛の無差別主義」の本領なのである。それは繰り返すまでもなく、「愛の無差別主義」は、神秘主義的な救いのゆえに、一切の政治的行為の免れえない暴力行使から身を引くものだからである（『論選』122 GR 549）。

　この非暴力主義を徹底したのが、ウェーバーの挙げるゾシマ長老である。長老は、「すべては大海のようなものである。それを悟ったとき、人は全一的な愛に苦しみながらも、言い知れぬ喜びのなかで小鳥たちに祈りだすだろう。小鳥たちが自分の罪を許してくれるように祈るようになるだろう」（ドストエフスキー『カラマーゾフの兄弟』亀山郁夫訳、第2巻、454頁）と述べる。それは、人間の悪魔的な傲慢さを戒めると同時に、生きとし生けるものを産む造化の働き、すなわち神に感謝を表す言葉なのである。だからウェーバーもまた、レッシングやシュライアーマッハーと同様、万有在神論を諒としていたと言えよう。それと同時にウェーバーは、A・ジッド（A. Gide 1869-1951）のいう「ドストエフスキーのアジア的キリスト教」[9]に共鳴を覚えたであろうし、それを「愛の無差別主義」の一つの典型として称賛し、かつ受容したであろうと言ってよかろう。その点においてウェーバーは、キリストを「インド的でない土地に現れた仏陀」（『反キリスト者』§32）と評したニーチェと、キリスト論において共鳴しあっていたわけである。

　ところでウェーバーの畢生の問いは、なぜ生と世界に悪が満ちているのか、果たして生と死に意味があるのか、という神義論をめぐる問いであった。だが、先に見られた劇詩『大審問官』に現れたキリストは、その問いに対して答える必要があるとは微塵も思っていない。なぜならキリストは、神は悪いものにも良いものにも恵みを施すこと、被造物のすべてに恵みを施す

130

ことを告げているからである（「マタイ福音書」5章45節）。善いもののみか悪いものも是とされるとなると、神義論の問いそのものが無効とみなされるし、善とともに悪が繰り返し生起するという避けがたい事態を、人間は「運命愛」として受け入れざるをえなくなる。それだからキリストは、黙したままで大審問官の唇にキスをしたのである。それを、ウェーバーが見逃すはずはなかろう。

（二）愛の無差別主義の倫理性

　ところでウェーバーは、「福音書の命令は無条件的・一義的だが、政治家は、垂訓がすべての人に貫徹されないかぎり、社会的に無意味な要求だと言う」（『政治』86 GR 234）と論ずる。とすると、彼はイエスの説く愛、つまり「山上の垂訓」を、文字通りに、人間の引き受けるべき絶対的倫理として、つまり義務の定言的命法と解して、のっぴきならない事柄にしてしまったように見受けられる。もしイエスの愛が実現されるべき義務だとなると、例の大審問官のように神政体制の暴力を強いて、「目的のために手段をも神聖化する」ことになる（『政治』93 GR 240）。だとすれば、「愛の無差別主義」は神秘的瞑想の一形態に留まらないで、義務の絶対的命令の形態であることになってしまはないか。もしそうであれば、ウェーバーの論理は短絡的だということになろう。

　さらにウェーバーは、「愛の無差別主義」の実践が悲惨な結果を招く事態について考察して、自らの疑問を投げかける。すなわち、貨幣が「抽象的、無人間的」なものであるように、資本主義経済と緊張関係にある「愛の無差別主義」もまた、「独自の無人間化 (Verunpersoenlichung)」とならざるをえないのだろうか、と（『論選』113 GR 545）。さらにまた「愛の無差別主義」は、誰彼という具体的な人間に関心をもたずに、偶然に出会った人に、求められるままにシャツまで与えてしまう愛であり、それは人間のためでなく、献身そのもののためだから、ボードレールが「神聖な魂の売淫」といった愛、つまり「独特の形態をとった現世逃避」となってしまう愛の形態ではないか、と（『論選』114 GR 546）。たしかに、イエスという「カリスマ」ではない私たち弱い人間のあいだでは、無条件な献身はもともとから矛盾を来してしま

うであろう。それゆえウェーバーが、弱い人間には、キリストを倣う途がないと断言してしまったという可能性もあろう。たしかに、「合理的文化の技術的・社会的な条件下では、無差別主義的な愛は破綻する他なかった」というのが、彼の下した「愛の無差別主義」に対する最終的な結論だったようにも見受けられる（『論選』162 GR 571）。

　イエスは無制約的に、だから端的に「愛せよ」と説くけれども、がしかし愛の実行は、どのような状況の下でか、どのような方途を用いてなのか、といった外的な条件によって制約されざるをえない。とすれば、イエスの愛の教えは、端的に「愛しなさい」というのだから、無制約的であるけれども、しかしながら、「愛さなければならない」という絶対的な定言命令として実行を強いるものではないと言えよう。だとすれば、イエスに倣う非力な人間が、自らの力量を弁えながら、個々の情況を見極めて、偶然に出会った人を助けるには、どういう途があるのか、と熟慮してみることも、十分に可能であろう。別の言い方をすれば、イエスの福音を「無条件的・一義的な命令」と解したウェーバーとは異なるやり方で、そのウェーバーのいう「愛の無差別主義」がもたらす社会的・政治的行動の倫理の可能性を考量する途があるのではないだろうか。

第四節　「愛の無差別主義」がもたらす
社会的・政治的倫理

　イエスの愛の教えは、その実行の諸条件を捨象しているがゆえに、無制約的である。がしかし前節で述べたように、イエスを真似るにしても、なんらかの条件のもとで、他者を愛するとき、その愛は状況倫理であらざるをえないであろう。その点を考慮に入れてみれば、ウェーバーのいう「心情倫理（Gesinnungsethik）」と「責任倫理（Verantwortungsethik）」との間の亀裂は解消するはずである。

　ウェーバーは、政治家にとって重要なのは情熱、責任感、判断力という三つの資質であると述べている（『政治』77 GA 227）。この発言における「情熱」とは、例えば労働問題や人権問題という政治的な「事柄（Sache）」に対す

る情熱的な献身である。さらに「責任感」とは、政治家が下した決断や行為が国民や国家の悲劇を招いてはならないがゆえに、その仕事に対する、また将来に対する責任を政治的行為の基準とすることである。そして「判断力」とは、距離を置いて見ること、つまり冷静に現実を直視し、適切な判断を下すことである。こうした三つの資質を兼ね具えた政治家の行動は、その失敗のゆえに汚名を被ることになるにしても、毅然とその結果に対する責任をもち、さらには権力の行使をも厭わぬという高い倫理性をもつのである。それが、ウェーバーが高く評価する「事柄に即した態度（Sachlichkeit）」と「品位（Würde）」（『政治』84 GA 232）を具えた責任倫理なのであった。

　他方の心情倫理は、例えば社会秩序の不正に対する悲憤や悲嘆といった「純粋な心情の炎」を絶やさないことを心がけるものである（『政治』90 GA 238）。それゆえ、そうしたパトス的な抗議行動がどういう事態を招くか、といった冷徹な現実直視や適切な状況判断を欠くことになりかねない。実際、ウェーバーからみれば、大戦後の混乱状態のなかで、若い知識人が取った政治的行動は結果を顧みないものであった。なぜなら心情倫理に酔った彼らは、流血騒ぎを起こしたけれども、そもそも政治的行動には暴力の行使が必要悪だとみる冷徹かつ冷厳な現実直視と判断を欠いていたからである。そうとすると、責任倫理と心情倫理は決定的に相対立することになろう。それゆえウェーバーは、こう言う。すなわち、「人が心情倫理の準則の下で行為する——宗教的にいえば〈キリスト者は正しきをおこない、結果を神に委ねる〉——か、それとも、人は（予見しうる）結果の責任を負うべきだとする責任倫理の準則に従って行為するかは、底知れぬほど深い対立である」（『政治』89 GA 237）、と。

　ところが、これら二つの倫理の対立を埋める可能性がないわけではない。第一に、政治家が取り組むべき「事柄」は、例えば人権はどうあるべきかという案件は、当の本人の「信仰」（『政治』81 GA 230）に基づくがゆえに、その「信仰」は心情倫理のキリスト者と共有できるはずである。第二に、両者の接点はこうなる。すなわち、責任倫理家は上述のように「予見しうる結果に責任を負うべき」者であるのみか、複雑な政治情勢のゆえに想定しえなかった不測の結果を招いた責任を果たすべき者でもあろう。それに対して、

心情倫理を重んずるキリスト者が、予期せぬ結果を招いた責任を引き受ける
覚悟をもっていたならば、責任倫理家と心情倫理家は同じ態度となるはずで
ある。第三に、「汝の敵を愛せよ」(『政治』89 GA 239) というイエスの教えは、
〈敵を殺せ〉という掟の反対命題であるから、〈宗教的信条のためなら敵を虐
殺してもよい〉ということにはならない。それゆえイエスの教えを活かすた
めには、さまざまな現実を直視しなければならない。この点でも、心情倫理
家と責任倫理家とは軌を一にするはずである。そして第四に、キリスト者も
また、政治的行動に加わるさいに、ウェーバーのいう騎士的な「品位」を維
持するということは、十分に可能であろう。というのは、「愛の無差別主義」
のもたらす行為は、暴力を用いないがゆえに、女々しいと思われるような抵
抗の仕方しかできないにしても、それにまた、巨大な権力の行使によって踏
み潰される結果が予見されるにしても、しかしそれなりの「品位」を具えた
ものであるからである。以上から明らかなように、心情倫理を重んじるキリ
スト者が、責任倫理をもって政治的行動に加わることは十分に考えられるの
である[10]。ウェーバー自身がその可能性を語っている。

　「結果に対するこの責任を痛切に感じ、責任倫理に従って行動する、成熟
した人間——老若を問わない——がある地点まで来て、〈私としてはこうす
るより他ない。私はここに踏み止まる〉と言うなら、量りしれない感動をう
ける。これは人間的に純粋で魂をゆり動かす情景である。なぜなら精神的に
死んでいないかぎり、われわれ誰しも、いつかはこういう情態に立ちいたる
ことがありうるからである。そのかぎりにおいて心情倫理と責任倫理は絶対
的な対立ではなく、むしろ両々相俟って〈政治への天職〉をもちうる真の人
間をつくり出すのである」(『政治』103 GA 250)。

結　ウェーバー、アジア的キリスト者

　夫マックスを讃えるために、ウェーバー夫人であるマリアンネがエピグラ
ムに掲げたリルケの詩には、神に対する愛憎の心情が詠われていた。ヨー
ロッパの近代市民ウェーバーの胸中には、実際、近代人の主観性として合理
的知性を誇ると同時に、救いの在り処を尋ねたが、救いは憧れでありつづけ

第五章　近代市民ウェーバー、アジア的キリスト者

た。実際ウェーバーは、小さな宗教共同体（ゼクテ）を肯定的に評価してい
るけれども、大規模な制度を擁する教会施設に対しては否定的な意見を漏ら
している。そのような点では、彼は宙吊り状態にあったと言えよう。が、し
かし彼の宗教的志向は、おそらくジッドのいう「ドストエフスキーのアジア
的キリスト教」、すなわち生きとし生けるものを産む造化の働き——万有在
神論の神——に帰依するものであった、と容易く察せられよう。そして、彼
のいう「愛の無差別主義」が基とした人間の社会的・政治的行動が、たとえ
時代の動向のなかで踏み潰されるような非力なものであろうとも、しかしな
がらこのような行動の可能性は、確固とした一指針を示しているはずであ
る。

135

註

本文で略号を用いたのは、下記のウェーバーの著書、その邦訳、参考文献である。邦訳の略号を先に、原書の略号を後に記してある。

『政治』はM・ヴェーバー『職業としての政治』脇圭平訳、岩波文庫。

『学問』はM・ウェーバー『職業としての学問』尾高邦雄訳、岩波文庫。

『客観性』はM・ヴェーバー『社会科学と社会政策にかかわる認識の「客観性」』富永祐治・立野保男訳、折原浩補訳、岩波文庫。

『プロ倫』はM・ヴェーバー『プロテスタンティズムの倫理と資本主義の精神』大塚久雄訳、岩波文庫。

『宗教社会学』はM・ウェーバー『宗教社会学』武藤一雄・薗田宗人・薗田坦訳、創文社。

『論選』はM・ヴェーバー『宗教社会学論選』大塚久雄・生松敬三訳、みすず書房。

GA　M. Weber, *Gesammeltausgabe* I/17, Tübingen 1992..

GW　M. Weber, *Gesammelte Aufsätze zur Wissenschaftslehre*, Tübingen 1968.

GR　M. Weber, *Gesammelte Aufsätze zur Religionssoziologie* I, Tübingen 1947.

WG　M. Weber, *Wirtschaft und Gesellschaft*, Studienausgabe, Tübingen 1972.

1) R. M. Rilke, Das Stunden-Buch, in, Rilke, *Sämtliche Werke*, Hrsg. Insel–Verlag, Bd.1, Frankfurt a. M. 1965, S.270-271. この詩に言及している日本の研究書には、大林信治『マックス・ウェーバーと同時代人たち』岩波書店、1993年、191頁。徳永恂『現代思想の断層「神なき時代」の模索』岩波新書、2009年、4-8頁などがある。徳永恂は、「カリスマとその制度化」（1992年に刊行された岩波講座『宗教と科学 5　宗教と社会科学』所収 140-141頁）という論考においても、リルケの詩に言及している。

2) Joachim Radkau, *Max Weber Die Leidenschaft des Denkens*, Darmstadt 2005, S.807.

3) マリアンネ・ウェーバー『マックス・ウェーバー』II、大久保和郎訳、みすず書房、1963年、344-346頁を参照。

4) 本書の第一章第三節を参照されたし。タウラー、ルター、ツヴィングリ、そしてフランクを経てレッシングに至るドイツ・スピリチュアリスムスの系譜に、ウェーバーは並々ならぬ関心を示していたわけである。

5) ウェーバーは、「営利のもっとも自由な地域であるアメリカ合衆国では、営利活動は宗教的・倫理的な意味を取り去られていて、……その結果、スポーツの性格をおびることさえ稀ではない」（『プロ倫』366 GR204。中略筆者）と述べて、その実

第五章　近代市民ウェーバー、アジア的キリスト者（註）

例としてアメリカ旅行のさいの見聞録を挙げている。しかしアメリカ旅行の記録を述べた『アメリカ合衆国における〈教会〉と〈ゼクテ〉』（1916 年）によれば、彼は、ニューヨークの摩天楼街を建造したアメリカの経済的＝科学技術的な発展には驚嘆したけれども、アメリカを「機械的生産の技術的、経済的条件に支配される近代的経済秩序の、強力な世界秩序」としてのみ見たのではなかった。むしろその傾向は、合理的官僚主義制度の面における「アメリカのヨーロッパ化」だと解していたし、ウェーバーはピューリタンの「ゼクテ（Sekte）」を見聞して、宗教団体が多くの会員を有する団体（Orden）やあらゆる種類のクラブによって世俗化されているなかで、ピューリタンの少人数の交わりとしての「ゼクテ」には宗教性が継承されていることを理解した。だとすれば、ウェーバーがアメリカニズムを批判しているとは必ずしもいえない。ウェーバー『アメリカ合衆国における〈教会〉と〈ゼクテ〉』安藤英治訳、（安藤英治編『プロテスタンティズムの倫理と資本主義の〈精神〉』未來社、1994 年所収）を参照。同様の考察は、Lawrence A. Scaff, *Max Weber in America*, Princeton UP. 2011, p.29-36 を参照。

6)　J. Radkau, a.a.O., S.704.

7)　J. Radkau, a.a.O., S.588, 854.

8)　ニーチェの永遠回帰説に対するウェーバーの見解（『プロ倫』193 GR 111）は、横田理博『マックス・ウェーバーの倫理思想』未來社、2011 年、308 頁を参照。ニーチェの永遠回帰説は、世界が無意味、無目的に繰り返すという宇宙の循環の宿命論的な面と、人間がその循環を肯定的に受容するという倫理的な面とを具えているが、ウェーバーの見解はその宿命論の面に制限されてしまって、ニーチェの「運命愛」という人間の倫理的態度を見落としてしまった点は、彼の見解の問題点であろう。ところがウェーバーは自らの思想の核に「運命愛」を位置づけているのである。

9)　「ドストエフスキーのアジア的キリスト教」なる言葉は、Andre Gide, *Dostoïevsky*, Paris 1923, p.203 参照。A・ジッド『ドストエフスキー』寺田透訳、新潮文庫、1955 年、226 頁参照。なおウェーバーは、ジッドの『背徳者』を繰り返し読んだが、彼の没後に公刊されたジッドの『ドストエフスキー』は、目にしていない。

10)　山之内靖および前川輝光は、ウェーバーはニーチェの衣鉢を継いで、古代的な騎士的エートスを諒としたと理解しているが、この理解は一面的である。ところが、「騎士的」なキリスト教倫理はニーチェも、また M・シェーラーも是としている。本書の第四章を参照されたし。山之内靖『ニーチェとヴェーバー』未來社、1993 年、174 頁。前川輝光『マックス・ヴェーバーとインド』未來社、1992 年、130 頁。

第六章
辺境の人Ａ・カミュ、
匿名のキリスト者

　地中海の南側のアルジェの人、カミュは、世界大戦の序幕といわれるスペイン内乱が勃発した 1936 年の 1 月 1 日付けで、友人フレマンヴィルに宛てて手紙を出している。その手紙には、「とどのつまり、ぼくたち皆を魅惑しているこの生の底は、どこまで行っても不条理しかないし」、「明晰さのみがこの不条理に対抗できるということに、ぼくたちの生きる喜びがある」と綴られている[1]。同じ 36 年に、カミュはアルジェ大学に『キリスト教形而上学とネオプラトニズム』という卒業論文を提出している。してみると、彼にとっては、そもそも不条理の問題はキリスト教の問題と繋がっていたと推察してもよかろう。そして大戦中に上梓した『異邦人』、エッセー『シーシュポスの神話』、戯曲『カリギュラ』と『誤解』などの作品群においても、キリスト教の問題は継続的に問いつづけられている。否それのみではない。未曾有の大量殺戮戦となった世界大戦の最中、カミュは対ドイツ抵抗運動に加わった。戦後、彼は『ペスト』やエッセー『反抗的人間』といった、反抗を主題とする諸作品を公刊したが、それらの作品のなかでも、キリスト教の問題は彼の課題でありつづける。そしてさらに、フランス共産党の政治路線、ベトナムの対フランス独立戦争へのアンガージュ、アルジェリア民族独立闘争といった、大戦後の政治問題をめぐり、辺境の地アルジェ出身のカミュは、フランス本国の都会人サルトル（J.-P. Sartre 1905-1980）たちの機関紙『現代』の一派と袂を分かったことも機縁となって、『転落』やドストエフスキーの翻案『悪霊』といった作品を世に問う。注目されるべきことに、それらの作品において、人間の犯す悪としての不条理をより深く文学的に形象化するという文学的実験を試みつづけるなかでも、カミュのキリスト教に

対する拘りがみられる。1960年、カミュは未完の自伝的小説『最初の人間』を手提げかばんのなかに納めたまま、交通事故にあって早世するが、彼はその小説のなかに「母、キリスト」という語を遺して逝った。

　以上、カミュの文学的変遷を概観してみた。してみると、翻案『悪霊』にいたるまで、ドストエフスキーおよびニーチェの影響の下で、カミュはキリスト教の問題と格闘したし、まさにその格闘のゆえにカミュのキリスト教は、一筋縄ではいかぬ多くのジレンマを抱えているようにみえる。それにしても、一体なぜ彼はキリスト教に拘りつづけたのか。本章で追考してみたいのは、この問いである。

第一節　不条理のキリスト教

　カミュは、「不条理なキリスト者も存在する」（『シーシュポス』1.296）と言っているから、不条理なキリスト教の可能性を探っていたのではないだろうか。

（一）不条理という言葉

　カミュが用いる「不条理（absurde）」という言葉は、生の情態を指している。生全体が無意味で不可解と感じられるとき、生は「不条理」と表される。例えば『異邦人』の主人公、つまりアラブ人殺害事件により死刑判決を受けたムルソーは、「ぼくが過ごしたこの不条理な人生」（『異邦人』1.212）という。

　それのみではない。ムルソーを担当した予審判事は、その事件に先だつ彼の行動を審問してゆくなかで、亡母の通夜のさい、彼が彼女の死顔を見なかったのみか、葬儀の翌日、偶然に出会った旧知の女と一夜を共にしたなど、カトリシズムの社会倫理からして「反キリスト者」（『異邦人』1.182）であることが、アラブ人殺害を惹き起こした動機だとみなした。要するに彼の行状は、世間の生活規範からみれば、「狂った（absurde）」（『シーシュポス』1.239）ものである。より一般的にいえば、人間が無力や苦悶を思い知らされる出来事、無辜の子どもたちの悲惨な境遇、惨烈な戦争などの世界の出

140

来事——悪として忌避されるもの——が「不条理」（上掲書 1.229、231、233）
と表される。

　悪は、ユダヤ＝キリスト教文化の伝統においては、アダムとエバの楽園追
放の神話に遡る。それ以来、言語を用いる動物である人間は、始源的な世界
から追放されているから、自らの関わる事象の関係総体すなわち世界総体に
直面して、言葉を失ってしまうのである。不条理とは、こうした「人間の呼
びかけに対する世界の沈黙」という禍々しい事態を指している（『シーシュポ
ス』1.238）。

（二）不条理の起源——世界への関わり

　カミュは、不条理の情態が人間の世界への関わりから生ずると解するがゆ
えに、ハイデガーから想を汲んで、その関わりを「単純な配慮（le simple
souci）」（『シーシュポス』1.228）と言う。現に人間は、自らの関わるさまざ
まな事象に配慮せざるをえないし、現に配慮している。そうした配慮が人間
の世界への関わりなのである。

　日常的世界への関わりでは、人びとは、自らの関わるそれぞれの事象に名
前をつけ、その名前のものとして理解し、そのような事象の関係総体のな
かで生き長らえてゆく。それゆえそれら事象の意味理解と、人間の生存維
持にとっての有用性とが一体となって、自明になっているのが〈生活習慣
（nomos）〉である。そしてその生活習慣を支えるのが、『異邦人』では、カ
トリシズムの宗教的‐倫理的規範であった。だがムルソーは、その規範に対
して「無縁な（étranger）」人間であったから、宗教的な裁きをも受けねば
ならなかった。一般的にいえば、日常的世界の根拠に抵触することは、不条
理な事態が露呈することである。実際、さまざまな事象が〈なぜ在って、無
でないのか〉という根拠への問いが生じるとともに、自明であったはずの生
活習慣からなる日常的世界の関わりの意味が揺らいでしまって、以前のよう
な安定を維持しえなくなるのである（『シーシュポス』1.227-228）。要するに不
条理は、日常世界の根拠を問いつづけてゆく思索のなかで、いわば有用性の
蝕として、その逆をいえば「生の深い無用性（inutilité）」（上掲書 1.299）と
して経験されるのである。

人間の〈生活習慣（nomos）〉は、古来、自然（physis）と対峙するものとして解されてきた。生活習慣が人間の司る親密なものであり、歴史的なものであるのに対し、自然ないし自然的世界は、根本的には、人間の源であっても、人間の理解しがたいものでありつづける。だとすれば、カミュが不条理の事態を「人間の呼びかけに対する世界の沈黙」とみなしたとき、彼は〈人為と自然との対立〉というヨーロッパ特有の理念 - 史的図式を自明のものとして前提していたのであろうか。また、「世界の沈黙」とはキリスト教的な歴史的世界に対置されるなにか自然的なものであろうか。

　カミュが、人為／自然や、歴史／自然という二項図式をまず前提して、その一方の項、つまり「宇宙（univers）」（『シーシュポス』1.231）や「大地（terre）」（上掲書 1.232）を求めつづけたとしても、人間の自然への関係には、一致や統一という意味での止揚はありえないであろうし、つまるところ不条理の事態は解消しえないであろう。現にカミュにとって、人間と自然の一致は「失われた祖国」（『キリスト教形而上学』1.1052）を夢見ることであるし、現代においては、太古の神々の事跡の物語、つまり「神話」（『結婚』1.107）なのである。ところがその一致が「神話」であるからこそ、その一致は現代人のカミュの郷愁を誘いもするし、想像を駆り立てもするのである。だから彼は、そうした郷愁を「人間と大地の婚礼」（上掲書 1.126）という華麗な言葉で表現したりする。その婚礼こそ、カミュが宗教精神史においてみたプロティノスの「希求していた和合」（上掲書 1.124）であった。だとすれば、たとえこの「和合」が神話にすぎなくて有名無実な事態となっているにせよ、しかし、その虚なる事態からみて初めて、「人間の呼びかけに対する世界の沈黙」という不条理の事態が逆照射されるはずである。それゆえカミュは、プロティノスの思索の論理を批判的に考察することになるし、その考察からして、キリスト教との関連における不条理の思索を鮮明に浮かび上がらせることになるのである。この点は、後論に譲ろう。

（三）不条理な死、悪

　カミュは、結核を患っていたために、死の不安を抱きつづけた。それゆえ彼は、パスカルの『パンセ』（199 番）から想を汲んで、人間は死の咎を受忍

第六章　辺境の人Ａ・カミュ、匿名のキリスト者

しつつも、その緊張状態の裡に生きてゆく「死刑囚」（『キリスト教形而上学』1.1009）に擬えて、死を人間と自然との乖離として「不条理」の一つに挙げる。なぜなら、自然は人間の呼びかけに応えるどころか、人間に死の咎を課して、その無力や苦悶をもたらすからである（『シーシュポス』1.235）。こうしてカミュは、「不条理」としての死とキリスト教思想との親近性を挙げる。

　カミュは、第一に、イエスの十字架における死のうちに深い意味があると言い、「死の感覚を信仰の中心におくのがキリスト教だ」と言う（『キリスト教形而上学』1.1007）。だから第二に、死に対する身の処し方がカミュの関心事となる。彼は、「人間は死を癒しえなかったので、死について敢えて考えない工夫をした」（『パンセ』168番）と言うパスカルの思索を引き合いに出して、「キリスト教の全努力は、そうした心の怠惰に敵対することにある」（『キリスト教形而上学』1.1077）という。だがカミュは、この明哲なキリスト教護教家を師として仰ぎはしても、死に対する身の処し方に関して、師に従わない（『シーシュポス』1.224）。

　死の処し方が個々に違いがあるせよ、誰もが死のもたらす苦悩を担わざるをえない。否それどころか、古来、死は災厄の最たるものとして悪とみなされてきた。キリスト教思想においては、自然のもたらす災いであれ、人間の犯す悪であれ、そもそも悪は罪と解されている。楽園からの追放以後、人間と自然との間にある矛盾という不条理は、もはやアダムの無垢の自由には戻りえない事態として、悪すなわち罪だとみなされるのである。アウグスティヌスは、例えば『神の国』（第22巻第23章）において、「善を欲しながらも悪を犯してしまう」（「ロマ書」7章15-24節、「ガラテヤ書」5章17節）と言ったパウロに倣って、「罪を犯さざるをえない無力」（『キリスト教形而上学』1.1009）を語っているが、当然カミュも、死という不可避の事実のなかに常にすでに、「罪を犯さざるをえない無力」といった悪の問題が潜んでいることを認めている。こうして悪がいわば強迫観念としてカミュに憑いて離れないけれども、彼は死を悪の問題として論ずることを拒否するのである。例のムルソーは、アラブ人を殺害した張本人として裁きを受け入れるが、なぜかアラブ人を殺害したことに対して呵責の念を持ってはいない。それは、カミュの眼には、アウグスティヌス以来、カトリシズムが悪つまり罪とみなしている

かぎり、「悪を問題とすることは、神の前に立つ」(『シーシュポス』1.257) ことに見えたからではなかったのか。

　カミュは、端的に「不条理、それは神のない罪だ」(『シーシュポス』1.247) と言っているから、死が不条理な一事態である以上、死も「神のない罪」であろう。このようにカミュは罪の観念を忌避するにもかかわらず、罪という言葉を用いているのである。こうした言い回しから、キリスト教教義に対するカミュの複雑な構えを窺い知ることができよう。今ここで、アウグスティヌスの「悪すなわち罪」という教義と、彼の不条理な死とを突き合わせてみよう。

　第一に、悪の実体性を否定する点において、カミュはアウグスティヌスに同意する。アウグスティヌスは、「悪は存在しない」といったプロティノスに倣って、悪は「固有の実体」ではないと主張するが、アダムが神の意志に背いたがゆえに、悪は人間の生きようとする意志に存するとみなした(『キリスト教形而上学』1.1065)。それに応えてカミュは、悪の起源を人間の世界への関わりにみる以上、悪はその関わりに内在するものと解する。第二に、根源悪に関して、両者は密接に関わりあう。アウグスティヌスによれば、原初の楽園から追放された人間はそもそも無垢を、「悪つまり罪を犯さないでいられる自由」(上掲書 1.1069) を失っている。その逆をいえば、上述のように人間は、善を欲しながらも悪を犯してしまうし、善を欲すれば欲するほど、その意図に反して、悪を犯してしまう。それゆえ、人間の自由意志は「悪をおこなうことが可能な意志」、つまり根源悪であるわけである (上掲書 1.1067)。それと同様、カミュもまた、不条理の事態を不可避とみなすかぎりは、根源悪を甘受せざるをえないのである。第三にアウグスティヌスが、人間の自由意志を容認するペラギウス派のユリアヌスを駁して、悪のゆえに人間は地獄に落ちる定めにあるとし、その贖いを「恩寵」(上掲書 1.1069) に委ねるべきだと明言したとき、カミュはその「恩寵」をどのように解するかを問題にすることもなく、アウグスティヌスに随うことができなかったのである。というのも、「受洗なしに死んだ子供の地獄落ち」(同上) をいうアウグスティヌスの苛酷な処罰の観念に対して、カミュは当惑する外はなかったからである[2]。

144

第六章　辺境の人A・カミュ、匿名のキリスト者

　以上からして、カミュはアウグスティヌスの「悪すなわち罪」の教義に対して、承諾と拒絶という両義的な構えを取っていること、そしてその構えが「神のない罪」というカミュの言い表し方に呼応することが明らかであろう。つまりカミュは、苛酷な罰をともなう「罪」の観念を容認しえないがゆえに、「無罪性（innocence）」（『シーシュポス』1.265）を明言する一方で、根源悪の不可避性を甘受せざるをえなかった。だから彼にとっては、死は「神のない罪」なのである。

（四）不条理に対する処し方、多様性の容認

　人間は神の「恩寵」を信じて、贖罪と来世の希望を託せ、と説くカトリック司祭に対して、ムルソーは拒否の意志を示した。だとすれば、『異邦人』はカミュがそうした希望を抱かないで、だから不条理な生を越えずに、不条理に対処する途を模索してみる文学的実験であったとも解することができよう（『シーシュポス』1.256）。

　述べるまでもなくカミュは、その宗教精神史的考察においてアウグスティヌスを高く評価している。すなわちこの教父は、（α）キリスト教の「恩寵」はキリストがこの世に遣わされたという「受肉」に依ることを明言し、（β）そして「受肉の形而上学」を確立し、それに基づいて、言葉と肉と霊（神）が同じもので一つだという「三位一体」の教義を強固な思想へと築いた、と（『キリスト教形而上学』1.1069）。父なる神と御子イエス・キリストが共に働いて、聖霊を発出し、その逆に、その聖霊からして父と子に向かうというのが、アウグスティヌスの「三位一体」論の骨格を形づくる。とすれば、カミュの「反抗」もまた、アウグスティヌスの教義を受諾しつつも疑問符をつけるというアンビバレントな構えから見て取れよう。

　カミュによれば、イエス・キリストは、マリアから生まれた人間としては「神」ではないが、しかしイエスの言行が、神の言葉を伝えるものである以上、そもそも彼の言行そのものが「福音」なのである。そこでカミュは、アウグスティヌスが「ヨハネ福音書」に求めた「三位一体」の典拠を挙げている（『キリスト教形而上学』1.1060）。すなわち、「私と父とは一体である」（10章30節）、「私を見る者は、私を遣わされた方を見るのである」（12章45節）、

145

など。カミュがその「三位一体論」を踏襲していることは、論を俟たない。

　以上から明らかなようにイエスの言行においては、「言葉（ロゴス）」と人間イエスの「肉」とが一体となっていると同時に、しかもその「言葉」は、人間イエスを通しながらも「神」に由来し、神の「言葉」に他ならない。注意すべきは、「言葉」は神を出自とするけれども、しかし人間を介するものであるという、いわば〈二様一体〉の仕組みが成立することである。カミュによれば、この〈二様一体〉の仕組みを、アウグスティヌスは「三位一体」論の教義で表したわけである。それは内容的には、上述のように『ヨハネ福音書』を典拠としており、方法的には、「三位一体」論は、プロティノスの思想構造——カミュがレヴィ・ブリュール（L. Lévy-Bruhl 1857-1939）から借用した「分与の論理（le principe de participation）」——に依拠したものであった。このプロティノスの論理は、不条理を論ずるうえで重要であるので、多少は詳しく論じられねばならない。

　プロティノスの課題は、「一者」つまり神がなぜ多様な「諸存在」として現象するのか、超越がなぜ内在となるのかという問い、端的にいえば一即多、超越即内在という問いに答えることであった。その応答としては、プロティノスの思想を、超越と内在とを厳密に区別する「超越神論」として解する見解と、超越が内在する「汎神論」として解する見解とがある、とカミュは見る。それに対してカミュは、それらが共に、神つまり「一者」を諸存在と同じ空間のうちの存在者として捉える誤りを犯したとして退け、プロティノス思想を「万有内在神論」とみなして、「神は、人間の願望であるから、人間のうちに内在するが、他の諸存在と比べて、神の超越は認められねばならない。だとすれば、神はいかなる存在にも内在せず、あらゆる存在が神に内在すると言わねばならなくなる」（『キリスト教形而上学』1.1053-4）と論ずる。カミュは自らのこうした解釈によって、プロティノスは、神は空間的・時間的な諸物のどこにもなくて、しかしそれら諸物に潜んでいるという「非空間的・非時間的論理」（上掲書1.1058）を活かしているということを指摘する。そのうえでカミュは、レヴィ・ブリュールが原始的精神構造にのみ適用した「分与の原理」を借用して、神つまり一者が万物へ発出することにより、自らを「分与する」のだと捉え、プロティノスの万有内在神論の論理を「分与

第六章　辺境の人Ａ・カミュ、匿名のキリスト者

の論理」と名づける（同上）。カミュによれば、要するにアウグスティヌス
は、方法的にまさにこの「分与の論理」に基づいて、「受肉」ならびに「三
位一体」の教義を確立することになったのである（上掲書1.1060）。

　この「分与の論理」が「受肉」を基礎づけるものでありうるかどうか。カ
ミュは以前に「人間と大地の婚礼」をプロティノスの「希求した神話」だと
語ったが、この場面でも、プロティノスの「一即多」の論理を「肉感的な
瞑想体験」に裏付けられたものでしかないと断言する（『キリスト教形而上学』
1.1055）。だとすれば、プロティノスの「一即多」の論理は、ひいてはその
裏づけとしての「分与の論理」は、それが「一」なる絶対者から「多」なる
相対者への流出説を表しているかぎりは、文字通り「一」と「多」を結びつ
ける論理としては構築されえないことになるし、さらには、数かぎりない諸
現象を黙認するだけに終ってしまうことになり、それらを論理的に統一づけ
ることは、人間の理性には不可能事つまり不条理だということになる、『シー
シュポス』に至っては、そう断定される（『シーシュポス』1.252）。つまると
ころ「万有在神論」は、一と多を、あるいは超越と内在を同一性の論理で
もって結びつける流出説では基礎づけられえないことになる。

　カミュは別の可能性を探っていたかもしれない。数かぎりない多種多様な
諸現象つまり「多」が知覚され、そしてそれらが一望のもとに世界光景とし
て、つまり「一」として表されうるならば、それは「肉感的な瞑想体験」つ
まり美感的にして感覚的な瞑想体験に拠る可能性である。もしも「世界の沈
黙」に呼応するのが肉感的な瞑想体験であれば、それは分節化されないまま
の直接的な世界経験であろう。とすれば、そうした世界経験は可塑的な情態
のものであって、統一的な世界理念に到達しえないであろう。かりにそう
した直接経験が分節化されるとすれば、「世界の沈黙」に呼応した語りであ
るはずであるけれども、文字通りの呼応ではなくて、名ばかりの方便にすぎ
ないであろう。つまるところ、いかにして「一」が「多」に分与するのか、
「多」がいかにして生起するのかという謎、そしてそれが生起する場として
の世界総体という「一」の謎、まさにその生起の〈特異性（singularité）〉
というアポリアを、カミュはアウグスティヌスの論理に潜む疑問点とみなし
たばかりか、自ら担わざるをえなかったことになる。

147

こうして不条理すなわち「世界の沈黙」は、数かぎりない森羅万象の多様性が人間をして沈黙させるという新たな様相を帯びることになる。その「沈黙」は、人びとを圧倒するほどの感覚的な事態を示唆している。だから、「人間のるつぼのなかで、自分が愛し讃嘆する数少ない価値、人間と沈黙とに出会う」（『シーシュポス』1.280）というわけである。さらに「沈黙」は文学的創造の源となる。だからカミュにとって「世界のさまざまな相貌を前にしたとき、ぼくらを恍惚とさせるあの感動は、世界の深さに由来するのではなく、世界の多様性に由来することを、心情は学ぶ。説明は虚しいが、感覚は残る。そして感覚とともに、汲み尽しえない量をもつ宇宙からの絶えざる呼びかけが残る」（上掲書 1.284）わけである。ここに、不条理に対処する「反抗」の途が明らかになる。すなわち、（α）彼岸へと飛翔しないで、人間の有身体的な不条理な生が具えている肉体的・感覚的な地平から離陸せずに、（β）その地平に依りつつ、宇宙の多様な相貌および個々の人間を記述する、「反抗」の途はこれである。

（五）不条理なキリスト教、反抗の途

カミュは青年時代から、ドストエフスキーを思索の糧として、文学創造の途を探っている。注目すべきことには、その探求の途上において彼は、キリスト教と不条理とが相対立しないと発言するのである。すなわち、「『カラマーゾフ』のなかで不条理と矛盾しているのは、この作品のキリスト教的性格ではなく、この作品が未来の生を告知していることだ。ひとはキリスト者であり、かつ不条理であることができる。未来の生を信じていないキリスト者という例はいくらもある」（『シーシュポス』1.296）、と。だとすれば、カミュの胸の裡には、不条理なキリスト教とでもいうべきものがあったのであろうか。

カミュは、「福音書のもつ不条理性（l'absurdité de l'Evangile）」（『シーシュポス』1.296）という表現さえ用いている。実際、聖書は、神の怒りとともに、神の慈しみを伝えているから、「不条理性」——すなわち、形式論理では理解しえないキリスト教特有の背理的論理構制——を帯びていると解することもできよう。否、そもそも聖書は、例えば「信じます、信仰のないわたしを

お助けください」(「マルコ福音書」9章24節)とあるように、いわば信仰即不信仰という逆説に満ちているのである。それゆえイエス・キリストの福音は、ユダヤ民衆の伝統的な部族主義的戒律を解体して、彼ら民衆をその戒律の縛りから解こうとする、自由への志向を含んでいたのである。カミュが終生仰ぎみていたのは、こうしたキリストであった。

キリスト

　カミュがキリストに言及するケースは決して多くはないなかで、二つのケースが注目される[3]。一つのケースは、1952年1月15日の『朝日新聞』に掲載された「カミュ会見記」である。これは、前年に広津和郎と中村光夫が交わしたいわゆる『異邦人』論争について、小島亮一パリ特派員がカミュをインタヴューして、彼の見解を伺った記事である。「この作で私の言おうとしたことは、真実の奉仕は危険な奉仕であり、時には死を賭した奉仕だということです。ムルソーの場合は、言わばキリストの場合と同じだと思います。ムルソーは市井の一官吏で、キリストのように理想も説かず奇跡も施さないが、しかし自分に正直で、そのためあえて一切の行為を説明せず、社会の名において殺害されたということにおいて同じことです。つまりムルソーはわれわれがなりうるキリストの姿とも言えましょう」。ムルソーは、社会の因習やしきたりに縛られない自由人であったから、彼は「われわれがなりうるキリストの姿」だというのである。またこの会見記で、「私の不条理の哲学が西洋でこそ新しいが、東洋ではもう分かり切った思想であるとの御意見は、誠にその通りです」と、カミュは語っている。この会見記の三年後の1955年に、カミュはもう一度キリストに言及する。「ムルソーは脱落者ではなく、貧しく虚飾のない男、影を落とさぬ太陽を愛する男なのだ。だから『異邦人』のなかに、いかなる英雄的な態度も見せずに真実のために死ぬことを受け入れる男の物語を読んでも、たいして間違ったことにはならないだろう。私の作中人物のなかに、われわれに値する唯一のキリストを描こうと試みた、私はやはり逆説的に、そんなふうに言ってみたこともある」(『異邦人』「アメリカ大学版への序文」1.216)。この序文での言及は、朝日新聞掲載の「カミュ会見記」との微妙な表現上の違いがあるものの、ムルソーは、キリ

ストと同様、真実を語る独立不羈の自由人であり、その自由人を「太陽を愛する男」と形容している。

　カミュは、「太陽を愛する男」としてのキリスト像を、間接的だが描いている。ルネサンス初期の画家、ピエロ・デラ・フランチェスカが描いた「キリストの鞭打ち」と「復活のキリスト」という二つの作品に触れて、カミュはそのキリストから受けた感動を語っている。すなわち、鞭を打たれるキリストは、まさにその瞬時の苦痛を生きようとしているのであって、永世への希望に対して「肉体がなんの関心も抱いていない」し、復活のキリストは、「魂の猛々しさ」、つまり「生きる決意」を表している、とカミュの眼には映っている（『結婚』1.128、136）。述べるまでもなく、このようなキリストは、カミュの眼を通した、だから彼の志向の籠もったキリスト像である。だが、それのみではない。わざわざフランチェスカのその作品を評するかぎりは、そのキリストがカミュの感動を惹き起こしたのであるから、それはカミュの「生きる決意」を呼び覚ますキリスト像であったと言えよう。そのキリスト像は、人間としての有身体的な不条理なあり方を具え、そしてその不条理な生を生き切った、つまり運命愛を生きたキリスト——ニーチェが抱いたキリスト——であった。そして、そのキリストに従う生とは、カミュにとって無一物なる生なのである。

　カミュは、真っ赤な花が咲き乱れる頃、フィレンツェ郊外のフランチェスコ会修道院を訪れ、「僧房に、彼らの瞑想を培う頭蓋骨が置いてある」のを垣間見ている。そのときカミュは、まさに花が艶を競う「生の気候」を体験すると同時に、「美のなかに沈潜した知性が、虚無を糧にして生きる」術を学んだ（『結婚』1.133-4）。その術とは、修道院の生活であるから、清貧に身を置き、常に「死」を凝視する瞑想のなかで、逆に「生への愛」を高めるという、修行僧自らの「身 (la chair)」（上掲書1.118）を賭した修行の途であった。注意すべきことに、カミュはその僧たちの生と、彼の生まれ育ったアルジェの海岸で一年中を陽に当たって過ごす青年たちの生に、「ある共通の響き」を感じている。これらの貧しい青年たちは日がな一日、海辺で一身に太陽の光を浴びて、「身」でもって自然を享受するという、肉体的・触覚的な生を送る術を心得ているのである。アルジェの青年たちの生とフランチェス

コ派の修道僧たちの生との共通する息づかいは、「身一つになっている（se depouillent）」生、そして「身一つの自由」を味わっている生が表すものであった（上掲書 1.133）[4]。

神

　ではカミュは、彼のいう不条理なキリスト教において、どのような神の観念を抱いていたのか。彼は、例のパリの左翼的知識人のように無神論を誇示したことはなかった。むしろ、「僕は〈神を排除する〉と書かない。そう書けば、やはり神を肯定することになるから」（『シーシュポス』1.246）と言う。なぜならカミュからすれば、超越神を頂点として正統的キリスト教の絶対的なイデオロギー体系——排他的で独善的な自文化中心主義の体系——を否定したところで、それを代替する別の絶対的なイデオロギー体系を据えたならば、中身こそ違え、絶対的な神観念を戴いているのと同じことであるからである。だから彼は、倫理的および知的領域において節度や中庸を重要な徳目とみなした。しかしカミュにとって、超越神を否定しないことが、即座に、超越神を信ずることになるのではない。要するに、「不条理な人間が承認しうる道徳は、神を離れぬ道徳だ。ところが、不条理な人間はまさにこの神の外で生きている」（上掲書 1.265）ということになる。つまるところ、カミュは、正統的なキリスト教の超越神の概念に対して両義的な見方をしていると言ってよい。だから、しがらみのない自由人ムルソーは、絶対的なイデオロギー体系とその社会倫理に対して無関心を装ったのである。

　そうはいっても、カミュは神の超越性を肯定するし、神の観念を抱きつづけている。上述のようにカミュの生活理想は「身一つの自由」という無一物なる生であるが、彼が、「いのちのことで何を食べようか、体のことで何を着ようかと思いわずらうな」（「マタイ福音書」6章25節）というイエスの福音を知らなかったはずがない。しかも無一物なる生が、人間が制作できるものではなく、生かされてあるという情態である以上、無一物なる生すなわち自由は神の贈りものである[5]。その贈与をカミュが知らなかったはずはない。とすれば、彼はそうした贈り主としての神の観念を抱いていたことになろう。ただし彼は、その神観念を明快に弁証してはいない。

カミュは、上述のようにアウグスティヌスの依拠したプロティノスの神学を――その流出説に疑問符をつけたままで――「万有在神論」として解したから、彼は、汎神論でも超越神論でもなく、万有在神論を採ったことは、間違いない。

その神は、「空間的・時間的な諸存在」でないという意味で、非存在者つまり無であるが、しかし森羅万象をもたらすという意味で造化の働きそのものである。言い換えれば、神は存在者と同じでなく超越していながら、しかし内在的な存在者に関わっている神である。それゆえレッシングと同様、カミュは、〈隠れたる神（Deus absconditius）〉を思念していたという推測も成り立つ。

だがカミュは、生きとし生けるものを産む不壊の生命の象徴たるディオニュソス神話に言及して、「人間が参与するディオニュソスの秘儀が、より高次な啓示を準備する」（『結婚』1.131）と言う。彼の発言は明快とはいえないが、それを推測してみると、「ディオニュソスの秘儀」がプロティノスの希求した「人間と大地の婚礼」を準備するというのであろう。そして神すなわち非存在者としての無と同様、「大地」は、カミュにおいては、森羅万象の現れる「非時間的・非空間的」な働きを表す場所論的な隠喩であったと推論してよかろう。だとすると、カミュの抱く神観念は、生きとし生けるものを産むという意味で、母性を帯びたディオニュソス的契機を具えていることになろう。それはキリスト教伝来の神観念と一見相矛盾するようにみえるが、本書の第四章第四節でみられたように、ニーチェにおいて「キリストとディオニュソス」が相対立する関係ではないばかりか、『創世記』に記された「生命の樹」とディオニュソス神話とは神話学的にみて類似がみられるのである（本書の第四章第五節を参照されたし）。

第二節　反抗の倫理

大岡昇平は、『ペスト』はオラン市民によるペストとの闘いを描くことによって、「ナチス占領下のフランス、あるいは現代社会一般を諷刺したアレゴリー文学」（『大岡昇平全集』第 14 巻、筑摩書房、532 頁）であるといっている。

152

第六章　辺境の人Ａ・カミュ、匿名のキリスト者

大岡に従って、アレゴリー文学としての『ペスト』から、カミュのいう反抗
の倫理を浮き彫りにしてみよう。そのために、その主人公は医師リウーだ
が、脇役として登場するパヌルー神父、タルー、リウーの母親という三人の
人物に焦点を当ててみよう。

（一）パヌルー、ペストと闘う聖職者

パヌルーは、容赦なく無慈悲な真実を語ることで名声の高い神父であった
から、ペストと闘うための説教を引き受ける。第一回目の説教では、ペスト
は、現世が悪に染まっていることに対する神の怒りであり、懲戒の意味をも
つと語った。ところが彼は、「罪なき子供の断末魔の苦しみ」を見つめて以
来、人間の罪責の問題について再考を促されることになって、医師リウーた
ちの組織した保健隊に加わり、「共に忍び、共に闘う」（『ペスト』2.184、以下
巻数と頁数のみ表記）ことになった。

パヌルーの第二回目の説教には、ためらいが見られる。なぜ罪なき子供が
苦しみつつ死ぬのか、来世の命は本当にその苦しみの償いであるのか。神父
は答えに窮するのである。というのも神父は、「十字架によって象徴される
あの八つ裂きの苦しみを忠実に身に体して、子供の苦痛にまともに向き合っ
たまま」（2.189）だったからである。にもかかわらず神父は、神が望んだが
ゆえに、子供の苦しむ事態をも受け容れ、そこに踏みとどまらねばならな
い、と聴衆――まずはともかく自分自身――を励まして、ペストに対抗する
行動を指示する。ただしその指示は、人間が手探りで途を探ってゆけ、とい
う決議論的なものであった。

　　「闇のなかを、やや盲滅法に、前進を始め、そして善をなそうと努める
　　ことだけをなすべきである。しかしその他の点に関しては、これまでど
　　おりの態度を守り、また自ら納得して、すべてを、子供の死さえも、神
　　の御心に任せ、そして個人の力に頼ろうなどとしないようにすべきであ
　　る」（2.191）。

パヌルーの決議論的な発言は、神義論に対する疑義を含んでいる。リユー

153

医師がパヌルーに対して、「子供たちが責めさいなまれるように作られたこんな世界を愛することなどは、死んでも肯んじません」と抗議したとき、もはや神父は神義論の十全な論理を展開しえなくなっていたのである。しかし神義論が、世界の悪についての、人間が理解しうる説明である以上、神義論の瓦解は信仰を揺るがすことにはならない。だからパヌルーは、キリスト者として、あるがままを「全的に受容する徳」と一切を神に委ねるという「神への愛」とを固く護っているのである。

　　「神への愛は自我の全面的な放棄と、わが身の蔑視を前提としております。この愛のみが、子供の苦しみと死を消し去ることができるのであり、この愛のみがともかくそれを必要なもの――理解することが不可能なるがゆえに、そしてただそれを望む以外にはなしえないがゆえに必要なもの――となしうるのであります」(2.191)。

　つまるところパヌルー神父は、無辜の子供の悲惨な死を目の当たりにして、自らを培ってきた信条を揺さぶられたけれども、しかし相異なる立場の人びとと共に忍び、共に闘うなかで急逝する。カミュがパヌルーに、偶発的でありながら不可避的な事態を受け入れるという「運命愛」を生きたキリストに使える者の生き様を描き込んだことは、論を俟たない。

（二）　タルー、聖者になろうとした男

　タルーは、オランにまで流れてきた経歴の男であるが、ペストに侵されたオランに戒厳令が敷かれると、すぐさまリウーと協力して、志願の保健隊を組織し、志願者と協力してその活動に当たった。それは、リウーの決意、つまり疫病との闘いは一時的に勝利しても、際限なく続く敗北であるが、あらんかぎりで死と闘った方がよいという決意に、タルーは賛同したからであった (2.122)。実際タルーは、たとえ必滅の闘いであるにせよ、死を賭して闘うべきことが人生にはあることを承知していた。それは、彼が「ずっと前から、すでにペストに苦しめられている」(2.204) ということであった。彼のいうペストは、むろん、人間に巣食い人間を苛む罪悪のメタファーである。

154

そのペストは、父親との軋轢を病因とするものであった。

　タルーの父親は判事であったから、仕事柄、「社会の名において」極刑を要求することもあったが、多感な十代のタルーには死刑が「最も卑劣な殺人」と感じられたため、革命運動に飛び込んだ。「僕は、自分で生きている社会は死刑宣告という基礎の上に成り立っていると信じ、これと闘うことによって殺人と闘うことができると信じた」(2.207) という。ところが運動は判決、粛清、虐殺の繰り返しであったから、タルーは、自身が殺害者だという罪責感に苛まれて、心の平安を失ってしまった (2.209)。そのためタルーは、裁く者ではなく、犠牲者・被圧迫者に「共感」を持ち続けて、その者たちの傍らにいることにより、「心の平安」を達成しようとしたし、終には、「人は神によらずして聖者になりうるか」が彼の唯一の具体的問題となったのである (2.211)。

　ところが彼自身、献身的にペストと闘うなかで、それに感染してしまった。彼は、リウーの母親に看取られながら死を迎える。タルーは彼女に、「遠くから響いて来る、かき消されたような声で、ありがとうと言い、今こそすべてはよいのだ」とささやくのだった (2.234)。タルーは、聖人になりえなかったにせよ、安らぎを得たことは確かである。

（三）母、キリスト

　タルーは、リウーの母親の慎ましさについて記している。「私の母もそんなふうであった。私は母の同じような慎ましさを愛していたし、母こそ、私がいつもその境地に達したいと思ってきた人物である」(2.225。強調筆者)。タルーが願った聖者とは、キリストに倣って、禍々しい出来事をも甘受して慎ましく生きる者であったのではないか。

　現にカミュは、未完の自伝的小説『最初の人間』のノートに、「彼の母はキリストである」(4.925) と書きつけている[6]。その母＝キリストは、一切に対して忍従の態度で「諾」といい、それを行動した存在であり、カミュがニーチェから学んだ「キリスト」(『反抗的人間』3.119) なのである。こういう母＝キリストから、パヌルー神父や医師リウーやタルーなど、信条を異にする人びとの連帯と反抗が生まれるのである。それが、内在的超越としての

アンガージュの別名である。もちろん反抗の行動は、人間がおこなうのであって、母＝キリストではない。

（四）反抗の倫理

（α）グローバルな総動員体制

『ペスト』にアレゴリーとして描かれた第二次大戦は、周知の通り、列強が総力戦体制を敷いて戦った無差別な殺戮戦であった。その総力戦は、強力な近代兵器を発明する科学技術力、それを大量に生産する工業力、その生産に従事する労働力を結集したものであった。このような結集をもたらすシステムを指しているのが、E・ユンガーのいう「総動員体制（die totale Mobilmachung」[7] である。

総動員体制は、揺りかごの赤子さえも組み込んでしまうシステムといわれるように、国家が身分や階級の壁を破って、老若男女を問わず、あらゆる分野のものを国家目的へと徴発する体制である。だからどの国家も、第一次大戦後、政治体制に関係なく、工場のみか社会そのものをも管理するいわゆるテーラーシステムを取り入れたのである。テーラーシステムという点では、ヒトラーのナチズムも、スターリンのボルシェヴィズムも、またアメリカニズムも大差はないと言えよう。なお、科学技術の分野における総動員体制については、ハイデガーが「総駆り立て体制（Ge-stell）」となづけて、「有用性」の観点から自然ばかりか人間をも資源として用立てるのが「技術の本質」だと解している[8]。

以上のように総動員体制が、自然や人間のすべてを組み入れ、用立てるシステムであるとすれば、資源として保護するかぎりは、個々の人間が社会福祉や労働政策の課題となるし、また一兵士として駆り立てられるのである。こうしたシステムが人間を導く以上、近代市民社会の掲げた自由主義や個人主義は、システムのなかで熔解したし、個人が決断と選択の主体であるという思想は幻想だということになる。

（β）総動員体制に対する反抗の倫理

列強の総動員体制による無差別な殺戮戦は決して一過性のものではなく、

第六章　辺境の人Ａ・カミュ、匿名のキリスト者

人間が繰り返し犯してしまう、絶えざる悪行の一つであり、それゆえ「不条理」つまり悪の現れに他ならない。それに抗する手立てが一体あるのだろうか、カミュの問いがこれである。彼は、「社会全体が非神聖化の歴史のなかにある」かぎり、人間の社会的行動は、もはや絶対的イデオロギーに基づくことはできないがゆえに、絶えざる不条理に抗する行動は「反抗」であると言う（『反抗的人間』3.78）。カミュは、主従関係を引き合いにして、革命と反抗との違いを、以下のように説明する。

　奴隷が主人を滅ぼして、奴隷自身が主人になれば、その行動は革命である。革命は絶対的イデオロギーに準拠したものであるから、平時においても異端裁判と粛清を繰り返さねばならない。だとすれば、総動員体制のシステムそのものが暴力性を具えているかぎり、政治革命によってもそのシステムに変わりはないわけである。

　それに対して奴隷が主人に対して歯向かっても、主人と同等に扱えと要求するだけであれば、その要求の行動は反抗である。なぜなら主人の奴隷に対する扱いを否定すると同時に、主人の存在を認め、主人と奴隷に「共通する価値」を認めているからである。ただし「共通する価値」であっても、価値は絶対的ではなく、歴史的に相対的なものであり、議論を惹き起こすものである。そうとすると、反抗は、「許しがたい侵害に対する絶対的拒否と、同時に、正当な権利に対する漠然とした確信とに基づいた」、否と諾とを具えた行動であるということになる（『反抗的人間』3.71。強調筆者）。

　革命にとって、立場を異にする他者は抹殺すべきものであるのに対して、反抗にとって、他者は、たとえ異邦人であっても、同等の権利を有するものである。それのみではない。奴隷の自分ばかりか、他の人びとが悲惨な状況にある場面では、その他者のための反抗はありうるのである。というのは、自分が護ろうとする価値は、自分だけのものではなく、人びととの「共通の価値」——人びとの紐帯たりうるという点で、超越的でありながらも、人びとが共に理解しうるがゆえに内在的な価値——であるからである。『ペスト』の人びとのように反抗の行動は、「人間の連帯性」を具えて、「集団的行動」となる（『反抗的人間』3.74、79）。それゆえ革命においては、他者を自己のなかへ同化させても、他者のなかへと自己を超越させることはないのに対し

157

て、「反抗においては、人間は他人のなかへ、自己を超越させる」（『反抗的人間』3.74）というわけである。それゆえ人間は、他者との連帯を通して、自己を形成してゆく。まさにそれが、反抗すなわち内在的超越の特質なのであり、この点でカミュは、プロテスタント神学者のボンヘッファーやカトリック神学者のK・ラーナー（Rahner 1904-1984）と軌を一にすると言ってもよかろう[9]。

　悪つまり不条理が繰り返し生じ、その不条理に対して、人間は繰り返し反抗しなければならないとなれば、反抗には、人間が自らの権能を弁えるべき限界を有することになる。それゆえカミュが護ろうとする反抗の倫理は、「節度」ないし「中庸」（『反抗的人間』3.314）であり、「寛大」（上掲書 3.323）であることになる。

（γ）不条理に培われた反抗の倫理

　カミュが説く「中庸」や「寛大」といった徳の倫理は、彼のいう不条理の経験と相反すると受け取られてしまうだろう。現に、『シーシュポス』における不条理の経験から、『ペスト』や『反抗的人間』における反抗の倫理には大きな飛躍があることは、否定しえない。しかしながら、パヌルー神父やタルーなど『ペスト』に登場する人物たちの献身的行為はヒューマンな倫理性を帯びているとは言っても、それは決して月並みな人道主義ではなく、不条理な経験に基づいた倫理的行為なのである。その倫理的行為について二つの点を、ここで確認しておきたい。

　繰り返すまでもなく、カミュのいう不条理とは人間の呼びかけに対する世界の沈黙である、つまり人間の関わる事柄に根拠が欠けているということである。それゆえ不条理な死は、上述のように「神なき罪、すなわち悪」（『シーシュポス』1.247）であり、私たち人間の理解を絶したものであるし、私たち個々の身体的生もまた、常にすでに死に曝されているがゆえに、根拠を欠いているのであって、偶然性を免れはしない。生は偶然だという事情は、即座に、一切が赦されているということに至るのではなく、むしろその逆のこと、つまり私たち個々の生はまさに自らの生にもかかわらず、私たち自身が有用なものとして制御できるものではないという自覚に至るのであ

158

る。さらにその自覚は、人間の行為の桎梏として重くのしかかる。このような制約のゆえに、帝政ロシアの転覆を図ったテロリストのカリャーエフは、カミュによれば「心優しい殺害者」であったが、セルゲー大公の暗殺を企てながらも、馬車のなかに大公の妻や子どもたちの弱々しい顔をみたとき、暗殺を実行するのを止める。それは、このテロリストが、ヒューマンな人道主義者であったからではない（『反抗的人間』3.205）。M・ブランショによれば、暴力の停止をもたらしたのは、カリャーエフが見た子どもたちの弱々しさ、つまり生と死が接する「赤裸の窮迫状態」を感知したからである[10]。以上から明らかであろう。すなわち確認しておくべき第一点は、カミュが不条理な経験から反抗の倫理を引き出したということなのである。

　しかし反抗の倫理は、不条理な経験によって培われたものであるがゆえに、その経験を超克するものとはならない。「ペスト菌は決して死ぬことも消滅することもない」のであり、「人間に不幸と教訓をもたらすために、ペストが再びその鼠どもを呼び覚まし、どこかの幸せな都市に彼らを死なせに差し向ける日が来るであろう」（『ペスト』2.248）という言葉が、『ペスト』の棹尾を飾っている。私たちの身体的生は、聖化されないかぎり、やはり悪を犯してしまうがゆえに、私たち人間の果たしうる反抗の倫理はその生を耐忍するだけの慎ましい術でしかあるまい[11]。ここで確認しておくべき第二点がこれである。

第三節　悪の文学的形象化
——『悪霊（Les Possédés）』を中心に

　カミュは悪の問題に取り組むため、「悪に憑かれた三人（Trois possédés）」（『反抗的人間』3.192）という表題でネチャーエフ事件を論じた。さらに『転落』（1956 年）を公刊し、それに続けて『悪霊』（1959 年）を翻案する。

（一）『悪霊』の翻案
　カミュは二十歳のとき、『悪霊』に出会って以来、ドストエフスキーの作品を耽読すると同時に、ジャック・コポー（J. Copeau 1879-1949）の脚

色した『カラマーゾフ』を上演し、自らはイワン・カラマーゾフを演じている。以降、イワンという近代ロシアのニヒリストのセリフは、カミュの心に焼き付いてしまう。それゆえ、ジッドの『ドストエフスキー』やシェストフの『悲劇の哲学』と取り組んでいる。カミュにとって、「ドストエフスキーは、ニーチェよりずっと以前に、現代的ニヒリズムを識別して、救済の道を提示することを試み得た作家である」（「ドストエフスキーのために」4.590）のであった。そして、出会いから二十年後に実現したのが、『悪霊』の翻案であった。

　周知のとおりドストエフスキーは、無神論者が遍歴の末にロシアのキリストを見いだすという筋立ての『偉大な罪びとの生涯』という長編小説の創作ノートを作成していたとき、秘密革命結社によるリンチ事件という、いわゆるネチャーエフ事件が動機となって『悪霊』のノートを取り始めた。カミュは1953年以来、ドストエフスキーの『作家の日記』を調べ、シャートフ、ピョートル、キリーロフという『悪霊』の作中人物は「スタヴローギンの崩壊した人格の断片であり、この分裂した疲れ切った異常な人格の流出である」と解するN・ベルジャーエフに倣って、『悪霊』の主人公をスタヴローギンとみる。ただしカミュが翻案『悪霊』で主題化したのは、一つは自らの精神的頽廃に苦しむ青年貴族スタヴローギンの精神的冒険と死であり、別のもう一つはネチャーエフをモデルとした卑劣な陰謀家で、スタヴローギンを革命運動の指導者として担ごうとするピョートルが犯したシャートフ殺害事件であった。

　カミュは翻案にあたって、ドストエフスキーの語り口の特徴、すなわち登場人物のダイアローグを重んじた「演劇的技巧」を活かそうとする。より詳しく言えば、そのダイアローグのもつ緊張が昂まって炸裂する場面が劇的なテンポを築いており、その炸裂する場面による急転が作品の悲喜劇的効果をもたらしていると解する。それゆえカミュは翻案のさい、二つの山場を構成する。それは、脱獄した懲役囚のフェージカがスタヴローギンから殺害を請け負う第七幕であり、別の一つは、スタヴローギンがチーホン僧正と会見する第十四幕である。そしてカミュは、これら二つの激しく凝集する場面を境にして、ドラマの前半が「諷刺的なコメディ」として進行し、そしてその

160

第六章　辺境の人Ａ・カミュ、匿名のキリスト者

後半が「炸裂と暴力にみちた悲劇」へと展開してゆくように翻案している
（「開幕に遅れた人のために」4.539）。

　カミュは『悪霊』の筋立てにも変更を加えたが、それは悪の主題化に関係
している。当初ドストエフスキーは、『悪霊』第二部の終わりに、「スタヴロー
ギンの告白」という第九章──スタヴローギンがチーホンに会見して自らの
少女凌辱という罪状を告白するという章──を組み入れていたが、それを寄
稿した先の『ロシア報知』の編集者が家庭向けの雑誌には不適切という理由
で、第九章の掲載を拒否したため、ドストエフスキーは当初の第三部の構想
を変更しなければならなくなってしまった。その変更により、スタヴロー
ギンは、チーホンとの会見後、ロシアのキリストを発見するはずであったが、
堕落の末の自殺に終わってしまう。それゆえ「スタヴローギンの告白」とい
う章は、作品の構成上の問題を残すことになってしまった。そこでカミュは
翻案のさい、ドストエフスキーの『悪霊』創作ノートに基づいて、ドストエ
フスキーの当初の構想を復元して、「スタヴローギンの告白」を第十四幕の
「チーホンとの会見」のなかに組み入れる。すると、第十五幕以後の構成が
問題となってくるから、ドストエフスキーの『悪霊』とは異なる筋立てとな
る。すなわち、スタヴローギンが堕落の末の自殺にいたるという筋立てはド
ストエフスキーのものと同じなのだが、カミュの翻案では最後の第二十二幕
における彼の自殺の直前に、彼の家庭教師であったステパンがドラマの重要
な締め括りをするように仕立てたのである。しかもそれは、翻案が「悪魔に
憑かれた者たち」と題された所以を分からせるような工夫でもあった。すな
わち瀕死のステパンは、「ルカ福音書」（第8章32-38節）──そもそも、ド
ストエフスキーが『悪霊』のエピグラムに用いた章節──を朗読してもらっ
て、そこに記されたように、悪霊は「われわれの罪の深さであり、病はロシ
アです」、「悪霊に憑かれた者は、崖より駆け下り、絶滅する、がしかし病め
る者は癒され、イエスの足下に坐し、全ての者が癒されるでしょう。ロシア
は癒されるでしょう、いつか！」（『悪霊』4.514）と語る。このステパンのセ
リフは、キリストによる救いのないスタヴローギンの末路を示唆するのであ
る。

161

（二）　スタヴローギンの精神性

　ステパンとスタヴローギンとの関係が問題である。カミュは『悪霊』を、ステパンを父としスタヴローギンを子とする、いわば父と子の物語と解して、父のステパンを当時の少し軽いインテリとしてあくまで諷刺的に描く。すなわちステパンは、西欧啓蒙主義の洗礼をうけた自由主義者であり、ロシアの因襲と社会に対して批判的で嘲笑的な構えを崩さない存在、逆をいえば、洗練された西欧的教養人だが、ロシア社会では役立たない寄生的存在である、と。だから彼は、スタヴローギンの養育係の名目で、スタヴローギン家の居候であった。実際、彼は養育係を引き受けたのはよいが、未成年のこの子どもを対等の友人として扱ってしまったから、スタヴローギンは世間とその因襲の虚妄に対して尊大で冷笑的な、「生まれた大地、民衆から遊離した人間」（『悪霊』4.487）、要するに近代ロシアのニヒリストになってしまった。それゆえカミュは、自らのエゴに翻弄されてしまうこの近代ロシアのニヒリストの精神性を戯曲化しようとしたとも言える。

　スタヴローギンの精神性は、カミュの翻案の山場、つまり第十四幕の「チーホンとの会見」で描かれる。彼がチーホン長老に、信仰生ぬるい者に関する「ヨハネ黙示録」（第3章14節以下）の章句を朗読してもらう場面（『悪霊』4.483）があるが、実はそれは完全な無神論でもないし完全な信仰ももっていない、それらの狭間で揺れ動いている彼の精神性を示すものであった。もしも彼が悪のために悪を犯すのであれば、自らの生の条件をも超越することになるから、神か、それとも悪魔か、いずれかの超越者に触れることになるが、彼にはそれができない。それゆえ彼は苦悩するだけの「悪霊に憑かれた者」であった。実際、彼がチーホンに告白するように、彼はペテルブルクで放縦な無頼の生活に浸り、愛してもいない白痴の女マリアを正妻にしたし、少女を凌辱して自殺させてしまった結果、倦怠ゆえの沈滞した「重苦しい無感覚な雰囲気」を漂わせているが、しかし「生の目的と意義を見出せない苦悶」を潜めているのである。言い換えれば、スタヴローギンは、放縦な淫欲生活に浸る一方で、単なる無神論者や唯物論者に留まりえなくて、生の真理を探究するという精神性のゆえに、その二重性に翻弄されて疲弊してし

まうのである。こうした事態を招いたのも、彼が犯した少女凌辱の罪責感に苛まれたからであった。チーホン長老が「神はあなたを赦してくださるでしょう」と諭したのに対して、スタヴローギンは罪の赦しを乞うことができなくて、「キリストは赦さない」という言葉を吐く（上掲書 4.487）。彼は、その「傲慢」（上掲書 4.488）のゆえに、自分で自分を赦そうとするが、それは逆により多くの重荷を背負いこむことになり、彼に関わる他者の死を招いてしまうことになる[12]。彼はキリーロフの自殺を黙過し、ピョートルにシャートフ殺害を教唆し、脱獄した懲役囚フェージカにマリアとその兄の惨殺を依頼するなど、スタヴローギンに関わった者たちの末路は悲惨なのである。

（三）スタヴローギン世代の末路

　カミュは、悪を主導的に論じ、『悪霊』においてそれを「悪に憑かれた者たち」として戯曲化した。その者たちの末路を見てみよう。

　スタヴローギンの子分を自称するピョートルは、革命を遂行するための粛清と称して、シャートフを殺害した後、外国へ逃亡した。それは、不条理の経験に培われた反抗の倫理に背いた行動である。スタヴローギンによって無神論を吹き込まれたキリーロフは、一切が許されているならば、一枚の木の葉でさえ善いことだから、悪を犯してはならないと言う（『悪霊』4.444）。これはキリストに比肩される境地に達した発言である[13]。そのキリーロフは、〈神は居ないがゆえに一切が許されており、それゆえ人間は神になる〉と宣言した最初の人間として傲然と自殺しなければならないとして、だから自責の念なしに自殺してしまった。これは、生きる意味がないのであれば自死も意味がないとする不条理の論理に反した行動である。では、スタヴローギンはどうか。彼は、ピョートルのように生き延びることができなかったし、ステパンのようにキリストに赦しを乞うこともできなかった。しかもスタヴローギンの自殺はキリーロフのそれとも異なる。一切が許されているとして、悪を犯したが、その罪悪に対する呵責の念に苛まれたあげく、自らを罰する外なくなって自殺に追い込まれたのである（上掲書 4.488）。スタヴローギンの縊死は精神錯乱であったからではない、そうカミュは付け加える（上掲書 4.514）。これは生を耐忍するという反抗の倫理に背いた行動である。否

それは、悪霊に憑かれたスタヴローギンが神に叛いた罪に翻弄されたから
だったとも言えよう。

このようにみてみると、『悪霊』を翻案したカミュの意図とは、悪霊に憑
かれた人間の悲惨な末路を描いてみせることによって、ステパノの選んだ途
の外には悪の根源性への対処がないことを仄めかすことにあったのかもしれ
ない。

結　カミュ、匿名のキリスト者──不信仰の信仰

不条理つまり悪の根源性を見据えつづけたカミュが、罪人であるにもかか
わらず救いに与かること、および彼の憧れる無一物の生すなわち自由がイエ
スの説いた福音であることを知らなかったわけはない。だが彼は、伝統的な
キリスト教教義が示してきたキリストの贖いを無条件に受け入れられなかっ
たし、公共の施設としてのカトリック教会の保身的な政治的態度に対しては
不信感を抱いていた。あるいはまた、彼はその宗教精神史的研究のなかで、
万有在神論を諒としたけれども、しかしその論理構造を十分に解明したとは
いえない。けれどもカミュは、キリストの愛の実践に倣って、連帯としての
反抗の倫理を打ち立てたことは、間違いなく彼の功績である。それゆえ悪の
根源性、つまり悪をなす自由は消滅させえないが、しかしその自由のエネル
ギーを、キリストの赦しによって善の方向へと転換させることはできる、と
彼が理解していたと解してもよかろう。したがって彼は、信仰告白をしな
かったけれども、K・ラーナーのいう「匿名のキリスト者」といってよいか
もしれない。その胸に深く秘めたものは、「信じます、信仰のないわたしを
お助けください」(「マルコ福音書」9章24節) という不条理な不信仰即信仰で
あろう。

註

カミュの作品からの引用については、本文において邦訳名を先に、その後に Albert Camus, *Œuvres complètes d'Albert Camus*, Gallimard, tome I, II, 2006, tome III, IV, 2008. の巻数と頁数を、引用文の後に記した。なお、邦訳にあたっては、佐藤朔・高畠正明編『カミュ全集』新潮社を参照させてもらった。

1) O・トッド『A・カミュ』上、有田英也・稲田晴年訳、毎日出版社、2001年、110頁。

2) O・トッド、上掲書、117、119頁。

3) これら二つのケースに関する詳しい分析をおこなった三野博司『カミュ「異邦人」を読む——その謎と魅力』彩流社、2011年（増補改訂版）、183頁以下を参照。

4) 無一物の生は、カミュによれば、海や風や石と同じ「現存（présence）（『結婚』1.112）となることであるが、それを石化というなら、石化すなわち幸福とも解される点については、三野博司『カミュ　沈黙の誘惑』彩流社、2003年、71頁を参照。フロイトにおける死への衝動が救いへの憧れとなっているというザフランスキーの指摘をも参照。R・ザフランスキー『悪』山本尤訳、法政大学出版局、1999年、226頁。

5) G. Greshake, Die Freiheit und das Böse, Gott und der Teufel, in: B. J. Claret (Hrsg.) *Theodizee, Das Böse in der Welt*, Darmstadt 2007, S. 35.

6) また、「ママン——ムイシュキンのように無知である。彼女は十字架の上の彼を除いて、キリストの生涯を知らない。にもかかわらず、キリストにもっと近い者が外にいるだろうか。」（『最初の人間』4.931）という書付けもある。カミュが愛読したドストエフスキーが「最も美しい人、キリスト」の具体像としてムイシュキンを描いたことからすると、この書付も母＝キリストと解しうる。三野博司『カミュ　沈黙の誘惑』の付論を参照。

7) 「総動員体制」については、ユンガー「総動員」E・ユンガー『追悼の政治』（川合全弘編訳）所収、月曜社、2005年、42頁を参照。

8) Heidegger, Die Frage nach der Technik, in: Heidegger, *Vorträge und Aufsätze*, Stuttgart 1954, S.23.

9) S・ドラムが、カミュとプロテスタント神学者ボンヘッファーとの近さを論じた。S. Dramm, *Dietrich Bonhoeffer und Albert Camus: Analogien im Kontrast*, Gütersloh 1998. および宮田光雄『われ反抗す、ゆえにわれら在り——カミュ『ペスト』を読む』岩波ブックレット901、2014年。K・ヴェンツェルは、社会参加のもつ内在的超越に関して、カミュとカトリック神学者K・ラーナーとの間に了解が成り立ちうると論じている。K. Wenzel, Verteidigung des Relativen. A.

Camus und das Christentum, in: Willi Jung (Hrsg.), *A. Camus ou Sisyphe heureux*, Bonn UP. 2013, S.171.

10) M・ブランショ『カミュ論』清水徹・粟津則雄訳、筑摩書房、1978年、80頁以下を参照。

11) 生が際限もなく出口もない重荷を担い続ける耐忍であるというテーマを追求したカミュの後期のアレゴリー文学が『転落』(1956年)であると解してもよかろう。『転落』は、パリの敏腕の弁護士がアムステルダムの場末に転落してしまった事情を告白するというスタイルでもって、裁く者が裁かれ、告発する者が告発されるという、生のいわば悪無限を物語っている。その生には確かな根拠がないことは、ルネ・ジラール『地下室の批評家』織田年和訳、白水社、2007年、199頁以下を参照。およびM・ブランショ、上掲書、117頁以下を参照。また、このような生の耐忍が、カミュのいう「偶然すなわち運命愛」だと解するのは、R・グルニエの指摘を参照。Notices de Roger Grenier, A. Camus, *Œuvres complètes d'Albert Camus: La Chute*, Paris 1983, tome IV, p.19.

12) R・グルニエが、スタヴローギンの「傲慢」な精神を指摘している。Notices de Roger Grenier, A. Camus, *Œuvres complètes d'Albert Camus: Les Possédés*, Paris 1983, tome IX, p.16.

13) 清水孝純が椎名麟三『私の聖書物語』に言及した論述から示唆を受けた。清水孝純『道化の風景』九州大学出版会、1994年、146-147頁。

第七章
無即愛の弁証者田辺元、
成りつつあるキリスト者

　第一次世界大戦を研究した日本陸軍は、将来の戦争を遂行するためには、重化学工業を発展、拡充して、近代兵器を開発、製造しなければならないし、戦時においては国家の総力を挙げなければならないという結論に達した。時の首相、寺内正毅（1852-1919）は1918年（大正7年）に、陸軍の要求に従って、平時においては軍需工業を保護、育成し、戦時においては軍需工場を管理、収容し、労働者を徴用することを目的とした「軍需工業動員法」を公布した。この法律は、石原莞爾（1889-1949）の「総力戦構想」に繋がってゆくものであった。それに加えて、軍需を優先して重化学工業を飛躍的に発展させるために、政官財が一体となって、統制経済体制を作っていった。こうして日本は、国家総動員体制を築くとともに、自国の権益確保という大義を掲げて、戦争への途へと踏み込んだのである。

　こうした時代に登場したのが、西田幾多郎を師として仰いでいた田辺元（1885-1962）である。彼は、論文「西田先生の教を仰ぐ」（1930年）において、西田哲学では類（全体、絶対）と個とが同一性の論理で結びつけられており、類と個の関係を捉える媒介が欠けていると批判して、個と類を媒介する「種の論理」を提唱する。その動機は、日本における強力な国家統制に対処する合理的な原理を解明しようとしたものであり、実際、日中戦争が勃発する1937年（昭和12年）の前年に公刊された論稿「国家的存在の論理」では、侵略戦争の謳歌は承認しがたいと明記されている。にもかかわらず、現実の国家（種）が、理想の人類的国家（類）を映す、という表現がこの論稿に見られる。こうして敗戦一年前の1944年に、転機が訪れた。すなわち田辺は、日本国家の悲劇的な緊迫と、思想家としての自らの責務のあいだで板

167

挟みになってしまい、「種の論理」として築いてきた自身の社会哲学的な思索が行き詰まってしまったのである。

田辺は、思索の再出発の契機として、懺悔によって自律的思考を自己放棄することを基にした「懺悔道（Metanoetik）」（1944 年 11 月）という題の講演をおこなった。1901 年（明治 34 年）の一高入学以来、キリスト教を彼の思想的課題としていたが、信仰に導かれることのなかった彼には、その講演は、キリストの福音の真理に初めて眼を開かれる機会となった。それ以後、キリスト教が培ってきた懺悔の教えに影響され、その福音に対する親しみをますます感じるようになってゆく。そして敗戦後の 1948 年に、キリスト教に関する考察の一応の成果として、『キリスト教の弁証』を世に問うてから、最晩年にいたるまで、キリスト教をめぐる批判的考察を含めた宗教哲学的考察を続けた。世界大戦はアウシュヴィッツ、広島、長崎などの大量殺戮を惹き起こして、深刻な虚無感を蔓延させたし、田辺がこの時代を言い表した「死の時代」（「メメント・モリ」13・165）は、既存の宗教の困窮ばかりか、生きとし生けるものの無機的な解体の始まる時代を指しているからである。

田辺が晩年の 1951 年におこなった講義で、「自分のなかに絶対的なものが働いて、安心させる」（「哲学入門 補説三」11・444-446）と語ったように、彼の胸の裡には、信仰を求めてやまないものがあった。それゆえ彼の無即愛という言葉は、「絶対的なもの」をめぐる彼の思索の跡を表していると言ってよい。その思索は、おおむね三つの傾向を示している。

第一に無即愛は、キリスト教の神観の再考と鍛え直しを促すものである。なぜならキリスト教は、古代ギリシア哲学の影響を受けて以来、神を最高存在者とみなしてきたし、そのギリシア的存在論の根柢たる同一性の論理に囚われてきたからである。それに批判的に対峙したのが、無即愛と表される「愛の万有在神論」の神観である。

第二に無即愛は、聖書の非神話化を徹底したうえで、キリストの復活を現代に活かす途を探ろうとするものである。すなわち、キリストの死と復活とは、神が自らの痛みを介して、人間を愛することを具現する形姿であり、田辺はそれを「キリスト＝菩薩」と表す。

第三に無即愛は、敗戦後も存続している「総動員体制」――「総駆り立て

体制」（M・ハイデガー）——に抗する宗教倫理的な手立てを探ろうとするものである。その手立てとして、田辺はキリスト教の「聖徒の交わり」から想を汲んで、死者と生者との「実存協働」を唱えたが、それは創発的なコミュニティとでもいうべきものであった。

第一節　神、無即愛

上述のように、キリスト教神学がヘレニズムの影響を受けて以来、保持してきたギリシア的な神観を、田辺は脱構築するよう試みて、それを無即愛と表した。

（一）絶対無すなわち愛の神

田辺によれば、一般的に宗教とは、「絶対」つまり神が自ら自発的に「相対」つまり人間に働きかけるという意味で、「絶対と人間の関係」のことである（「哲学入門 補説三」11・430）。当然、その関係がどのようなものと解されているかという点で、諸宗教が、ひいては神概念が相異なってくる。そこで田辺は、キリスト教の神が仏教ともユダヤ教とも違って、本質的に二重性をもっていることに着目する。

すなわちユダヤ教から継承した「有の神、正義と怒りの神」という面と、「恩寵と愛の神」という面を具えており、そして怒りと愛の両面を具えて、自らの犠牲により罪を贖い赦すという「矛盾的、対立的な二重性」は、仏教には決して認められていないし、それこそキリスト教を独特の最高の位置に高めるものであるという（「哲学入門 補説三」11・515-516）。ユダヤ教の神は、「有りて有るもの」（「出エジプト記」3章14節）といわれているように、絶対的な「有」の神であるし、モーゼから洗礼者ヨハネにいたる一連の預言者を介して、ユダヤ民族に対して警告を発し、かつ怒る神である。キリスト教はその面を継承しているが、キリストを媒介者として、人間を赦す神という面をもっているし、キリストの犠牲により、罪の贖いという「矛盾し対立する二重性」を具えているという。その二重性は、（α）なぜユダヤ教のように唯一神の存在を定立しないのか、という存在論的な問題設定と（β）なぜユ

169

ダヤ教のいう怒りのみか、赦しの神でもあるのかという倫理学的な問題設定を含んでいる。そこで田辺は、キリスト教の「怒りと赦しという矛盾的、対立的な二重性」を考察の起点として、キリスト教の神について存在論的ならびに倫理学的な議論を展開してゆく。

　第一に、怒り、かつ赦す神は、ユダヤの唯一神ではなく、父と子と聖霊との三位一体の神である。田辺の理解によれば、「父なる神」とは、「子」のキリストを媒介として、人間を怒りつつ慈しみ育てる霊的な働きの象徴であり（「哲学入門 補説三」11・528）、「聖霊」とは、そのギリシア語の語源が風や息を意味するように、神に人間との間を執り成して、神と人との「愛の交互的媒介」をなす働きである（上掲書11・523）。三位一体の神であるから、神は超越であるにもかかわらず、自らの外なる人間に対して働く。その働きにおいて、超越即内在が成り立つというわけである。ここで留意すべきは、田辺が三位一体の神を実体としてではなく、働きとして作用論的に捉えていることである。

　第二に、怒り、かつ赦す神は、自らの痛みを介して人間を赦す神である。神は「自己の傷みを自己の積極的媒介性たる愛の否定的契機として」（「実存概念の発展」7・243）、人間を愛するのであって、痛みと赦しは共に神自身の働きである。それゆえ神は、人間の叛いたことを怒りながらも、その人間を自らの痛みとして受け止めて、赦すという矛盾した働きをおこなうのである。その働きを、田辺は「転換」として捉える（「哲学の根本問題」11・25）。その「転換」が、人間の救いという倫理的契機を具えているわけである。それに付け加えていえば、神自らの痛みが人間の赦しに転換するという点において、田辺のいう「無即愛」は、彼の弟子の北森嘉蔵の「神の痛みの神学」と相通ずるのである[1]。

　第三に、キリスト教の神は怒り、痛み、赦しを「転換」するから、「有の神」ではなく、「無の神」でなければならない（「哲学入門 補説三」11・524）。田辺は「無という言葉は私の使う場合には、いつでもそれは他の概念でいい直せば転換ということである。〔自己同一的な〕有がそれでなくなり、矛盾したところのものに変ってしまう」（「哲学の根本問題」11・34。〔　〕内挿入筆者）と説明している。とすれば、神は、怒りと赦しを「転換」する神であるか

ら、自らの痛みを人間の赦しへと絶えず転換してゆくのであり、自己同一的な存在ではなく、「無の神」であるわけである[2]。要するにキリスト教の神は、「無なる神」であり、その「愛」の働きそのものが「無即愛」と表される（『キリスト教の弁証』10・53）。

　注意されるべきは、「無即愛」という言明が無という存在論的面と、人間に対する愛という倫理的面とを含んでおり、論理構制からして、その両面が絡みあっているということである。今その両面について、「隠れた神（Deus absconditius）」と「啓示の神」という神観念に照らして、田辺の言説を明確にしてみよう。

　（α）絶対つまり神は、人間が相対であるのに対し、人間を「超越」しているがゆえに絶対であるし、表象しがたいし言い表しがたいという意味で、端的に無であり、それゆえに「隠れた神」である。これは無即愛の存在論的契機である。ただしそれが田辺の強調しようとすることではない。

　（β）神は、田辺によれば、ギリシア的な意味での自己同一的な不動の存在者ではなく、自らを絶えず「転換」するがゆえに、神はまさに「自己矛盾的な転換の原理」（「哲学の根本問題」11・124）である。ただし、彼のいう「原理」はなにか実体的なものではなく、原理とは転換そのものの働きであり、存在論的には「有」でなくて「無」となづけられねばならない。そして田辺は、「無」と「有」との絶えざる交換運動を「絶対転換」と名づけ、存在論的にみて神を「絶対無」（上掲書11・124、『キリスト教の弁証』10・32も参照）と名づける。神が自らの痛みを介して、人間を赦し、かつ愛するさい、その転換の働きそのものは、人間には見えざる働きである。それゆえこの働きが、無即愛を現成する存在論的契機である。それが「隠れたる神」である。

　（γ）神は自らの痛みを、人間への愛へと転換する。その愛を人間に啓示する。その愛を啓示する徴がキリストである。こうして無即愛を現成、成就するのが「啓示の神」である。これが「無即愛」の優れて倫理的な契機である。

（二）超越即内在、その背理的論理構制

　神は、自ら傷つき痛むことで、自らに叛いた人間を赦し、その赦しにおい

て愛を示す。それに対して人間は懺悔によって、神の赦しを乞い、その自覚的行為において、神の愛を信じかつ証すのである。田辺は、こうした人間の信証のゆえに、神と人間との関係においては、人間が神の「媒介」となっていると言う。とすると、神の人間への働きには、人間からの応接を介していることになり、それゆえ田辺は、「無即愛」が「絶対媒介」（『キリスト教の弁証』10・114）であると言う。「絶対媒介」としての無即愛は、古代ギリシア以来の同一律に対して根柢的に批判するものなのである。以下、その点を追考しよう。

　田辺は、「哲学の根本問題」（1948年）において、アリストテレスの存在論では「ある」ということが無批判に基体として措定されていると批判して、所説を述べている。すなわち「ある」は、命題における「…がある」と「…である」という二重の契機を含んでおり、繋辞たる動詞「ある」、つまり存在は素朴に基体とみなされてはならない（「哲学の根本問題」11・35）。「…である」という繋辞においては、「AはAである」という同一律の命題は、「Aは非Aではない」という規定を暗々裏に示唆しており、そもそも繋辞は、「ある」を明示するとはいえ、単純に不滅の基体を指すのではなく、「ある」と明示すると同時に「ない」つまり無を共示している。こうして田辺は、彼の理解する繋辞の論理に依って、形式論理では普遍は基体つまり存在であるのに対して、弁証法論理では、存在が無を、無が存在を媒介し、存在と無がたがいに転換しあうという「自己矛盾的な無」が普遍であるとみなすのである（上掲書11・39）。

　もちろん田辺は、形式論理上の「A＝A」という自己同一性に対して、そしてまた基体の存在を措定することに疑いを差し挟んでいるのではなく、それが暫定的だということを強調しているだけである。それゆえに、無が存在を、存在が無を媒介し、両者が交互的に転換する「絶対転換」が、上述の自己同一性や基体の存在の存在根拠であるとみなされる。こうして田辺は、「有の原理が無であり、無が有の根源である」（「哲学の根本問題」11・88、『懺悔道としての哲学』9・121参照、以下『懺悔道』と略記）というテーゼを表す。

　さらに田辺は上述のテーゼを、人間の身体的生に即して展開する。すなわち、その生が移ろいゆくものであるのは、誰もが胸に抱いている実感である

第七章　無即愛の弁証者田辺元、成りつつあるキリスト者

けれども、しかし死はまだ遠い先のこととして自分を慰めている。だがその慰めは、将に来らんとする死が現在の生をまさに生としていることを覆い隠しているだけである。それゆえ人間の生は死して生きることになるがゆえに、「無が有の根源である」というテーゼは、『懺悔道としての哲学』（1946 年）以来、彼が提唱してきた命題、つまり「宗教的にいえば、復活が生命の原理である」（『懺悔道』9・20、「哲学の根本問題」11・88）という命題に置き換えられる。こうして田辺は、「旧い人間」の死が「新しい人間」の生であるというキリスト教固有の逆説的もしくは背理的な論理構制を言い当てる。

　してみると、存在と無ばかりか、超越と内在が、さらに絶対と相対もまた、それぞれそれ自体として措定されえないし、それらの統一もまたありえないことになる。したがって存在と無、あるいは超越と内在がそれぞれたがいに媒介しあって、それらの交互媒介関係のなかで、それぞれを肯定するという逆説が残るだけである。言い換えれば、Ａも非Ａも自存しえないがゆえに、たがいに媒介しあわなければ、Ａでもないし非Ａでもないわけである、その逆をいえば、たがいの媒介関係が、Ａと非Ａとを肯定するのである。この逆説を田辺は「無の逆説弁証法」（『懺悔道』9・130、『キリスト教の弁証』10・27 以下）となづけているが、上述のように「隠れた神」もまた、人間においてその愛が信証されるわけだから、（α）神が、人間から超越して、しかも人間との関係を御しているにもかかわらず、（β）神は人間を媒介とするかぎりは、人間との相依相待関係に従うということになる。そこで田辺は、「無の神」が「有」なる人間を媒介にして自ら働くことを「無即有」と表し、逆に「無」の媒介になる人間の方を「有即無」と表したのである（「哲学の根本問題」11・45）。これが、彼のいう「絶対媒介」としての無即愛に外ならない。

　ところで彼が超越即内在とか無即愛というさいの即という語に、説明を加えておかなければならない。即という語は、例えば水と波のように、異なるもののように見えながら分離されえないから波の当体は全く水であると言わざるをえないように、同じではないと同時に異ならないということ、結合のままの分離、分離のままの結合を意味するのである（『懺悔道』9・28）[3]。それゆえ後年、田辺は、この相即つまり神と人間との相依相待関係が西田幾多

173

郎のいう絶対と相対との「逆対応」(「場所的論理と宗教的世界観」、『西田幾多郎全集』第11巻396、415頁) と同じであることを認めることになる (「哲学入門補説三」11・492)。それゆえ西谷啓治が論じたように、田辺の側から、西田の「場所的論理」との接点を探る途も生じてくるのであるが、それは後論に譲ろう[4]。

　田辺によれば、いかなる実在もそれ自体として措定されえないし、したがって即自的存在ではなく、交互媒介関係のなかでしか措定されえない。そこで彼は、キリスト教の神論の論理的基底であったギリシア的な実体論とその同一性の論理を払拭しようとする。いわば脱構築し「絶対無」に徹して、仏教的な「空」論と通底する神論を構築しようと努めてゆくことになる(『キリスト教の弁証』10・268)。言い換えれば、より積極的に「無即愛」が仏教の「空」論でもって説明されることにもなるし、それゆえこの「空」論と通底する論理構制を解明しようと努めたと言ってもよい。ただし、そうした論理構制の省察は、『キリスト教の弁証』においてはその端緒をつかんだだけであり、晩年まで続けられるのである。

　田辺は「空」について、「一切はただ互いにもちつもたれつする相依相待の相対的現象存在にすぎない、ですから存在というのは実体的因果的なものでなくして、単に因縁的なるものだというわけです」(「哲学入門 補説三」11・462) と解説している。すなわち空とは、関係論的にいえば「一切のものの相依相待」を、それを発生論的に言い換えれば、一切がたがいの縁によって起こる「縁起ないし因縁」を意味する。それゆえ「空」論によれば、ギリシアを出自とする実体論や因果論と、それを継承したキリスト教の神観とが脱構築されて、すべてのものがたがいに媒介しあうという「絶対媒介」が論じられるわけである (上掲書11・463)。こうして田辺にとって、仏教の「空」論とキリスト教の「神」論とに共通する論理構制の省察へと歩み始める。「一切のものの相依相待」とは、上述のように、絶対つまり神と相対たる人間との関係を表し、しかも神もその関係に服するところの「絶対媒介」を意味する。それゆえ田辺によれば、その相依相待は、キリスト教の「三位一体」論においても説得力をもつことになる。「三位一体」論は、神とキリストが聖霊をもたらし、その逆に聖霊が生きとし生けるものの赦しを神とキリストと

174

に執り成すのであるから、愛の交互的関係をうながすのが「聖霊」の働きであるわけである。田辺は、その「聖霊」の働きが鈴木大拙のいう「霊性」（上掲書11・523-524）と同様、愛の交互的関係とその自覚という二重性を具えているという。このようにして、キリスト教の神つまり「無即愛」と「空」論に通底する論理は、徹底した媒介性であることになる[5]。

　現に『キリスト教の弁証』において田辺は、鈴木大拙のいう「霊性」から想を汲んで、自らの「絶対媒介」の論理を「霊性の論理」となづけている（『キリスト教の弁証』10・167）。その「絶対媒介」の論理は、神と人間の関係の全体に及ぶというわけである。すなわち「無なる神」が「有」なる人間を媒介することにより自らを表すという「無即有」と、逆に人間が「無」の媒介となるという「有即無」とが同時にともに成立し、それら一切の交互媒介の総体でなければならない。それらの総体が、キリスト教の「三位一体」論が表してきた「愛の交互的関係」の総体であるがゆえに、田辺は、「三位一体」論を非神話化して「愛の三一性」（上掲書、例えば10・167）となづけるのである。

（三）愛の交互関係における神

　「無即愛」は、先に述べたように、（α）神が痛みでもって人間を愛するという倫理的な契機を特質とする。ここではその倫理的面から、「無即愛」を追考しよう。

　田辺は伝統的なプラトン的・キリスト教的形而上学の神を脱構築する一方で、痛みかつ愛する神の超越性を承認している。それどころか、『福音書』に「父は悪人にも善人にも太陽を昇らせ、正しい者にも正しくない者にも雨を降らせてくださる」（「マタイ福音書」5章45節）と記されているように、そもそも宗教は、善悪の二元的相対に拠っている倫理を超越して、これを根拠づけるがゆえに「超越的絶対性」（『キリスト教の弁証』10・50）を保つという。とすれば、超越的かつ内在的な神は、人間との「絶対媒介」にもかかわらず、やはり「超越的絶対性」を保つがゆえに、人間を畏れさせつつ、それに働きかけるという意味で、オットー（R. Otto 1869-1937）のいう「全く他なるもの（das 'Ganz Andere'）」[6]だということになろう。

175

一方で田辺は、最高存在者としての神が人格神だという観念を却下するがゆえに、人格神を絶対他者として是認しないし、『懺悔道としての哲学』で「絶対と相対との間は有神論における汝と我という如き関係では理解せられるものではない」（9・216）というように、神と人間との人格関係を一蹴している。要するに、神の超越性が護られるべきだとしても、神を絶対他者として対象化したり、素朴に措定したりすることは避けられるべきだというのである。

　しかし他方で田辺は、神と人間との人格関係を容認する余地を残している。彼は K・バルト（Barth 1886-1968）の弁証法神学を論評したさいに、その余地を考慮している。すなわち、「彼がロマ書の劈頭に強調した如く、福音が神の福音である以上は、人間に対し絶対他者たる神から直接に与えられ、人間が終局的に之を受け取って自己のものとすることができる如き物件の一つであるのではない。人間が恐れ戦きに於いて不断に新しく之を聴き、進んで同意協力することに於いてのみ、信じられ証されるものなのである」（『キリスト教の弁証』10・73。強調筆者）、と。

　今挙げた田辺の論評によれば、人間は、神の福音を不断に聴き、それに同意協力するなかで、その福音を信証するかぎり、「絶対他者たる神」に応えていることになるはずである。ところが、そのような応接において、人間が神をまさに対格として対象化するわけがないのである。なぜなら神が「絶対他者」である以上、人間はその働きかけを、まさに純粋受動的に「恐れ戦きつつ聴き従う」けれども、その働きかけを自覚しえても、それを言語的に分節化しえないし理解しえない、ましてや対象的に表象化しえないからである。それゆえ「絶対他者」は端的に無なのである。にもかかわらず人間はその働きかけに対して、全生命を賭して応接することができるし、現に応接するのである。その応接が、田辺がいうように「愛の交互的関係」であるかぎりは、人格的交わりと名づけられてよいわけである。しかも先に述べたように、田辺はキリスト教の三位一体論における聖霊を「愛の交互的関係」をもたらす働きとして解している。約言すれば、「絶対他者たる神」は、対象論理的には「絶対無」であるけれども、しかし神が人間を赦し、人間が神にそれを感謝するという人格的交わりそのもの、すなわち対象化されない「愛の

交互的関係」それ自体が、人間によって、生ける神として信証されるのである。その信証に、純理論的な根拠を求めても無駄である。実は、このような展開が波多野精一の「絶対他者」論であった[7]。してみると、「絶対他者たる神」という点で、田辺は波多野精一とは互いに共鳴しあうものがあったのである。

　繰り返すまでもなく、神は人間を赦し、人間はそれに対して感謝するという「愛の交互的関係」が現に成立するということが、人間のなしうる信証である。それゆえ田辺は、人格神の概念を容認して、「人格神の内容も媒介的愛でなければならない」(『キリスト教の弁証』10・277) とも言うし、「人格神はただ無即愛として人間実存に自覚信証される限り、人格神たりうるのである」(上掲書10・278) とも言う。彼のこの言明は、さらにまた西谷啓治の「聖霊」理解へと直接的に繋がってゆくと言ってよい。というのも西谷によれば、媒体としての聖霊が人間を含めて生きとし生けるものを神に執り成し、それによって愛という働きが生ずるかぎりは、聖霊は人格的な愛より根源的な「人格的な非人格性ともいうべき性格」[8](強調筆者) を含んでいるからである。こうして神と人間との人格的交わりの成就があるかぎり、「絶対他者たる神」は人格神であると言えるのである。

(四)「愛の万有在神論」の神

　以上、田辺のいう「無即愛」としての神の概念を追考してきた。それは、(α) 存在論的には、理解も分節もできない無であるが、(β) しかし人間との倫理的な行為連関においては、怒りと痛みと赦しの働きのゆえに、人間を媒介として自らの愛を表す神であって、ここに超越即内在という相即関係が成り立つということである。つまるところ神と人間の関係は不可逆、不同、不異なのである。(γ) そして神と人間の関係は人格的交わりであり、こうして人格神が首肯されることになる。

　このような省察により田辺は「無即愛」の構制を、「愛の万有在神論」(『キリスト教の弁証』10・190) と名づける。いまや、神が自らの痛みでもって、赦すという働きを歴史的に具現する存在、つまりキリストについて論じられなければならない。また、田辺のいう「愛の万有在神論」の射程は、生きとし

生けるものの造化の働きにまで拡がっていくのであるが、その点について
は、後論に譲ろう。

第二節　キリストすなわち菩薩

　田辺は、「イエスか、パウロか」という二者択一を提起したドイツのルター
派の自由主義神学者Ｗ・ヴレーデ（Wrede 1859-1906）に啓発され、かの
密林の聖者Ａ・シュヴァイツァーの著した『イエス伝』および『パウロ神秘
主義』を研究資料として、「キリストすなわち菩薩」を唱えた。それは、（α）
神の愛を説き、自らを無化することで、それを示したキリストの福音、（β）
キリスト復活を信じ、その信仰のうちに生きたパウロの神学、という二本立
ての構制からなる。

（一）　キリストの福音

　周知のように『福音書』に「時は満ち、神の国は近づいた。悔い改めて福
音を信じなさい」（「マルコ福音書」１章14節）と記されているように、イエス
の福音は神の国の福音であったし、そのために悔い改めをユダヤ民衆に勧め
た。そのさい、イエスが自らの使命を預言者以上の「来るべきメシア」にあ
ると信じていたに違いない、と田辺は理解する。この理解は、明らかにシュ
ヴァイツァーに倣ったものである。シュヴァイツァーによれば、イエスが自
らをメシアとして自覚したとすれば、その自覚は「神の国」の将に来らんと
する存在性格に関わっているのである[9]。すなわち「神の国」は、彼の裡に
おいて現にあるからこそ宣べ伝えられるのだが、まさにそれが地上に到来し
つつあるということ、そして「神の国」は、ユダヤ民族に限られたものでは
なく、下層の民ばかりか異邦の人びとをも含めた人間が神の前で平等である
ことを意味するものであったし、それが歴史の新しい時代を画するという、
その国の将来性に関わっているのである（『キリスト教の弁証』10・44）。した
がって「神の国」の福音は三つの特徴を帯びている、と田辺は論ずる。
　第一に「神の国」は、仏教のいう「極楽浄土」が現世の煩悩を洗い清め
た印象を伴うのとは全く異質な「社会的政治的規定」を帯びている（『キリス

第七章　無即愛の弁証者田辺元、成りつつあるキリスト者

ト教の弁証』10・47-48)。述べるまでもなく、田辺が「社会的政治的規定」を
「神の国」の第一の特色に挙げたことそれ自体、同時にまた彼の社会的実践
への関心を示していると言ってもよい。

　第二に「神の国」の福音は、ユダヤ民族の苦難の歴史を背負ったがゆえの
「終末論」を特色とする。田辺は、その苦難史から終末論の出現を読み解い
ている。すなわち預言者のなかでエレミヤは、民族への連帯責任を自ら負う
とともに、神の国の到来に備えて民衆を悔い改めへと導こうとしたし、第二
イザヤの預言は救い主を待ち望むものとなり、ダニエルは歴史の終末と世界
審判を黙示するものとなった。こうした歴史への絶望とその終末の待望、現
世否定から神の国への救済が、イエスの「来るべきメシア」としての自覚と
ともに、その終末論を形作ったというわけである (『キリスト教の弁証』10・65-
66)。ただし田辺によれば、終末論的なニュアンスを帯びたイエスの福音が首
肯されるにしても、しかし摂理史や救済史という、いわゆる大きな物語の承
認へと直ぐに繋がることにはならない。

　第三に「神の国」の福音は、その終末論的なニュアンスのゆえに、ここ
でも田辺はシュヴァイツァーに寄り掛かりつつ「中間時の二重存在の自覚」
という特色を帯びることになるという (『キリスト教の弁証』10・70)。イエス
は「来るべきメシア」あるいは「キリスト」として、歴史の最後の審判に先
立って、人間を神に執り成す「媒体」という境涯を生きるのであるが、その
執り成しによって、人間は、既に神の恩寵に与かっているという存在状態
と、未だそれに与かっていないという存在状態が、終末論に規定された「中
間時の二重存在」を意味するというわけである。そしてイエスはそれを自覚
していたがゆえに、悔い改めを民衆に促したのみか、神の愛を宣べ伝え、自
らの行動によってその愛を証したし、後年、こうした「中間時の二重存在」
を生きたのが使徒パウロであったというのである。

　繰り返すまでもなく、田辺のいう「無即愛」は、神が人間の謀反を怒りな
がらも、自らの傷と痛みでもって人間を赦すことであった。端的にいえば傷
と痛みが、神の愛の否定的契機であるわけである。それに応じてキリストの
境涯は、神の愛を宣べ伝えると同時に、それを信じたのみか、身をもってそ
れを行じ、かつ証したのである。それゆえ、十字架におけるキリスト自身の

179

「無化（kenosis）」は、神の愛を歴史的に具現したものだというのである。こうして田辺は、「宗教の完成は愛である」（『キリスト教の弁証』10・52）というテーゼを掲げる。

　問題は、なぜキリストが自らを犠牲にしたのか、ということである。田辺は、「人の子は、多くの人の身代金として自分の命を献げるために来た」（「マルコ福音書」10章45節）という一節を引き合いに出して、「来るべきメシア」は民族の罪の赦しを神に執り成す媒体として、自ら進んで受難を受けることにより、民族の罪を贖い、民族の受けるべき苦難を自ら代わって受けると解する。そうした「贖罪代苦」の思想が、イエスのメシア観念に含まれたという（『キリスト教の弁証』10・151）。それゆえイエスは民衆に懺悔を勧めたばかりか、「彼一人で祈るさいに自らも懺悔を不断に繰り返した」ということを、田辺は強調して止まない。なぜなら「メシア」として民族の罪と苦難を自ら引き受ける「メシア」にとっては、愛の自己犠牲とは「連帯懺悔」と一体のものであったからだというのである（上掲書10・136）。

　ところで、田辺のいう「贖罪代苦」や「連帯懺悔」には、キリストの受難に関する二つの考え方が明確に区別されていないように見受けられる。すなわち、（α）仲保者として存在した「完全なる人間にして同時に完全に神なるいわゆる神人すなわちキリスト」（『キリスト教の弁証』10・150）が、人間の身体的生の罪を贖うために自ら十字架で死なれたという、仲保者による贖罪という思想。（β）キリストが自ら懺悔することにより衆生に懺悔を勧めたのは、人間イエスが十字架上で死に、上述のような「来るべきメシア」すなわち「霊のキリスト」へと甦ることを、神の赦しとして衆生に悟らせるという、キリストの受難すなわち代理的贖罪（satisfactio vicaria）という思想[10]。田辺の贖罪論は、後者の代理的贖罪を選んでいたのである。この点について、今少し触れておこう。

　人間イエスが「来るべきメシア」あるいはキリストとして人間を神に執り成すには、イエスは予めキリストとして自覚し、受難を覚悟していなければならない。そうした転機がイエスに訪れたのは、彼が弟子たちとともにピリポ・カイザリア地方へ出かけたときであった（「マタイ福音書」16章16-17節）。従って田辺は、「キリストはピリポ・カイザリア時代以後の後期に於いて、

第七章　無即愛の弁証者田辺元、成りつつあるキリスト者

この代苦贖罪の自覚を懐き、その覚悟を弟子に漏らした」（『キリスト教の弁証』
10・153）と見ている。そうとすれば、イエス・キリストは元々から「神人す
なわちキリスト」であったことにはならなくなるのは、必定である。ピリ
ポ・カイザリア時代以後のイエスの「来るべきメシア」としての生が、先に
見られたように、自らも懺悔を不断に繰り返しつつ、民族の罪と苦難を自ら
に引き受ける「贖罪代苦」と「連帯懺悔」の言行であったわけである。そし
て終に、受難の時が出来する。そこに生起するのが、まさにキリストが自ら
を無化することにより、無即愛の「徴」であることを、従って「神の国」の
到来の「徴」であることを証すということなのである。田辺は、こうした生
起が「キリストの復活」を意味するという（上掲書10・156）。もちろん、「霊
とは愛の拡充動性を謂うものである」以上、その復活はキリストだけの出来
事ではない（同上）。つまるところ、「宗教的真実としての復活は、キリスト
の復活を信ずる魂の霊的覚醒において、復活せるキリストの霊的作用が認知
せられ霊の自即他なる永遠偏在が実証せられることを意味するのである」（上
掲書10・157）ということ、これが田辺の代理的贖罪論の要である。

　ところで田辺によれば、大乗仏教においては、自分と共に他人を救うこ
と、あるいは自分よりも先に他人を救うことが「菩薩道」と名づけられてい
るが、「菩薩道」は大乗仏教に限らず、そもそも宗教の本質なのである（「哲
学入門 補説三」11・452）。にもかかわらず、「禅は、対自的に無即愛の社会的
媒介にまで展開することがない。その結果、本来大乗仏教の一分派としてそ
れが当然に重要視する菩薩道も、禅の裡に自覚的に組織化されない」（『キリ
スト教の弁証』10・31-32）と、彼は禅宗を批判しつつ、法然や親鸞の教えを擁
護している。それに対してキリストは自らを「無化」することにより、身を
もって当時のユダヤ社会のなかで「無即愛」つまり神の愛を証したと言う。
それゆえ田辺の展開したキリスト論は、竹内義範の説明によれば、「キリス
トすなわち菩薩と言ってもいいようなかたちのキリスト教の理解」に裏打ち
されていたのである[11]。

　ところが田辺は、晩年の論文「メメント・モリ」（1958年）において、キ
リスト教界が直接的生の充足を旨とする「生の哲学」に拠っているがゆえ
に、絶対無の徹底を欠いてしまい、大乗仏教の中心観念たる菩薩道を欠いて

181

しまった、と難じている（「メメント・モリ」13・172）。これは、田辺の思想的変節としてキリスト教界から反撃されるべきことではなくて、キリスト教会批判として受け止められるべきであろう。というのは田辺の社会的実践への関心からすれば、キリストの菩薩道はキリスト教会の内に留まってよいものではなかったからである。

（二）パウロのキリスト復活信仰

　田辺はパウロの「回心復活体験」に注目している。イエスの磔刑の後、彼の宣べ伝えた「神の国」が到来しないという失望感が、使徒達のあいだで拡がってしまった。それに加えて、ユダヤ教徒のなかには、狂熱的なキリスト教徒を迫害する者がいた。その迫害者サウロを回心させて、「生きているのは、もはやわたしではありません。キリストがわたしの内に生きておられるのです」（「ガラテヤ書」2章20節）というパウロが生まれた。それは、まさにキリストの霊的作用によるものであったし、ステパノの殉死のようにキリストの愛を信証する使徒の自己犠牲的行為によるものであった。このようなパウロの回心復活体験——回心により、日々新たに生かされているという体験——があって初めて、神への信仰よりも、むしろキリストへの信仰に基づくパウロ神学が誕生したことに、田辺は注目するのである（『キリスト教の弁証』10・76-77 および 10・172）。

　パウロはその回心復活体験に基づいて、イエスの説いた福音、悔い改め、赦罪への信仰を述べ伝えたし、キリストの受難と復活がイエスの「来るべきメシア」であり、そこに救済があることを信証した。田辺は、それがパウロの「キリスト復活信仰」であると言い、その二つの柱を説明する。すなわち、（α）キリストが復活するという信仰がパウロ自身の回心復活体験と媒介され、パウロが「Ⅱコリント書」（ことに4章10節以下）に記したように、キリストと共に死に、キリストと共に生まれるという復活信仰となるがゆえに、キリスト復活信仰が「神の国」の到来を待望する支えなのである。（β）さらにキリスト復活信仰は、イエスの福音に含まれていた終末論を、ことに現在の「中間時的存在」を、尖鋭な実存倫理的なかたちで自覚し、かつ生きるということになる（『キリスト教の弁証』10・88-89）。

第七章　無即愛の弁証者田辺元、成りつつあるキリスト者

　田辺によれば、パウロにとっては、キリストの執り成しによる救済は「キリストと共に死に、キリストと共に生きる」という信証を離れては成就しないのだから、この信証において、現在の「中間時的構造」が鮮明にみられるのである。一方で田辺は『懺悔道としての哲学』においても、また『キリスト教の弁証』においても、悔い改めがすでに神の恩寵に導かれ、神に聞き届けられているから、悔い改めと赦罪とはすでに達成されていると言う。しかし他方で、神の恩寵は、人間のなせる業ではありえないから、人間は絶えず祈る外に術はないとも言う。それゆえ田辺によれば、「信仰そのものが……既成即未完、未完即既成たるものでなければならない」（『キリスト教の弁証』10・91。中略筆者）し、それと同時に、現在の「中間時的構造」がパウロ自らの信仰生活の成り立ちであることは、すなわちパウロにおける「現在における歴史的実存を自覚する方途」（上掲書10・98）であることを意味する。それと同時に、このように物語る田辺自身においても、救済史および摂理史という大きな物語の崩壊とは、「歴史的実存を自覚する方途」のことであったのである。

　パウロ自ら信仰のうちに生きるということは、パウロが「日々死んでいます」（「Ⅰコリント書」15章31節）と記したように、「永遠の創造的反復」となるし、「反復は未來の既存（希望）を特色とする」（『キリスト教の弁証』10・99）、と田辺はいう。それは上述のように、悔い改めることにより神の国を希望することそのものが、神の恩寵に導かれているからであるし、それゆえ絶えず希望を新たにしてゆくからである。しかもその反復が「創造的」であるのは、人間が自らの力を恃んだ営みを虚しく繰り返すのではなくて、人間が自らを虚しくして、他力に依って、つまり神に依って、神の恩寵に導かれつつ「神の国」の兆しを聴き知るからである。それを、田辺は神すなわち「絶対無の行的根源自覚」（上掲書10・100）と表している。ただし、その創造が反復されざるをえないこと、決して永遠の静止点に至りえないことは論を俟たない。それゆえ永遠の創造的反復は、「静止点という極微」へと向かう動的反復であるがゆえに、永遠の静止点に到達する「永遠の今」とは区別されるのである（上掲書10・104）。

　田辺のいう「中間時的存在」の孕む緊張を、時間論的アスペクトから、明

183

快に論ずることもできる。一方で田辺は、救済史、摂理史を脱構築する。というのも救済史が終末へと目的論的上昇的直線を進展すると捉えられるかぎり、それは計量時間を前提しており、日毎の「行的突破」は救済史のなかの一点にすぎなくなってしまうからである。だが他方で実存倫理的な「行的突破」は一挙に成就しえないから繰り返されなければならない。端的にいえば、終末は遅滞するのである。とすれば、人間の身体的生がこの世的であるかぎり、この世の計量時間は却下されえないのである。このように田辺の弟子、武藤一雄が、説得力のある説明をしている[12]。

　とすると、自らの信仰生活そのものを神の恩寵の証とするというパウロの行証は、無限に反復されねばならなくなる。すなわち神の恩寵を常にすでに信じているがゆえに、悔い改めおよび愛の自己犠牲的行為を介して、その信仰を証すのだから、信仰とその証が、パウロの行証において交互に転換しているのである。田辺は、その絶えざる転換媒介が、「中間時的存在」の孕む緊張なのであり、パウロの行証は、相対立する日毎の死と復活とを繋ぐ「行的突破」であると高く評価する（『キリスト教の弁証』10・176）。

　ところで信仰は、素朴実在論的に実証されるわけがない。キリストと共に死に、死につつ生きるというパウロの行証も、同様である。そこで田辺は、『キリスト教の弁証』において、シュヴァイツァーのいう、パウロの「キリスト神秘主義」を問題にする。すなわちパウロは、「キリストと共に死に彼と共に甦る」という自らの復活体験を表したばかりか、「ロマ書」（12章5節）で「キリストと共に・ある」（田辺による強調）とも述べているのは、「キリストと共に」から「キリストに於いてある」への転化を意味しており、ひいては行為から存在への立場を変更したのであり、つまるところ存在の受動態に転落する方向に既に一歩踏み出してしまったのではないか、と田辺は疑問視する。だとすれば、キリストと共にあるという「生の直接態」は神秘的融合を表していることになる、と断ずるのである（『キリスト教の弁証』10・199-200）。

　しかしながら後年の『哲学入門』第三部の「宗教哲学・倫理学」において、田辺は、パウロの「キリスト神秘主義」という嫌疑を撤回する。なぜなら、キリストと共にあるという霊的融合は「無媒介なるもの」ではないからである。より詳しくいえば、「キリストと共に死んだのなら、キリストとと

もに生きることになると信じます」(「ロマ書」6章8節)という信仰と、あく
まで自らキリストに倣い、自らキリストと共に死に、またキリストと共に
生きるという行動とがたがいに媒介しあっているからである(「哲学入門 補説
三」11・536)。こうして田辺のパウロ神学に対する再評価は、愛の交互的関
係をもたらす「聖霊」の働きを強調したものとなる。なぜならパウロに対す
るキリストの霊的働きがパウロの「キリスト復活信仰」に外ならないからで
ある。

　「キリストの復活を軸として、赦罪の救済の信仰に転じ、キリストが信じ
た宗教を、キリストを信ずるまで転換したことは、それこそ愛の交互循環
性、霊の自他相入性を徹底したものであって、これを神秘主義的傾向の故に
斥けることは、性急であり行き過ぎであると悟りましたので、私はこのこと
を告白し、以前の考えを訂正したいと思います。」(「哲学入門 補説三」11・536)

　このように田辺はパウロ神学を肯定的に再評価することになった。にもか
かわらず、彼が終にパウロに与みしえなかった理由は、キリストと共に生き
ることはキリスト教会の域のうちに止まるとする「パウロの教会主義」(『キ
リスト教の弁証』10・230-231)にあったわけである。田辺が指摘するように、
宗教共同体が自らの内に閉じ籠ってしまってはならないが、だからといって
田辺のような強い社会的関心を持つべきだとするなら、その社会的関心の内
実が吟味されなければならない。

(三) 歴史的現在の偶然性

　上述のように田辺は、信仰そのものが「既成即未完、未完即既成」であら
ざるをえないと語った。そうとすると、キリストと共に死に、キリストと共
に生きるというパウロの「現在における歴史的実存」も、また現在の「中間
時的構造」も、そもそも偶然性ならびに非合理性を帯びているということに
ならないか。

　神は「絶対」であり、「相対」たる人間は神に逆らうことができないから、
絶対は相対と不可逆である、が、しかしながら絶対は相対と共にある。これ
が田辺のいう「相依相待関係」であることは、先に述べた。その関係によれ
ば、「絶対は相対を止揚して最後に達せられる理念や目標ではない」(『懺悔道』

9・97-98）ということになる。より詳しくいえば、絶対は人類史の究極目的と想定される概念ではありえないし、それと同時に、最後の審判の後に到来すると伝えられてきた「神の国」の概念も却下されざるをえなくなる。

　さらにまた、そうした究極目的へと向かう歴史的進展という、摂理史や救済史という大きな物語は壊れてしまうことになろう。田辺によれば、多を包摂し統一する一なる実体もないし、多なる存在は「絶対無」を媒介するかぎりでの「空」なる存在であるから、歴史的出来事を演繹的に推論する歴史哲学、つまり摂理史とか、世俗史に対する救済史とかは脱構築されざるをえないのである。それゆえ個々の歴史的存在は、現に「そのようにあるがゆえに、そうある（So-sein）」（『キリスト教の弁証』10・258）ものとして認めざるをえない。それが、上述のように「空」なる存在なのであるし、田辺が「原偶然」とか「絶対偶然」とかと名づける存在である（『懺悔道』9・69、「哲学入門 補説三」11・435）。要するに田辺は、このような偶然性を帯びた人間存在から、キリスト者も目を瞑ってはならないと論ずるのである。

　パウロはキリストと共に死に、キリストと共に生きていることと信じたし、それを行証した。その行証を、田辺は「永遠の創造的反復」と表した。すなわち、その行証の無限の反復、あるいは絶えざる循環の外に、パウロの採る途はなかったというのである。それは、そもそもそのつどの現在のもつ「中間時的構造」が「偶然性」、「非合理性」（『懺悔道』9・99）を含んでいるためであった。そのために田辺は、行証の「無限的反復」という途をパウロの「行的突破」と解して、それに賛意を表したのである。というのも摂理史や救済史の脱構築と同時に、「原偶然」を神学的に意味づけしようとする神義論的試みが功を奏しないとするならば、「行的突破」がそのつどの現在においてなされるべきだということになるからである。こうして神の愛つまり「無即愛」は細谷昌志の言い方をすれば、「絶対偶然の愛」となるわけである[13]。

　「無即愛」のもつ偶然性を、人間の生の可能性から説明することもできる。人間が実存倫理的に「行的突破」を敢行しようとも、神の義つまり赦しがいつ、どこで達成されるのかを、人間が計ることは到底できはしない。つまりその達成は人間の自力の業としては不可能事であり、その達成は人間の側か

らすれば偶然の僥倖である。だから罪の贖いと新しい生命の生起は、信ずべきことがらであるし、人間の信じうる可能性である。それゆえ「無即愛」が「絶対偶然の愛」であるという事態を、「不可能な可能性」と規定することもできる[14]。

無即愛が「絶対偶然の愛」だとなると、ニーチェのいう「運命愛（amor fati）」との親密な関係を帯びてくるのではないか、と推察される。がしかし田辺は、ニーチェの運命愛が「理想主義的」（「生の存在論か死の弁証法か」補遺三 メモ、13・617）で人間の意欲に囚われていると解して、無即愛の絶対偶然と区別している。とすれば無即愛は、人間が自力に恃まずに、一切をありのままに受容する境地たるものとなろう。そのときに初めて、彼の「愛の万有在神論」は、（α）人間が生きとし生けるもののなかの一存在であることを自覚したものであること、（β）万物の生死をもたらす造化の働きを展開したものであること、となりえたはずである。

現に、田辺は「無即愛の絶対」を「無限の網」に譬えている。網はその内に万物を「摂め取る」にもかかわらず、開放的であるから、閉ざされた汎神論の嫌疑をかけられなくてすむし、人間はその網の「結び目」であるから、「網の開放的に包むという働きに参与する」というわけである（1949年講義「哲学入門」11・130-131）。だとすれば、「無限の網」という譬喩が（α）田辺の世界観であること、（β）その世界における人間の関与が可能であることを示唆しているがゆえに、「愛の万有在神論」は西田の場所的論理との類縁性をもちうるし、単なる人間の社会存在論を超え出た射程を持ちうるはずである。本書の終章でそれに応えてみたい。

第三節　国家、個人、実存協同

田辺は『種の論理の弁証法』(1946年)を著して、戦時体制のさなかに「国家絶対主義」に陥ったことに対して悔悟の念を表明するとともに、「種の論理」を書き改めた。そのなかで、「死の時代」に抗する宗教倫理的な手立てとして、キリストと共に生きる途というべき「実存協同」を提唱した。その提唱の実現可能性について検討してみたい。

（一）　国家

　『懺悔道としての哲学』および『種の論理の弁証法』のなかには、日本の国家総動員体制に対する、三つの反省の言葉が記されている。

　第一は、国家を擬‐宗教化した体制に対する反省である。田辺は、「戦争に駆り立てられ殆ど生活の途を失わしめられるに至った無告の民衆に安心を与える宗教が、果たして実際にあるであろうか」（『懺悔道』9・208）という問いに答えようとする。国家は、総動員体制を敷いて、救済宗教の超越的性格を擬装してはならないし、無告の民衆の敬虔なる宗教心を利用してはならないというのであろう。

　第二は、「国家存在の根源悪」（『種の論理の弁証法』7・363）を覆い隠して道義国家を装った体制に対する反省である。その反省は、「私のいわゆる種の概念は、我々個人に対立して外から統制を加え、それに反抗する個人を実力で圧倒し排除する政治的社会を意味する。現実の国家は多かれ少なかれ自己疎外を免れざる客体的存在として、この性格を有する」（『懺悔道』9・259）という発言となる。国家は、国家の大義を掲げて、国家総動員体制を敷き、無告の民衆を悲惨な目にあわせたり、自国および他国の自然を荒廃させたりしてはならないというのであろう。

　第三は、科学技術を強力に推進する体制に対する反省である。それは、田辺が広島、長崎の惨状を知るにつれて、心に沁みついてきた不幸、つまり「科学を使わずに科学に使われ、技術を用いることによりて、却って技術に役される人間存在の不幸」（『懺悔道』9・264）に直面したさいの歎きを表している。と同時に、国家が、国家総動員体制の下で、科学＝技術を強力に推進することの是非を問い、そもそも人類にとって科学＝技術とはなにか、と問うものであった。

　今述べたような国家総動員体制は、揺りかごの赤子さえも組み込んでしまうシステムといわれるように、国家が身分や階級の壁を破って、あらゆる分野のものを国家目的へと徴発する体制である。しかも、こうした体制を備えた「現実の国家」が、田辺の目撃したものであったし、彼が「種」（『懺悔道』9・259）となづけたものであった。

第七章　無即愛の弁証者田辺元、成りつつあるキリスト者

　ところで敗戦後の『種の論理の弁証法』においても、田辺は「種の論理」を展開して、種つまり現実の国家が否定的媒介となって、個人は理想国家という類を志向することができると論ずる。例えば、ユダヤに育ったイエスは、その律法に抗する「神の国」を宣べ伝えた以上、ユダヤという「種的社会」（『種の論理の弁証法』7・283）が基体となって、それを否定的媒介として、「神の国」という類的な理想を掲げることができたという。それゆえ田辺は、キリスト教の成立には「種」が否定的媒介として働いたと述べて、「人の国の政治が、神の国の宗教的建設の媒介となる」（上掲書7・283）と言うのである。

　繰り返すまでもなく、戦時体制のさなかに田辺は、現実の国家が理想の国家を映す「応報存在」と規定したことを反省して、現実の国家を「方便存在」（『種の論理の弁証法』7・288）と規定する。がしかし彼が種の論理を展開していることに変わりはない。すなわち地上の国家は、たとえ「方便存在」であるにせよ、神の国を成立せしめる否定的媒介としての役割を担っていると言い、「神の国」という理想国家の建設は、絶えざる「革新的実践」（上掲書7・284）のさなかにあって、まさに建設途上にありつづける「方便存在」である外ないと言う。

　しかしながら国家総動員体制は、簡単に瓦解するようなものではないはずである。とすれば、田辺は「革新的実践」をどう解していたのか、ということになる。それに応えるヒントを与えているのは、『生の存在学か死の弁証法か』（1959年）において彼がハイデガーのいう「総駆り立て体制（Gestell）」――田辺の訳語では「布置構築」（『生の存在学か死の弁証法か』13・553、555）――に対して放った批判的言及である。

　ハイデガーは、ライン川の水力発電所を例に挙げて、「総駆り立て体制」を説明している。その水力発電所は電力エネルギーを得るためであり、そのエネルギーは工場の電源となり、それが製品を大量に作り出すというように、個々のものが一つの全体のシステムに役立てられており、人間もそのなかに役立てられている。そうした「総駆り立て体制」が現代の技術化された世界の存在構制であって、そのなかで人間は「危機」に陥るというのである[15]。なぜなら人間は、「死を能くする者」であるにもかかわらず、「総駆り

189

立て体制」のなかでは、もはやそれではありえないからだというわけである。

　それに対して田辺は辛辣な批判を加える。すなわち、人間は生のなかで「生を否定する力を有するものとして死を自覚することができる」（『生の存在学か死の弁証法か』13・580）し、パウロのようにキリストと共に死にキリストと共に生きる「死復活」を実行できるし、「歴史的伝統の革新行為は、すなわち死復活に外ならない」、と（上掲書13・593、596）。しかしやはり、田辺のいう「革新行為」がどのようなものなのかが判然としない。国家総動員体制からなる既存の国家を「種」とみなし、それを否定的媒介として、理想の「類」をめざす能力が、果たして「個人」の死復活にあるのかどうか、多くの識者が田辺の論に対して疑問を呈示するのは当然である[16]。そこでさらに、個人についての田辺の見解を追考してみよう。

（二）個人

　田辺は、「死復活」を主張する以上、（α）繰り返し「悪」を犯してしまう古い人間が死に、（β）新しい人間として復活し、その人間が「神の器」として生きると解していたはずである。

（α）根源悪、懺悔

　敗戦後に田辺は自らの「罪過」を痛感して、しかもそれが一時的な偶発事として見過ごしえない「罪悪」であることを痛感した。とすれば、そのような罪悪は、個々の人間の生の根源に潜み、しかもその生そのものを否定的に制約するものだということになる。田辺はいわゆる「根源悪」に逢着したのであり、根源悪について以下のような説明を加える。すなわち、「根源悪」が否定的であれ生の制約である以上、そもそも人間は、たとえ有限的であっても自立した存在であるから、他律的な操り人形ではなく、自分自身の「生命意志」（「哲学入門　補説三」11・552）を発揮して、一定程度まで自由にふるまうことができる、つまり善行のみか、悪行をもおこなうし、神に叛いてしまう。それが「根源悪」であり、キリスト教では「原罪」（『懺悔道』9・20および34）である、と。

190

第七章　無即愛の弁証者田辺元、成りつつあるキリスト者

　では、根源悪に対処する途があるのか、どうか。とにかく人間は、善を
慕っていて、だから悪を憎んでいるのだけれども悪を選んでしまうし、善悪
の価値転倒に陥ってしまって、自らの「罪悪深重なる事態」から抜け出せな
くなっているのである（「哲学入門　補説三」11・547）。否、それのみではない。
田辺によれば、「罪悪深重なる事態から逃脱することができない」からこそ、
人間は「根源悪」に悩まされているのである。とすると、他力にすがってこ
の事態から救われる途しかないことになるし、それが、周知のとおり敗戦後
に表された「懺悔道」の途であった（『懺悔道』9・18、179 も参照）。その懺悔
道によれば、人間は「自らの罪悪深重なる事態」を知ってはいても、その事
態をよく処理できないことを痛感するから、ただひたすら懺悔し、他力にす
がって救いを待ち望むだけとなる（上掲書9・148）。

　そこで田辺は、神の愛を弁ずる。人間は悪から救われたいと願うが、しか
し悪が根絶やしにされるならば、人間の生は終わってしまう。そうではな
く、阿弥陀の大悲にせよ、神の愛にせよ、「悪や罪を許容して」、言い換えれ
ば「罪悪のままで」、「罪悪のゆえに」、懺悔している人間を赦し、救うので
あり（『懺悔道』9・22 および 35）、それゆえ親鸞のいう「悪人正機」も、トマ
スのいう「祉なる罪（felix culpa）」（「実存と愛と実践」9・315）も人間の生を
是とするのだ、と[17]。

　ただしその是認は、人間の身体的生をいわゆる聖化することであろうか。
田辺によれば、神は人間に怒り、自ら傷つき、その痛みでもって、人間を赦
すのである。「悪を赦す愛、罪を救う慈悲にとっては、悪と罪とは決して悪
や罪ではなくなるのではなく、どこまでも悪であり罪である、しかしそのま
まで対立性を失うのである」（『懺悔道』9・129）。なぜなら、絶対者はその愛
や慈悲によって、悪をしでかす極悪人を包むからである。ちなみに田辺が、
「父は悪人にも善人にも太陽を昇らせ、正しい者にも正しくない者にも雨を
降らせてくださる」（「マタイ福音書」5 章 44-45 節）という聖句を念頭に置い
て、「絶対善」（上掲書9・234）という概念を用いるとき、それは人間社会の
善・悪の対立を超えて、人間を包む愛を指しているのである。それが、すべ
ての人間を等しく赦し、かつ包む普遍的な恩愛──キリスト教のいう「普遍
恩寵」──に外ならない。このように愛や慈悲が、「無即愛」の具体相なの

191

である（『キリスト教の弁証』10・23）。

（β）神の器

　人間は懺悔を通して、救いに与かることができるし、救いを得たとき、「新しい人間」となることができる。それが田辺のいう「死復活」であり、逆に「死復活」が「新しい人間」の誕生を指している。「私は日々死んでいます」（「Ⅰコリント書」15章31節）というパウロ、つまり死して生きる人間は、我執にとらわれていた過去の「旧い人間」ではないはずであるから、「聖霊の働き」によって、愛の交互関係において生かされた個となるというのである（『キリスト教の弁証』10・197）。

　ところで田辺は、神の愛によって生かされて生きる人間を「神の器」となづけている。そうした人間の実際の行為は人間自身の意志を表すのではなく、神の意向を表すか、それともその意向を「媒介」するか、いずれにしても、その人間の身体は、「媒体」であるし、神の意向を表す「方便」または「象徴」だというのである（「哲学の根本問題」11・47）。なぜなら、そもそも「方便」にせよ「象徴」にせよ、それは見えざるものを見えるようにしているモノであるからである。それが宗教的には「神の器」と表されるというのである。

　田辺のいう「神の器」が、M・ウェーバーのいう「神の容器」と似て非なるものであることは、述べるまでもあるまい。後者は、人間が「神の容器」として神との合一を求める、現世逃避的の冥想のことであった（第五章第二節を参照されたし）。田辺にとっては、人間が「神の器」であるのは、やはり人間が自発的な存在であるがゆえに、倫理的行為とならねばならないということである。だから田辺は、「われわれは……ただ絶対者の器として、その器として絶対者に協力するということ、絶対者の働きに自分も随順協力するというより外はない」（「哲学の根本問題」11・42-43。中略筆者）という。だとすれば、「神の器」としての行為は、「絶対者の働き」つまりその愛に随順するものであるわけである。それゆえ田辺は、「自己自身が神や仏と同じように自己犠牲的に愛の立場に立って他の衆生……の救いのために神に協力する。これがいわゆる還相としての倫理である」（同上。中略筆者）という。「還

相としての倫理」について説明を加えれば、神と人間の関係を垂直線に見立てたとき、人間から神へと上昇する方向が往相であり、神から人間へと下降する方向が還相である。それゆえ「神への愛」が往相であれば、神の愛に随順して衆生を救う行為、つまり「隣人への愛」が還相としての倫理であって、往相と還相とは相即的な関係なのである。なぜなら個の神への愛は、神の愛する個々の隣人に対する救いに、私たちそれぞれが自ら参加し、私自らそれの器として、自らそれに奉げること以外に術はないからである（上掲書11・126）。こうして神の愛、神への愛そして隣人への愛という「愛の三一性」が成立するという（同上。『キリスト教の弁証』10・53をも参照）。もちろん田辺が、神と人間の関係を不可逆、不同、不異と規定したように、神の愛が一切を包むものであり、神への愛が神への拝跪であり、隣人への愛が自他の相互扶助であるというように、「愛の三一性」が質的な差異を含んでいることは、断るまでもあるまい。

（三）愛の実存協同、菩薩道

　田辺はヤスパースから想を汲んで、宗教倫理を「実存の協同交通」あるいは「実存協同」という概念でもって言い表す。その内容は「二人または三人がわたしの名によって集まるところには、わたしもその中にいる」（「マタイ福音書」18章20節）というキリストの言葉を典拠とした「聖徒の交わり」を概念的に表したものである（『キリスト教の弁証』10・75）。田辺によれば、「聖徒の交わり」は、生ける者相互の間ばかりか、キリストと個々の人びととの間に、そしてさらに死者と生者との間にも、人格的交わりが可能である。というのは、生ける者は死者を追想し、その遺された言行を味わいつつ噛み締めることそのものが、一種の交わりと解されるからである。「愛の実存協同」は、このように「聖徒の交わり」を典拠としているけれども、キリスト教に限らず、広く宗教的倫理の実現可能性を示唆しているものとして受け取られてよいであろう。

　「実存協同」は、個々人が神の愛あるいは阿弥陀の慈愛に包まれて、現に生かされて生きるということの事実性を示している。というのも、上述のような「愛の三一性」に基づけば、人間は、「神の器」として「キリストと共

に死に、キリストと共に生きる」(「ガラテヤ書」2章20節)かぎりは、たがいに愛し合わなければならないし、たとえ小さなコミュニティの域であるにせよ、人びとは現に愛し合っているのである。

　このように「実存協同」は、たとえ本の束の間のものであるにしても、私たちの間の愛の交わりであるけれども、しかし実現されるべき「神の国」つまり類としての理念的存在を指している。田辺は、「実存協同地上の国にして、しかも地上国家の絶対否定であり、まさに「神の国」の象徴として、天国の無即有なる自己否定的存在性を証すものである」(「哲学入門 補説三」11・532)と述べている。とすれば、「実存協同」は神の国または天国を示唆しているがゆえに、既存の「地上国家の絶対否定」を意味することになる。「天国の象徴」である「実存協同」については、次のような問いが生じる。すなわち、(α)「地上国家」は絶対否定されるべきだとすれば、「実存協同」はその「地上国家」の片隅か、それともその地下に潜在しているのであるか、(β)それとも「地上国家」を絶対否定してゆくなかで、〈まだない〉ものとして歴史の前方に眺めるべきものであるのか。それに対する田辺の応答は明快だとは言えない。「実存協同」の理念は、田辺の種の論理に従って実現するとは言い難いのではあるまいか。というのも、第一に、人間の「根源悪」が払拭されえないかぎり、人間は繰り返し悪を犯してしまうし、それゆえ繰り返し懺悔し、救いを願いつづけなければならないからである。第二に、大乗仏教のいう「菩薩道」が自分よりも先に他なる者を救おうとする、「衆生済度」の愛に生きんとすることであるし、「菩薩」としてのキリストは「衆生済度」の倫理意識の強いものであったが、現代の技術的世界において「衆生済度」を「革新実践の倫理に還相する」(上掲書11・537)とすれば、上記のような「総動員体制」を敷く既存の国家という「種」の抵抗を受けるからである(『キリスト教の弁証』10・298、「哲学入門 補説三」11・532)。

　しかしながら「愛の実存協同」の理念は放棄されてはならない。「愛の実存協同」は、「総動員体制」を根柢的に覆す「革新実践」とはなりえないにしても、前章で述べたカミュの反抗と同様、「総動員体制」に抗する反抗の倫理的行為とはなりうるのである。

194

第七章　無即愛の弁証者田辺元、成りつつあるキリスト者

結　田辺元、成りつつあるキリスト者

　田辺のいう無即愛は、キリスト教の神観から古代ギリシア的桎梏を取り払って、神と人間の関係を（α）絶対無として、（β）愛の人格的関係として、（γ）万物を産み、万物を包む働きとして論じられた。それゆえ彼の「愛の万有在神論」は、いくつかの疑問点を残しているけれども、生命の宗教、キリスト教に寄与しうると言えよう。

　ところが彼の「種の論理」は、カミュやボンヘッファーが戦時に体得しえた反抗の倫理の可能性を孕んでいたにもかかわらず、宗教的倫理として十分に展開されなかった。それゆえ田辺は『キリスト教の弁証』において、「哲学徒であるかぎり、キリスト者ではない」と言いながらも、「われ信ず、わが不信を助けたまえ」（「マルコ福音書」9章24節）という聖句を引き合いに出して「不断になりつつあるキリスト者」と表白した（『キリスト教の弁証』10・260-261）。現に、彼は「成りつつあるキリスト者」であったと言えよう。

195

註

　田辺元の著作からの引用は、本文の引用文の後に、引用文献の書名と、筑摩書房刊
『田辺元全集』の巻数と頁数を記した。

1) 自ら傷つき痛むことが、人間に対する愛と赦しの否定的契機であるというのは、田
辺が「種の論理」を展開していた時期の論稿「実存概念の発展」（1916 年）に見
られる。田辺と北森が敗戦前から互いの思索を認めあっていた経緯については、北
森嘉蔵『神の痛みの神学』講談社学術文庫、1990 年、42 頁を参照。田辺も、北森
の京大卒業論文を優秀と認め、「神の痛みの神学」を高く評価していた（「哲学入門
補説三」11・562）。

2) ちなみに、一神論のユダヤ教、イスラム教の神が「絶対有」であるのに対して、三
位一体論のキリスト教の神は、「絶対有」にして「絶対無」であることについては、
量義治『宗教哲学入門』講談社学術文庫、2008 年、191、219 頁を参照。

3) 本多正昭『神の死と誕生』行路社、1992 年、144 頁以下を参照。

4) 西谷は、田辺が西田のいう「絶対矛盾的自己同一」をプロティノス的な知的直観と
して誤解してしまったことを指摘しながらも、西田においては哲学的営為と宗教と
が同じになってしまったがゆえに、「場所的論理の立論から宗教的世界観について
哲学されていながら、しかも宗教と哲学との関係という重大な問題に触れられてい
ない」と記している。『西谷啓治著作集』第九巻、創文社、1987 年、246-249 頁
を参照。

5) キリスト教と京都学派との接点を探るうえで、鈴木大拙の「霊性」が重要であると
いう指摘は、小野寺功『絶対無と神　京都学派の哲学』春風社、2002 年、72 頁。
および武藤一雄「非神話化──自然神学の問題と関連して」、南山宗教文化研究所
編『絶対無と神』春秋社、1981 年、129 頁をも参照。若い世代の著書としては、
若林英輔『霊性の哲学』角川選書、2016 年、19 頁を参照。

6) R. Otto, *Das Heilige*, München 1963, S.28ff.

7) 絶対他者＝無＝人格性という等式に関する、田辺元と波多野精一との間の近さと隔
たりの要点を挙げておきたい。

　　波多野精一の宗教哲学の特徴は、第一に、新カント派の影響を受けて、神を「絶
対的善という理性の普遍妥当的価値」と規定したが、「神はあらゆる差別を超越す
る、名づくべからざる、解すべからざる絶対者であり、超善的善とも呼ばれるべき
である」（『波多野精一全集』第 3 巻、岩波書店、221 頁［以下、巻数と頁数のみ
表示］）と規定し直したことである。その第二の特徴は、シュライアーマッハーか
ら想を汲んだ「高次の実在論」であって、神の啓示の体験を解明することである
（4.47、3.314）。その第三の特徴は、R・オットーと同様、名づくべからざる神を

第七章　無即愛の弁証者田辺元、成りつつあるキリスト者（註）

「犯しがたい尊厳を発揮するもの、聖なるもの」と解して、「聖なるもの」（3.214）の体験を解明することである。だからそれは、「高次の実在」の宗教的体験の解明と同じである。

　「高次の実在」は、諸事物のように経験しえない点では「非存在的（unseiend）」であるが、諸事物の存在を超えている点では「超存在的（überseiend）」である（4.7）。しかし本書の第三章第二節で論じた W・ジェイムズと同様、人間が遭遇したものとして「実在感（sense of reality）」を懐くかぎり、事実として証せられる（4.126-127）。この「高次の実在」が、人間の理解しえない表現しえない「絶対他者（das ganz Andere）」（4.224）となづけられる。その他者性は、理解しえないのみか、「近づくべからざるもの、それとの接触は全くの破滅をもたらすもの」（4.224、3.255）という意味であり、それが波多野の懐く絶対無である。

　「絶対他者」の人間に対する働きかけが体験されなければならない。その働きかけの媒体が「イエス」に外ならない（4.118）。この点から「絶対他者」はイエスを介して人間と人格的な関係を結ぶのである。波多野によれば、「絶対他者」の他者性とは対象化しえない「力」であるがゆえに、人格とは、人間に擬せられる有体のものではなく、人間に働きかける「力」として体験されながら、しかし対象化されえない存在のことなのである（4.141）。

　以上から波多野と田辺の隔たりが明らかとなったはずである。前者のいう「存在」が〈非存在（Seiendes）〉と名づけられるべきであるのに対し、後者の「絶対無」が無即有の弁証法的概念である点で違うけれども、しかし絶対他者が人格的な交わりの関係においてのみ理解されるという点では一致する。

8) 西谷啓治『宗教とは何か──宗教論集Ⅰ』、『西谷啓治著作集』第十巻、創文社、1961 年、68 頁。

9) 田辺が依拠するシュヴァイツァーの論述については、シュヴァイツェル『イエスの生涯』岩波文庫、第八章における、イエスのメシアであることの将来的性格を参照。

10) ルター派の神学者、小川修が、長年にわたるバルト神学研究および聖書の精読に基づいて、（α）仲保者による贖罪と（β）代理的贖罪について緻密な考察をおこなっている。小川修パウロ書簡講義録刊行会編『小川修、パウロ書簡講義録 9』リトン、2015 年、ことに 243-245 頁を参照。また量義治が、無教会主義の関根正雄の思想を継承して、キリストが十字架上で「わが神、なぜ私をお見棄てになったのですか」という絶望の叫びをあげたとき、聖霊が執り成して救われたと論じていることも、注目に値する論述である。量義治『無信仰の信仰』ネスコ／文藝春秋、1997 年、第 5 章を参照。

11) 武内義範「田辺哲学と絶対無」、南山宗教文化研究所編『絶対無と神』春秋社、1981 年、213 頁を参照。

12) 武藤一雄『神学的・宗教哲学的論集Ⅰ』創文社、1980 年、97-99 頁。

13) 細谷昌志『田辺哲学と京都学派——認識と生』昭和堂、2008 年、138 頁を参照。

14) 『小川修 パウロ書簡講義録 9』例えば 128 頁。

15) Heidegger, Die Frage nach der Technik, in: Heidegger, *Vorträge und Aufsätze*, 8. Aufl., Stuttgart 1997, S.23, 30.

16) 田辺の晩年の弟子、武藤一雄が提示した問い、つまり「先生のいわば非神話化されたキリスト教理解は、はたして〈理観（Noetik）〉を全く超出した〈懺悔道（Metanoetik）〉としての哲学と、名実ともに深くつながるものと言い得るであろうか」という問いは、傾聴に値する。つまり「懺悔道として更新された社会哲学」である「種の論理」が「キリスト復活信仰」とただ単に並立しているだけではないのか、という疑問が生ずるのである。武藤一雄、上掲書、113 頁。

　　酒井直樹は、「死復活」が国家への献身ともなるし、田辺が自らのなかの「幻想共同体としての国家」の観念を払拭しえなかったと論じている。酒井直樹「〈日本人であること〉——多民族国家における国民的主体の構築の問題と田辺元の〈種の論理〉」『思想』岩波書店、1997 年 12 月所収。

17) 田辺が参照した「祉なる罪」については、トマス・アクィナス『神学大全』山田晶訳、第三巻、第三項、創文社、1996 年、33 頁の註（19）を参照。

終　章
乏しき時代における生命の宗教、
キリスト教の可能性

　『カラマーゾフの兄弟』における劇詩「大審問官」は、イワン・カラマー
ゾフが自由のない圧政下の世界に再臨したキリストのすがたを描くために創
作したものである。その創作の動機は、神義論の問いである。というのも、
イワンは、神とその言葉を信じているけれども、罪のない子どもたちが苦し
みを受けているとき、神によって創られた世界を受け入れることに同意でき
ないからであった（ドストエフスキー『カラマーゾフの兄弟』亀山郁夫訳、第 2 巻
219 および 225 頁）。

　本書で取り上げた思想家たちの主題も、神義論に深く関わったものであっ
た。今一度、神義論の問題設定を確認しておこう。

　（α）なぜ世界は悪に満ちているのか、というのが第一の問いである。こ
の問いは却下されてはならないけれども、答えをみないで終わる問いであ
る。本書で述べてきたように、善いものも悪いものも恵みを賜わって、この
世界で生きているという事実は、人間が承認する外に術はないのである。言
い換えれば、善も悪もあるという事態は、人間にとって説明しえないがゆえ
に、偶有的な、しかも不可避的なものである。だから古来、「運命愛」が論
じられてきたわけである。

　（β）世界に生ずる悪を野放しにしてよいのか、というのが第二の問いで
ある。人間ばかりか、生きとし生けるものが苦しみを味わっているというの
は否定しえない。そこで、彼らの被っている災厄つまり悪を見過ごしにしな
いで、それを阻むことができないのか、という問いは上述の第一の問いに連
なる、優れて倫理的なものである。

　（γ）では、この世界はそもそも是とされるのか、というのが第三の問い

である。すなわち、生きとし生けるものにとって、それらの住まう世界が存在するがゆえに、生命と世界とは切り離しては考えられないとすれば、生きとし生けるものが苦しんでいるこの世界は弁証されうるであろうか。こうして神義論の問題設定は、神と世界を巡るものになるのが必定である。

第一節　キリスト教の万有在神論

　プラトン的キリスト教的形而上学の神観は同一性の論理を前提にしているがゆえに、最高存在者として解される神は、有限なる存在者と位階を異にするにもかかわらず、存在者として措定されるがゆえに、有限なる存在者と連なるものとみなされてしまう。要するに同一性の論理は、キリスト教の万有在神論の論理構制たりえない。

　そもそも「隠れたる神」は、人間の理解を超えているがゆえに、存在者として規定されはしない。否、そもそも対象的表象化を拒絶するものである。その意味では、「隠れたる神」は、端的にいって無である。本書で述べたように、シュライアーマッハーやシェリングは神の本質を「無」と解したし、W・ジェームズは「神すなわち絶対無」を容認している。だから「隠れたる神」と世界の関係を主題化するとき、〈絶対無と神〉というテーマを論じた西田幾多郎や田辺元の世界論と出会うことになる。つまりはキリスト教の万有在神論にとって、この出会いは避けられないことであった。

　第七章第二節の終わりで述べたように田辺元は、生きとし生けるものが住まう世界を「無限の網」（「哲学の根本問題」11・130-131）に譬えたが、そもそも彼の関心が人間社会の存在論であったために、被造物の生命および自然をも射程に収めた「愛の万有在神論」を提示しえたわけではない。それに対して「場所的論理」に基づいた西田幾多郎の宗教的世界観は、物質界から生物界をへて人間的生の歴史的世界に亘る浩瀚な射程をもっているから、西田のいう「万有在神論」から田辺のそれと相補いあうことが十分にできるであろう。ひいては、キリスト教の万有在神論の論理構制を表すことができよう。

終章　乏しき時代における生命の宗教、キリスト教の可能性

（一）万物同根、無為自然

　新約聖書に、「被造物がすべて今日まで、共にうめき、共に産みの苦しみを味わっていることを、わたしたちは知っています」（「ロマ書」8章22節）と記されているように、生命の宗教、キリスト教においては、人間のみか、生きとし生けるもののすべてが視野に納められて、たとえ個々の被造物に違いがあるにしても、それらの一切が同じ源に発するものだと解されている。端的にいえば、万物同根が説かれているのである。

　ところが被造物のすべてが共に呻き、共に苦しんでいるというのが、私たち被造物の身体的生命の実状である。それゆえその悲嘆や苦難に対置されるのが、イエスの宣べ伝える「神の国」である。「命は食べ物よりも大切であり、身体は衣服よりも大切ではないか。空の鳥をよく見なさい。種を蒔かず、刈り入れもせず、倉に納めもしない。だが、あなたがたの天の父は鳥を養ってくださる」（「マタイ福音書」6章25-26節）。野の花や空の鳥のように、何ものにも執着しないで、あるがままに生きなさいというのである。個々の私たちにとって、そういった無為自然の生はいつでも、どこにでも可能であるはずなのだが、可能性に留まってしまう。一切を神に委ねて、おのれを虚しくできるかどうか、が問題なのである。

　上述のように、造化の源からして、生きとし生けるものの万物同根、そして生きとし生けるものがあるがままに生きる無為自然すなわち自由が、キリスト教の「万有在神論」が唱える二つの要諦であると言ってよい。

（二）「場所的論理」に基づく万有在神論
（α）無の場所

　西田は、「真に絶対の神は、何処までも我々を超越すると共に我々を包むものでなければならない」（『西田幾多郎全集』第11巻131頁。以下、『全集』と略記し、巻数と頁数を記す）と述べている。「絶対の神」が、私たち人間の生命のみか、生きとし生けるもののすべてを超越すると共に包むということが、留意されなければならない。その言説のなかに、「場所的論理」に基づいた万有在神論の神観、すなわち万物同根である造化の働きが表明されていると

201

言えよう。

　なにも「場所的論理」でなくとも、神は私たち人間を超越しているといっても構わないようにも思われるが、しかし西田は田辺と同様、伝統的なプラトン的形而上学的なキリスト教の神概念を批判しているのである。すなわち、最高存在者と解された神は、有限なる存在者の人間と連続していることになってしまうために、人間の理解しうる、また言い表しうる神に堕してしまうと批判する。それゆえ西田は、「人間より神へ行く途は絶対にない。而も我々は個となればなる程、神に近づくのである」（『全集』11・131）と言い、「我々の自己は、唯、死によってのみ、逆対応的に神に接するのである」（『全集』11・396）と言うのである。西田によれば、絶対とは「対を絶したこと」であるから、相対的なものである人間が、絶対なるものに繋がることはできない。それゆえ人間が徹底的に自らの無であること、つまり死を沈思するとき、直接的には結びつきえない断絶したもの、つまり絶対的な神に出会うと言うのである。人間がおのれを虚しくする途が神に出会う途だと言ってもよかろう。西田は、この逆説的関係を、「絶対矛盾的自己同一」あるいは「逆対応」となづけた。

　西田はこうした「絶対無」としての神が、ヨーロッパのスピリチュアリスムスの伝統のなかで「神（Gottheit）」とみなされてきたものに相通ずるということは、否定されえない。彼が「西洋では神秘神学者の云った如きゴットハイト」というのは、エックハルト、ベーメ、そして本書の第二章で論じたようにシュライアーマッハーおよびシェリングに連なるスピリチュアリスムスの系譜のなかで、神の本性すなわち無として解されてきたものに他ならない。西田はそれを仏教の伝統にしたがって「般若の空」（『全集』11・131）と解したわけである。したがって「真に絶対の神は我々を包む」という西田の言説を俟って初めて、彼の「場所的論理」が端的に示されることになる。

　西田は判断の包摂構造に着目して、そこから場所的論理を展開する。「SはPである」という判断は、「イヌは動物である」という例を挙げれば、イヌという主語と動物という述語とを、あるいはイヌという個物と動物という類とを包摂していると考えられる。西田によれば、その包摂構造は、「SはPである」という判断を成立させるがゆえに、個々の判断がそこに「於いて

終章　乏しき時代における生命の宗教、キリスト教の可能性

ある」場所だとみなされる。もっともその場所は、私たちが知覚する対象としての環境ではなくて、それ自身は表象されも判断されもしない「無」であるがゆえに、「無の場所」（例えば『全集』5・563）となづけられる。それゆえ『一般者の自覚的体系』（1929 年）において西田は、「普通には作用として対象化せられたものを自己と見ているから、之を包むもの、私の所謂場所という如きものは見られないで、却ってそれが超越的なものと考えられるのである」（『全集』5・554）という説明を加えている。だとすれば、西田は、絶対無としての神を「無の場所」として解していたことになろう。

　ところで判断は、物質界から生物界へ、さらに歴史的世界にまで拡がってゆくけれども、それら三つの世界の判断形式は同じである。したがって西田のいう「無の場所」は、判断形式の包括構造からして、以下のように説明されよう。すなわち「無の場所」とは、（α）判断されるものがそこに「於いてある」場所であり、（β）それら判断される一切——生きとし生けるもののみか、森羅万象のすべて——を「包み、超越している」場所であるが、（γ）人間は、その場所において判断する者であるがゆえに、個々の判断のさいに、場所の働きを覚知することができるし、それゆえ人間もまた場所を映す、いわば「影」であると言えよう。だとすれば、西田のいう「場所的論理」とは、「無の場所」と解された超越が、それに包まれた内在から隔絶しているにもかかわらず、その内在と表裏一体であるという論理構制を指していると言ってよい。その超越即内在という論理構制を指したものが、西田のいう「絶対矛盾的自己同一」あるいは「逆対応」であったし、その論理構制を宗教論に適用したのが、晩年の西田が表した宗教的世界観、つまり「万有在神論」（『全集』11・399）であったわけである。ちなみに晩年の田辺が、西田のいう「逆対応」を受容したのみか、「無限の網」という譬喩で表そうとしたとき、その譬喩は西田の「場所的論理」に基づいた宗教的世界観と近似したものを指していたわけである。

　西田が、「絶対のアガペは、絶対の悪人にまで及ばなければならない。神は逆対応的に極悪の人の心にも潜むのである」（『全集』11・405）という以上、「無の場所」はやはり宗教的世界観なのである。より詳しく説明すれば、「無の場所」と解される超越が、生きとし生けるものを包んでおり、そして個々

203

のものを超越し、自らの「射影点」（『全集』11・405）としているのであれば、個々のものはキリストと聖霊の執り成しによって「絶対のアガペ」が極悪人をも満たして、常にすでに救っていることになろう。そのとき超越は、対を絶した「絶対の無」であるけれども、しかし絶対の悪人をも包み込んで、新しい人間とするという意味で「創造の神」であるし、自らの無を否定して「絶対の有」へと転換しているのである（『全集』11・397）。だとすると、西田の言説は、田辺のいう「無即愛」と違わないことにならないであろうか。田辺においても神は、人間の謀反に自ら痛みながらも、人間を愛のうちに包む神であるからである。

　そうとすると、西田のいう「隠れた神（Deus absconditus）」が論じられなければならなくなる。彼は、「デウス・アブスコンディトゥスは絶対の神とは云われない。今の弁証法神学には、かかる欠点があると思う」（『全集』11・131）という。弁証法神学を唱えたK・バルトが、歴史的相対主義に好意的当時の自由主義神学や宗教社会学などの時代思潮に対抗して、超越的な人格神論（Theismus）を展開したが、西田のいう「隠れた神」はバルトのいう超越的な人格神論ではない。やはり彼の「隠れた神」は、（α）「無の場所」として、生きとし生けるものを包みながら、（β）それら生きとし生けるものを愛のうちに包む神であって、（γ）汎神論（Pantheismus）からも超越的な人格神論からも区別される「万有在神論（Panentheismus）」（『全集』11・399）のそれであったのである。

（β）聖霊に満ちた「無の場所」

　先に見られたように、西田は「般若の空」としての神観を展開した。「空」とは、一切のものが相互関係によって制約されており、自存する実体はないという事態のことである。ところで田辺によれば、聖霊は愛の交互的媒介をなす働きであり、西谷によれば、媒体としての聖霊が人間を含めて生きとし生けるものを神に執り成し、それによって愛の働きが生ずるかぎりは、聖霊は人格的な愛よりも根源的な「人格的な非人格性」を含んでいるのであった（本書の第七章第一節を参照されたし）。だとすると、田辺や西谷から翻って、西田のいう「無の場所」について、その「空」なる関係相対には、愛の交互的

204

終章　乏しき時代における生命の宗教、キリスト教の可能性

媒介をなす聖霊が満ち満ちているということができる（本書の第七章第二節を参照されたし）。

（γ）「無の場所」、神の国

　イエスが「時は満ちた、神の国は近づいた。悔い改めて福音を信ぜよ」（「マルコ福音書」1章15節）と宣べたとき、彼には「神の国」がつねに既に存在していたはずである。つまり「神の国」は、イエスにとって「永遠の今」でありつづけたはずである。しかしながら人びとは、「神の国が近づいた」と聞いたのである。救済史観からみれば、「神の国」は、目的論的上昇的直線を進んだ「終末（テロス）」であるがゆえに、歴史の果てしない終末として解されてしまう。そうでなくとも、「神の国」はまだ到来していないし、神の義つまり赦しが、いつ、どこで賜わるのかは、人間の量りしれない事柄である。つまるところ「神の国」すなわち「無の場所」は、いつでも、どこでも人間の身体的生を、否、すべての被造物の生を制約しているけれども、その到来は私たち被造物が待ち望みつづけるものなのである。私たち人間からすれば、いつ、どこで到来するのかを量りしることができないという意味では、この到来は不可能な可能性である。その可能性を信じるのが、パスカルの賭けなのであった。

（三）隠れた神

　上述のように、西田によれば、絶対なる神は、対を絶しているがゆえに、絶対無であるけれども、しかし神が「創造の神」である以上、自らの無を否定する「絶対の有」でなければならない。それゆえ「創造の神」は、被造物としての世界との相関において規定されるというのである。すなわち、「故に私は仏あって衆生あり、衆生あって仏があると云う、創造者としての神あって創造物としての世界あり、逆に創造物としての世界があって神があると考えるのである」（『全集』11・398）、と。

　ところが、神が自らの無を否定する「有」であるという、いわば絶対転換はどのようにして説明されるのかは、やはり西谷啓治が西田哲学においては宗教と哲学との微妙な違いがぼやけていると指摘したように、西田によって

205

は説明されてはいない（本書の第七章第一節を参照されたし）。が、しかし「父なる神、子、聖霊との三位一体的関係」（『全集』11・403。333をも参照）が西田において言及されている以上、「子」なるキリストが贖罪の「徴」として証したことは上述の絶対転換であったと言っても、西田はそれを否定しないはずである。ただし、無の有への転換を「絶対無」とみなし、その「絶対転換」が、神が自らを否定するという痛みでもって人間を赦し、愛するという「無即愛」だと展開したのは、田辺元であった。

　先に見られたように、西田は神を「無の場所」として、個々の実在のものをその「場所」を映す「影」として解し、それらの関係を「絶対矛盾的自己同一」あるいは「逆対応」となづけた。とすれば、仏と衆生との、あるいは創造の神と創造物の総体としての世界との相関があるとしても、やはり仏も神も、そうして啓示においてさえ隠れていると考えられていたはずである。

　武藤一雄は西田の「隠れた神」を説明するために、パウル・ティリッヒを引き合いに出している。このプロテスタント神学者の発言は西田の「隠れた神」を言い当てている。「ティリッヒによれば、〈我々にとっての神（God for us）〉と〈神にとっての我々（We for God）〉との相関（correlation）ということが云われなければならないが、しかしティリッヒは、上述のような相関関係を超えた〈神の深淵的性格（abysmal character of God）〉についても語っている」（『武藤一雄『宗教哲学の新しい可能性』創文社、1974年、138-139頁）。

　西田は、現代という「神が遠く、預言者のいない時代」（M・ウェーバー『職業としての学問』）における「隠れた神」について語っている。その箇所を挙げておこう。

　「我々は真の文化の背後に、隠れた神を見るのである。しかし人間が何処までも非宗教的に、人間的立場に徹すること、文化的方向に行くことは、世界が世界自身を否定することであり、人間が自分自身を失うことである。……世界が自己自身を喪失し、人間が神を忘れた時、人間は何処までも個人的に、私欲的となる。その結果、世界は遊戯的か闘争的かとなる。すべてが乱世的となる。文化的方向は、その極限において、真

終章　乏しき時代における生命の宗教、キリスト教の可能性

の文化を失うに至るのである」（『全集』11・460。強調と中略、筆者）。

　闘争と殺戮の横行する「乱世」の世界は、キリストが説いた「神の国」、すなわち被造物のすべてが生かされて安らかに生きている無為自然の境地では決してない。では、個々の私たち身体的生命はその身ひとつで、なにを信じ、なにを行じ、なにを証すのか。生命の宗教、キリスト教においては、絶えず祈る外に術はないけれども、しかしその祈りは、「野の花、空の鳥」の無為自然に対置されている「ソロモンの栄華」（「マタイ福音書」6章29節）を願うものでないことは疑いない。

第二節　世界の総駆り立て体制

　ハイデガーが、世界の「総駆り立て体制」が危険だと指摘したように、実際、現代世界は金融資本主義体制による資本の自己増殖および現代科学技術の自己運動が連動して、きわめて危険なリスクを負っている。

（一）資本の自己増殖

　金融資本主義においては、資本を量る貨幣が魔術的とでもいうべき役割を果たす。ことにその魔術性を端的に表すのが、紙幣である。紙幣は、物として見られたならば、かつて主に用いられていた金貨・銀貨のような財貨としての価値をもってはいない、単なる紙切れである。しかし正気の人間であれば、だれも、紙幣を紙くず同然に捨てはしない。というのも紙幣は、人工的に作られた、いわば仮幻体にすぎないけれども、「社会的信用」に基づいているかぎりは、生産と流通の媒介を果たす貨幣として、ひいては資本を量る貨幣として通用するからである。貨幣の魔術性とは「社会的信用」のことに外ならない。

　その仮幻体に刷られているのが紙幣の表徴であり、この表徴が「社会的信用」を表している。だから、社会的信用とはなんなのかが問われる。第一にそれは、紙幣がもともと貨幣として通用するという「社会的信用」である。第二に、流通が単なる物々交換ではなく、利潤を得るためであれば、媒体で

207

ある貨幣は利潤を量る指標であるばかりか、利潤を獲得するのに不可欠なものだという信用でもある。否、信用というより、むしろ貨幣に対する疑似信仰といった方がよいかもしれない。したがって、銀行が資金を企業に貸し付けて、利潤を得る能力をもっているという信用である。つまるところ、貨幣が社会的混乱によって紙くず同然となってしまわないかぎり、貨幣を裏打ちする社会的信用は、たんなる財政的、経済的のみか、諸生活領域を安定させている統一的な社会文化的な価値によって成り立っていると言えよう。

　そうしてみると、資本を資金として貸し付ける銀行が、資本主義経済の中枢を担うわけである。より詳しくいえば、産業資本主義から金融資本主義への移行において、金融資本が産業資本から明確に区別されて、銀行が金融資本を握っているのである。端的にいえば、金融資本主義は、「社会的信用」によって成り立った信用経済システムであって、その中枢が銀行なのである。

　この信用経済システムにおいては、貨幣によって量られる資本が投資され、そして生産された商品の流通を介して、資本が自己増殖する。それゆえ金融資本が商品の交換のみか、生産をも支配するわけである（資本の自己増殖について詳しくは、拙著『モダンという時代』法政大学出版局、2007年、第三章を参照されたし）。

　ところで、情報技術の発達によって世界市場の動向がいち早く各国に伝わるし、貨幣という仮幻体のもつ社会的信用はそもそも伝達されてゆくものであるから、資本主義経済は、一国の裡に閉じられたシステムではないと言ってよい。だとすれば、一国の国民経済は世界の資本主義経済の動向に左右されることになるし、それぞれの国家はその資本主義経済の動向を推し量って、そのシステムを下支えすることになってしまう。そのうえ、金融資本を握っているのが銀行であるがゆえに、グローバルな巨大銀行において資本の自己増殖がより一層進展することになってしまって、脆弱な国民経済はそれに翻弄されてしまうことにもなりかねない。

　先に見られたように資本は、自己増殖のために、それゆえ利潤を獲得しうるという予測によって、さまざまなプロジェクトに、集中的に、しかも大規模に投資される。そのプロジェクトは、例えば人類を脅かす感染症対策、あ

終章　乏しき時代における生命の宗教、キリスト教の可能性

るいはロボット開発であるかもしれないが、いずれにしても新しい製品開発に関わるものである。だとすれば、資本が投資されるプロジェクトがたとえ意図せざる結果を招くとしても、資本の自己増殖は、とにかく技術革新の推進力でもあるし、その成果でもわけである。つまるところ資本の自己増殖は自己言及的なシステムの運動であると言えよう。

（二）技術開発の自己運動

　「科学の体制化」は、世界同時的な軍事技術の開発でもって始まった。それは、二つの世界大戦の間の時期である。その時期に、科学者と技術者が大量動員されて、軍事技術が開発された。第二次大戦のさなか、ドイツがハイゼンベルクなど著名な物理学者を招集して原爆開発を進めていたのに対して、アメリカは「マンハッタン計画」を強力に推し進めて、莫大な開発資金を供給して、多くの科学者、技術者を動員して、原爆の開発、製造にあたらせた。こうした動向が、大戦後における「科学の体制化」の発端となったわけである。

　「科学の体制化」は、以下のように説明される。すなわち、（α）政府や企業が多額の資金を投入し、（β）科学研究と技術開発との一体化のもとで、（γ）既存の制度的枠組みを超えた社会的コンテクストのなかで、上記のような原爆開発や最近の人工知能といった共同研究がおこなわれるのである、と（野家啓一『科学哲学への招待』ちくま学芸文庫、2015年を参照）。

　こうした現代技術の動向を「総駆り立て体制」となづけて、そこに「危険（Gefahr）」を看破したのがハイデガーであったし、現代を「死の時代」とみなして憂慮したのは田辺元であった（「メメント・モリ」『全集』13・165）。というのは、ハイデガーによれば「技術的世界は、核エネルギーと人間の算出的計画、オートメーション化を包括したもの」であり、「その支配が生のあらゆる領域に亘っている」からである（Heidegger, *Der Satz der Identitaet*, S.21, 42）。

　ライン川の水力発電所を例に挙げて、ハイデガーは「総駆り立て体制」を説明している。その水流が徴用物資とみなされて徴用され、その水力が発揮させられて電力エネルギーが得られ、そのエネルギーは工場の電源となり、

そこで製品を大量に作り出されて、製品は商品として売買される。この循環のなかで、もちろん人間も徴用されている。このように生産が果てしなく自己運動してゆくシステムを、科学技術の存在構制という意味でハイデガーは「総駆り立て体制」となづけたのである (Heidegger、Die Frage nach der Technik, in; *Vorträge und Aufsätze*, S.19, 24)。

こうして科学技術複合体の自己運動が問題となることを、加藤尚武はこう表している。すなわち、「発電所からの電力供給システムができあがると、そこで初めて科学技術複合体といえるものが成立し、いわば自己運動をはじめる」という松本三和夫の見解を引き合いに出して、「工業体系全体が電化してしまえば、電力を用いるという社会的な前提を抜きにして工業生産は成り立たなくなる。社会は自立した人間の集合ではなく、科学・技術複合体という公共財に依存した集合となる」(加藤尚武『価値観と科学／技術』岩波書店、2001 年、48-49 頁) と論じている。

上述のように金融資本主義経済は、資本の自己増殖を進めるシステムであるし、科学・技術複合体もまた自己運動してゆくシステムであって、それらは共に自己言及的なシステムとなっていて、人間社会はそれらのシステムに依存するだけの集合体となってしまう。その事態は、人間ばかりか生きとし生けるものすべてにとっても、そしてまた自然にとっても「危険」なのである (Heidegger, Die Frage nach der Technik, in; *Vorträge und Aufsätze*, S.32)。

(三) 総駆り立て体制の危険

現代の科学技術が原爆や人工知能、そしてロボットを製作し、さらには遺伝子操作や生殖技術にまで、止めどもなく自己運動を繰り返してくると、「総駆り立て体制」の危険は、かつて侵すべからざる神域であった生命や自然にまで及んでくる。だとすれば、その危険は、U・ベックが『リスク社会』において述べた「リスク」に重なっていると言ってもよかろう。つまり現代社会が負っているリスクは、いつでもどこにでも起こりうるものであるが、しかし近代法体系は個人責任を原則としているがゆえに、危害をもたらした責任の所在を突き止められないし、被害を補償しえないものなのである (ベック『危険社会』法政大学出版局、1998 年。その解説は、野家啓一『科学哲学への招待』

終章　乏しき時代における生命の宗教、キリスト教の可能性

ちくま学芸文庫、2015 年を参照）。

　ところで危険あるいはリスクは、私たち人間の身体的生命の生存権から、社会的正義に抵触するまでに及ぶのである。それは、すなわち個の生活維持、次世代の育成、それを支える地域共同体などを壊してしまうような「生命の再生産領域の市場化」（伊豫谷登士翁『グローバリゼーションとは何か』平凡社新書、2002 年、176 頁）という危害である。人間が「徴用物資」として役立つならば有用なものとして扱われ、その逆であれば無用なものとみなされてしまう。こういう有用か無用かという判断基準で、私たちの生命を識別することは、個々の身体的生命がそれぞれの能力を活かして生きるという自由を殺ぐがゆえに、正義に抵触するのである。なぜなら正義とは、そもそも人間がたがいに自由と平等を承認することであるからである。その正義の問題が、いわゆる格差問題として顕著に現われてきたのである。（α）社会を不安定にするのは、まず経済格差である。右記のような資本の自己増殖が続くかぎりは、それを享受する者と、それを享受できない者との間に、歴然とした格差が生じてくるのは、当然であろう。（β）そうした経済格差とともに、富める地域と貧しい地域との間の格差という、いわば地域間格差が生じてしまって、貧しい地域に属する人びとにとっては、自分の生き方を選択する幅がきわめて狭くなってしまうであろう。そして、地域間格差は、富める者の驕慢と貧しい者の嫉妬という情念をも生み出して、地域間の諍いの種となりかねない。（γ）さらにこれらの格差は、次世代の育成に悪い影響を及ぼしてしまって、世代間格差が生じてしまう。より詳しく説明すれば、現世代の人びとは利益を得ていたのに対して、格差がますます拡がるにつれて、次世代の人びとはその利益のうちのわずかな分配にしか与れなくて、不利益を被ってしまうかもしれない。

　総駆り立て体制に潜む危険は、私たち人間の生命だけに限られるのではなく、異種のものの生命や、そもそも生けるものすべてが住いとし、滞在する大地に及ぶのである。まずはともかく、生物種が何千年、何万年も前の太古からこの地上に生息してきたにもかかわらず、それらの絶滅を招くであろう。しかし人間が、それらの絶滅を目前にしたときに、これらの種を犯してきた罪の赦しを乞うとしても、もはやそれはできない相談なのである。そし

211

てこの地上は、先程述べたように、生きとし生けるものが滞在している住処であるにもかかわらず、否むしろ私たち人間は感謝の念を向けるべきであるにもかかわらず、この大地が「徴用物資」として扱われているかぎりは、その大地は、もはやどの生命体も棲めないほど荒廃した事態となるであろうが、その事態は想像もできない完全な死であろう。

第三節　共生の倫理

　万物同根、無為自然は、キリストの説いた「神の国」であり、「愛の万有在神論」はその論理構制を表している。しかしながら、現代世界の総駆り立て体制が生きとし生けるものにとって危険であるから、無為自然の境地は現実の世界から程遠い理想を示している。そこで、私たち個々人は一体なにができるのか、なにをすべきであるのか、という倫理的問題が課せられることになる。

（一）　正義を掲げて抗議する

　現代世界に生きる私たち人間は、科学・技術複合体という公共財を拭い去って、原初の世界に戻ることはできないが、しかしながらもろ手を挙げて、その公共財に賛同するわけにもゆかない。というのは、その公共財を全面的に否定してしまうならば、大変な混乱が生じるであろうし、逆にその公共財を全面的に肯定してしまうならば、そもそも人間が互いの自由と平等を承認することが正義であるにもかかわらず、正義を自ら放棄してしまうことになるからである。

　だとすると、私たちの倫理的行為は、全面的な否定でも肯定でもない途を探ることになる。その途を一般的に定式化してみれば、このように言えよう。すなわち、資本の自己増殖を進める金融資本主義体制を含めて、現代世界の「総駆り立て体制」を歴史的運命として受け止めたうえで、「正義」を旗印として、その体制に対して抗議の声を上げるのである。

　Ａ・カミュのいう「反抗」から想を汲むと、そうした抗議の途を選ぶことができる。現にカミュは、「社会全体が非神聖化の歴史のなかにある」かぎ

り、人間の社会的行動は、もはや絶対的イデオロギーに基づくことはできないがゆえに、絶えざる不条理に抗する行動は「反抗」であると言い（『反抗的人間』A. Camus, *Œvres complètes*, tome III, p.78. 以下巻数と頁数のみ表記）、その行動として奴隷の主人に対する抗議を挙げているのである（カミュの反抗の倫理については、本書の第六章第二節を参照されたし）。

カミュによれば、奴隷が主人に対して、主人と同等に扱えと要求する行動が反抗である。なぜなら主人の奴隷に対する扱いを否定すると同時に、主人の存在を認め、主人と奴隷に「共通する価値」——自由と平等という価値——を認めているからである。それゆえ反抗は、「許しがたい侵害に対する絶対的拒否と、同時に、正当な権利に対する漠然とした確信とに基づいた」、否と諾とを具えた抗議の行動である（上掲書3.71. 強調筆者）。正義のための抗議行動は、どの人びとにとっても、だから異邦人にとっても、同等に認められるべきものである。そればかりか、奴隷の自分のみならず、他の人びとが悲惨な状況におかれた場面では、その他者のための抗議はありうるのである。なぜなら自分が護ろうとする価値は、自分だけのものではなく、人びととの「共通の価値」——人びととの紐帯たりうるという点で、超越的でありながらも、人びとが共に受諾しうるがゆえに内在的な価値、ただし絶えず相互主観的に検証していかなければならない価値——であるからである。それゆえ抗議の行動は、「人間の連帯性」を具えて、「集団的行動」となる（上掲書3.74, 79）。言い換えれば、抗議を通して、人間は、他者との連帯を通して、自己を形成してゆくことができるのである（上掲書3.74）。もちろん抗議には、人間が自らの権能を弁えるべき限界を有するということになる。それゆえ抗議行動は、「節度」や「中庸」（上掲書3.314）、または「寛大」（上掲書3.323）を徳目とするのである。こうした抗議行動が、カミュやボンヘッファーのみか、K・ラーナーがイエス・キリストから学んだものであったことは、述べるまでもない。

（二）死生を共にする

現代の私たちは、アブラハムのように生きることに飽きて死ぬことができないし、私たちが、生も死も意味づけできないで、虚しさを募らせていると

したならば、古来、死生を意味づけてきた宗教にとっては、こうした現代の精神状況は宗教の死命を制する事態だということになろう。それゆえ宗教が本来あるべきすがたに戻って、死生について私たちに問いかけることが、時代に対する異議申し立てとなるであろう。だがしかし先程、正義を掲げた抗議行動と述べたことが必ずしも政治的行動を意味しはしないということは、断わるまでもないであろう。ただし、抗議行動が結果的に政治的意味をもってしまうことはあるであろうが。

　ところで晩年の田辺元は、キリスト教の「聖徒の交わり」から想を汲んで、「死復活する実存の協同態」という、いわゆる死者と生者の実存協同について語っている（「生の存在学か死の弁証法か」『全集』13・542。詳しくは本書の第七章第三節を参照されたし）。彼の着想が示すように宗教それ本来の姿は、いわば生と死の相入相即を説くことにあるし、それゆえ諸宗教は、たとえ葬式宗教などと陰口を叩かれたとしても、死者と生者の交流の場面として、法事、法要を真剣に取り行わねばならないのである。だとすれば、死者と生者の実存協同について、今ここで改めて考えてみなければならない。

　死者は黙ったままであり、生き残った者たちが語りかけようとも、二度と口を開けはしない。だから死は全くの沈黙であり、一切の物音を赦さない厳かな静けさを漂わせている。要するに、死者と生者との間に、双方向的な交換はなくて、その隔たりはどこまでも残るにもかかわらず、生き残った者たちが死者に対して何かしら語らざるをえないようなものを残すのである。それどころか、M・ブランショがその『カミュ論』で述べたように、生と死の接する赤裸々な窮迫状況が、弱々しい子どもたちに対する暴力の停止をもたらすということも、決して例外的なことではないのである（詳しくは、本書の第六章第二節を参照されたし）。だとすれば、死の厳かな静けさや全くの沈黙は、生き残った者が何かしら物語らざるをえないことの、あるいは一時でも暴力が後ずさりすることの源であると言ってもよかろう。

　繰り返すまでもなく、死者は、あるいは死は、生き残った者が物語ったり、暴力を停止したりする不可避的な契機であるにもかかわらず、しかし死は、全くの沈黙である以上、言葉を発することはない。だとすれば、生き残った者は、死という舞台背景を前にして一人芝居を演じていることにはな

終章　乏しき時代における生命の宗教、キリスト教の可能性

らないか。確かに、そう。だから生き残った者が、非業の死を遂げた者の霊を鎮めたり、祖先の霊に感謝の念を表したりしても、そうしたパフォーマンスが虚しく響くものになりかねないのである。ただし、そのように感じられるのも生者の自己言及的な出来事であることは、述べるまでもない。

　そうはいっても、死者の弔いが無駄なことではあるまい。生き残った者は、死者の死を、たとえば散華などと安易に意味づけしないで、鎮魂の営みがたとえ徒労ともいうべき作業であるとしても、それを営みつづけなければならないだろう。それが、現在という瞬時を生きる者が過去の世代に対する務めでもあるし、将来の世代に対する務めでもある。なぜなら弔いの儀礼は、死を能くする者、つまり人間にとって不可避なことであるからである。それにまた人間ばかりか、異種の生きものをも弔わなければなるまい。それはアニミズムではなくて、私たちが犯す悪心のゆえに、彼らを残忍に扱ったり、やたらと愛玩したりした懺悔の祈りを含んでいるからである。

　そもそも私たちの犯す悪も、そして私たち個々人の我執も、私たち人間の身体的生命に根ざしている。それゆえ生命に執着する私たちには、死を目前にすることは辛いし、まして自分の死は、辛いどころではなく、ただ狼狽えるばかりである。こうして、ケア（care）や看取りが倫理的課題として迫ってくるのである。

　ケアは、親しい者や見知らぬ者など他人に対する世話や配慮であるし、例えばペットや野性の植物などの異種の生きものに対する世話や配慮でもある。それにまた、末期患者が自宅で死を迎えたいと願っていても、それが叶えられない理由の一つに、その家族が患者を世話する負担があまりにも大きいことがある。その場合、末期患者の傍らにいてあげるだけで、その方ばかりか、家族の方々の助けになるから、そうした世話や配慮もケアと呼ばれてよい。

　一般的に、悲嘆にくれている者や悲痛の叫びをあげている者を説得することはできない。たとえ雄弁な説得であっても、彼らの心を打つことは決してない。大切なのは、その者たちに寄り添い、その者を受け入れて、彼らの訴えを聴くという態度である。実際、末期のガン患者は、その傍らに誰かがいてくれて、そして自分の話を聴いてくれることを願っているのである。そして彼が「ずいぶん気持ちが楽になった」と言ってくれたなら、ケアしている

215

私たちもまた癒されているはずである。すなわち、ケアする人間がケアされる人間によってケアされるという、互酬的な関係が成り立っているはずである。そのとき、家族や親しい間柄を超えて、見知らぬ他者であった人びととの間に、ささやかであれ本当の共感が生まれて、死生を共にしているはずなのである。

（三）看取り看取られ、弔い弔われる共生の倫理

　私たちは、人びととの交わりのなかで、充たされた終末を迎えることができるであろう。すなわち、人びととの交わりのなかで、ひとを看取り、ひとに看取られ、ひとを弔い、ひとに弔われることが、この荒んだ現代のグローバルな競争社会においても十分に可能であるはずである。それは、もちろん可能性であって、看取り看取られ、弔い弔われるという交わりが、既にこの時代において十分に拡がっているわけではない。だから、どのようにしてその交わりを生みだし、拡げてゆくか、という問いは、共生の倫理の問題である。

　だが私たちは、見知らぬ他者や他の生きものたちの死に対する悲しみや苦しみを、共に分かちもつことができるし、現にもっているのである。それが、生かされて安らかに生きていることの、あるいは生きてきたことの証となるであろう。その信証があるからこそ、私たちは、交わりのなかに生きることができるし、そうした共生がどのような形態であれ、共生のなかに喜びを見出すことができるはずである。そして生きとし生けるものの間の共生は、当然、私たち人間の家族を超えて、どこでも、いつでも可能であるはずである。

　そうした共生をコミュニティとなづけてみよう。それは、ソロモンの栄華を誇る強者の王国ではない、野の花、空の鳥と共に生きる、貧しく小さくされた者のコミュニティである（本田哲郎『釜ヶ崎と福音　神は貧しく小さくされた者と共に』岩波現代文庫、2915 年を参照）。だが、いつでも、だれにでも開かれており、だれをも迎え入れるコミュニティである。もちろん、現代の「総駆り立て体制」の世界においては、その中心にあるわけではなく、周辺の片隅にあって然るべき、いわばローカルなコミュニティである。これが共生の理念としてのコミュニティの形姿である。

人名索引

(聖書の人名、神話の人名は省略)

〔ア 行〕

アウグスティヌス (Augstinus) 14, 23, 31, 35, 38, 57, 80, 86, 93, 112, 113, 143–147, 152

アリストテレス (Aristoteles) 34, 38, 172

アーレント (H. Arendt) 20–23, 31

アンセルムス (Anselmus Cantuariensis) 15, 28, 31, 93, 94, 112

井上洋治 29, 32

伊豫谷登士翁 211

ウェーバー (M. Weber) 18, 115–137, 192, 206

ウェーバー（マリアンネ）(M. Weber) 115, 116, 119, 134, 136

ヴェルナー (J. Chr. v. Wöllner) 20

ヴェンツェル (K. Wenzel) 165

ヴォルテール (Voltaire) 19

ヴレーデ (W. Wrede) 178

江口再起 85

エックハルト (M. Eckhart) 29, 83, 202

エーバーハルト (J. A. Eberhard) 34

エーベリング (G. Ebeling) 61

エマーソン (R. W. Emerson) 17, 65, 75–78, 81, 82, 84, 95, 97, 98, 112, 113

エラスムス (D. Erasmus) 87

大岡昇平 152, 153

大林信治 136

小川修 197, 198

オットー (R. Otto) 175, 196

小野寺功 196

オーファーベック (F. C. Overbeck) 87, 88

〔カ 行〕

カウルバッハ (F. Kaulbach) 61

ガダマー (H. G. Gadamer) 37

加藤尚武 210

門脇佳吉 113

カミュ (A. Camus) 18, 139–155, 157–166, 194, 195, 212, 213

ガリレオ (Galileo Galilei) 15, 16, 33, 35, 36

カント (I. Kant) 14, 16, 19, 20, 34, 40, 44, 61, 79, 93, 112

北森嘉蔵 32, 170, 196

キムマーレ (H. Kimmerle) 62

グルニエ (R. Grenier) 166

クロソフスキー (P. Klossowski) 91, 112

ゲオルゲ (S. George) 115–117

ゲーツェ (J. M. Goetze) 20, 23, 28

ゲーテ (J. W. v. Goethe) 19, 28

ケプラー (J. Kepler) 33, 36

コペルニクス (N. Copernicus) 15, 16, 35

コポー (J. Copeau) 159

217

〔サ　行〕

酒井直樹　198
ザフランスキー（R. Safranski）　165
サルトル（J. P. Sartre）　139
シェストフ（L. Shestov）　160
ジェームズ（W. James）　10, 17, 65, 75, 76, 77, 78, 79, 80, 81, 82, 83, 84, 86, 95, 200
シェーラー（M. Scheler）　113, 137
シェリング（F. W. Schelling）　33, 34, 36, 44, 45, 49, 50, 52, 61, 71, 72, 200, 202
ジッド（A. Gide）　130, 135, 137, 160
清水孝純　116
清水真木　112
シャフツベリ伯（A. A. C. 3rd E. Shaftesbury）　19
シュヴァイツァー（A. Schweitzer）　23, 31, 72, 80, 85, 178, 179, 184, 197
シュタイン（H. F. K. v. Stein）　33
シュトラウス（D. F. Strauß）　61
シュライアーマッハー（F. E. D. Schleiermacher）　17, 19, 33, 34–61, 63, 65, 69, 70–75, 84, 130, 196, 200, 202
シュルツ（W. Schulz）　112
シュレーゲル（F. Schlegel）　33, 34, 97
ショーペンハウアー（A. Schopenhauer）　87, 88
ジラール（R. Girard）　113, 166
シレジウス（A. Silesius）　83

親鸞　181, 191
鈴木大拙　10, 175, 196
スターリン（J. Stalin）　156
ストリンドベリ（A. Strindberg）　89
スピノザ（B. Spinoza）　16, 28, 34–36, 39–41, 44, 49, 50
関根正雄　197

〔タ　行〕

タウラー（J. Tauler）　29, 32, 116, 117, 128, 136
武内義範　197
田辺元　12, 18, 167, 168–198, 200, 202, 203, 204, 206, 209, 214
ツヴィングリ（U. H. Zwingli）　29, 71, 136
ディオニシオス（アレオパギタの）（Dionysios Areopagites）　83
ティリッヒ（P. Tillich）　206
ディルタイ（W. Dilthey）　17, 19, 29, 31, 32, 34, 46, 61, 63–78, 80, 81 84, 85, 95, 97
デ・ヴェッテ（W. M. L. de Wette）　33
デカルト（R. Descartes）　112
ドゥルーズ（G. Deleuze）　114
徳永恂　136
ドストエフスキー（F. M. Dostojewski）　17, 100, 101, 102, 113, 122, 128–130, 135, 137, 139, 140, 148, 159, 160, 161, 165, 199
トッド（O. Todd）　165
トマス・アクィナス（Thomas Aquinas）　94, 198

人名索引

ドラム（S. Dramm）　165

トルストイ（L. N. Tolstoi）　17

トレンデレンブルク（F. A. Trendelen-
　　burg）　64

〔ナ　行〕

中村光夫　149

ナポレオン（Napoléon）　16, 33

西田幾多郎　　10–12, 78, 167, 173,
　　174, 187, 196, 200–206

西谷啓治　　174, 177, 196, 197, 204,
　　205

ニーチェ（F. W. Nietzsche）
　　11, 17, 87–113, 118, 122, 127,
　　130, 137, 140, 150, 152, 155,
　　160, 187

ネチャーエフ（S. G. Nechaev）　160

野家啓一　209, 210

〔ハ　行〕

ハイゼンベルク（W. Heisenberg）
　　209

ハイデガー（M. Heidegger）　　11,
　　18, 30, 95, 112, 141, 156, 169,
　　189, 207, 209, 210

ハイネ（H. Heine）　93, 94, 112

バウル（F. Ch. Baur）　54

量義治　196,197

パース（C. S. Peirce）　47

パスカル（B. Pascal）　　107, 113,
　　142, 143, 205

波多野精一　10, 177, 196, 197

バルト（ウルリヒ）（U. Barth）　61

バルト（カール）（K. Barth）　　176,
　　204

ピエロ・デラ・フランチェスカ（Piero
　　della Francesca）　150

ビーザー（E. Biser）　112

広津和郎　149

フィヒテ（J. G. Fichte）　44

フォイエルバッハ（L. A. Feuerbach）
　　122

フォルナーリ（G. Fornari）　113

プラトン（Platon）　34, 35, 36, 37,
　　40, 45, 49

フランク（M. Frank）　61, 62, 113

フランク（S. Franck）　29, 71, 136

ブランショ（M. Blanchot）　　159,
　　166, 214

フランチェスコ（アッシジの）
　　（Francesco Assisi）　128

ブランデス（G. Brandes）　89, 100

ブルクハルト（J. C. Burckhardt）
　　87, 89, 107, 109, 113

フロイト（S. Freud）　165

プロティノス（Plotinus）　35, 142,
　　144, 146, 147, 152, 196

フンボルト（K. W. Humbolt）　63

ヘーゲル（G. W. F. Hegel）　13, 19,
　　32–34, 36, 49, 72, 113

ベック（U. Beck）　210

ベーメ（J. Böhme）　83, 202

ベルジャーエフ（N. A. Berdyaev）
　　160

法然　181

細谷昌志　186, 198

ボードレール（C. P. Baudelaire）　131

本田哲郎　216

219

本多正昭　196
ボンヘッファー（D. Bonhoeffer）　18,
　　158, 165, 195, 213

〔マ　行〕

マイネッケ（F. Meinecke）　85
前川輝光　137
松本三和夫　210
ミケランジェロ（Michelangelo Buo-
　　narroti）　115, 116
ミッシュ（G. Misch）　65, 84
三野博司　165
宮田光雄　165
武藤一雄　32, 184, 196, 198, 206
村井則夫　113
メンデルスゾーン（M. Mendelssohn）
　　28
モンテスキュー（C. L. Montesquieu）
　　19

〔ヤ　行〕

ヤコービ（F. H. Jacobi）　28, 29, 34,
　　38, 39, 41, 43
矢島羊吉　113
安酸敏眞　24, 29, 31, 32
ヤスパース（K. Jaspers）　85, 113,
　　193
山之内靖　137
ユリアヌス（Julianus）　144
ユンガー（E. Jünger）　18, 156, 165
ヨアキム（フィオーレの）（Ioachim
　　Florensis）　27
横田理博　137

ヨーナス（L. Jonas）　65
ヨルク伯（P. Yorck v. Wartenburg）
　　64, 66, 68

〔ラ　行〕

ライマールス（H. S. Reimarus）　16,
　　20, 23, 25
ラーナー（K. Rahner）　158, 164,
　　165, 213
ランケ（L. v. Ranke）　64
リュッケ（F. Luecke）　59
リルケ（R. M. Rilke）　115–117,
　　134, 136
ルター（M. Luther）　29, 32, 38,
　　61, 66, 70, 74, 85, 117, 136
ルナン（J. E. Renan）　101
レヴィ・ブリュール（L. Lévy-Bruhl）
　　146
レーヴィット（K. Löwith）　89
レッシング（G. E. Lessing）　16, 17,
　　19–31, 41, 60, 65, 70–72, 97,
　　111, 112, 130, 136, 152

〔ワ　行〕

若林英輔　196
ワーグナー（W. R. Wagner）　87, 88

あとがき

　本書は、筆者の書き下ろしである。がしかし、筆者が諸家の宗教論を自分なりに理解し、批評した覚書ふうのものに大幅な加筆修正を加えて、時代が下るようにそれらを配列したにすぎない。それゆえ本書で、別に新説が提示されているわけではない。まして独創的な思想を展開したと自負されるものではない。

　とはいっても、筆者が長年に亘って抱いてきた主題を本書において文章化している。主題化することになった発端について、ここで述べておきたい。

　実は、筆者が哲学徒として駆け出しの、ほぼ半世紀前、筆者は Walter Schulz, *Der Gott der neuzeitlichen Metaphysik*, 7. Aufl. 1978 を読んで、大いなる挑発を受け、いつかそれに応接してみたいと思った。(邦訳、W・シュルツ著／岩波哲男訳、『近代形而上学の神』、早稲田大学出版部 新装版 1986 年刊)。そしてシュルツの衣鉢を継いで、近代という時代の思想家たちが神をどのように解したか、という彼の設定した問題を、しかし彼とは異なる視点から考察して、それを展開してみようという志向が、徐々に筆者のなかで萌してきた。というのも、彼が西ヨーロッパの主知主義的伝統を超克しようとして「哲学者の神」を主題化した意図に同意はするものの、しかしその主題化のみでは、十分な考察にはなりえないと思われるからである。端的にいえば、(α) そもそも神は顕現せざるもの・隠れたるものだという前提があって初めて、それを知解しようとする試みが「哲学者の神」であったし、(β) 隠れたるものを哲学の明晰な概念で表そうとするのではなく、まさに隠れたるものとして解しなければならないし、そうした構えを採らざるをえないのが私たちの個々の死生であり、(γ) そうした背理的な構制がヨーロッパ精神史の根底に流れていたと解されるはずである(シュルツは、マールブルク大学でH・G・ガダマーやK・レーヴィットやR・ブルトマンに学んだから、こうした視点を熟知していたけれども、しかし彼はやはり西ヨー

221

ロッパの主知主義的伝統の域を出なかったと言ってよい）。こうして筆者なりに主題を展開してみたのが、本書である。そして、今後探求してゆく方向性が見えてきたのも、本書である。なお、シュルツ教授から、筆者がドイツ・テュービンゲン大学での研究の機会をいただいたことも、感謝を込めて記しておきたい。

　なお本書の第2章のシュライアーマッハー論は、法政大学出版局刊、『ディルタイ全集』第10巻の巻末に付した解説「シュライアーマッハーの思想体系──知識、信仰、解釈」のうちで、筆者が担当した箇所の大部分を転載している。転載を快く承諾して下さった、法政大学出版局編集長の郷間雅俊氏に、謝意を表しておきたい。

　リトン社の大石昌孝氏には、筆者の疑問に応答していただいたばかりか、参考文献の検索までお願いした。だから、本書の完成にいたるまで、大石氏は共同作業者であった。心からお礼を申し上げます。

2017年6月

竹　田　純　郎

著者紹介

竹田　純郎（たけだ すみお）
1945 年伊勢市に生まれる。
東北大学大学院文学研究科哲学専攻博士課程中退。
Ph.D（ドイツ・テュービンゲン大学）。
金沢大学助教授、立教大学助教授、金城学院大学教授
を経て、現在、金城学院大学名誉教授。

著書　『生きることの解釈学』（勁草書房 1994 年）、『テ
キストと解釈』（共著 岩波書店 1994 年）、『生命の哲学』
（ナカニシヤ出版 2000 年）、『モダンという時代』（法
政大学出版局 2007 年）等。
訳書等　R・ブブナー『現代哲学の戦略』（共訳 勁草書
房 1986 年）、編集校閲『ディルタイ全集』第 4 巻、第
9 巻、第 10 巻（法政大学出版局 2010 年、2014 年、
2016 年）。

生命の宗教　キリスト教
　　「神」をめぐる哲学史的考察

発行日　2017 年 7 月 25 日

著　者　竹田　純郎
発行者　大石　昌孝
発行所　有限会社リトン
　　　　101-0061　東京都千代田区三崎町 2 -9 -5 -402
　　　　　　　　　電話 03-3238-7678
印刷所　互恵印刷株式会社

ISBN978-4-86376-059-2　©Sumio Takeda　<Printed in Japan>